헌법으로
가는
소풍

헌법으로 가는 소풍

헌법의 기본적 개념, 법리,
쟁점에 관한 입문

이준일 지음

KU PRESS
고려대학교
출판문화원

책머리에

난해하지 않지만 그렇다고 가볍지도 않은 책을 언젠가는 쓰고 싶었다. 그것이 얼마나 어려운 작업이라는 걸 깨닫는 데 그리 오랜 시간이 필요하지 않았다. 수많은 시간과 경험과 공부가 필요했고, 지금이 바로 그 시점에 많이 가까워졌다고 감히 생각하기로 했다. 교수라는 직업을 시작한 지 25년째가 되었다. 현재 가르치고 있는 대학에 부임한 지도 정확하게 두 번의 십 년이 흘렀다. 오랫동안 헌법을 연구하고 가르쳐 왔다. 헌법의 곁가지라고 부를 수 있는 '인권법'이나 '차별금지법'에 관한 책도 출간해 보았다. 국가인권위원회 인권위원이라는 중책을 맡아 세 해 동안 헌법적 권리의 뿌리가 되는 수많은 인권 관련 실제 사례를 경험해 보기도 하였다. 이제는 헌법의 기본적인 개념과 법리, 그리고 쟁점이 어느 정도는 머릿속에 어렴풋이나마 정리되어 가는 느낌이다. 시간이 더 흐르면 그때는 열정이 사라지거나 체력이 소진될지도 모를 일이다. 일단 스무 개의 주제로 헌법 전반을 소개하면서 그때그때 등장하는 개념과 법리, 그리고 쟁점을 소개해 보기로 한다. 스무고개 하듯이 하나하나의 주제에서 제기된 물음들에 답변하다 보면 어느새 헌법이라는 커다란 수수께끼가 대부분 풀려 있을지도 모른다. 당연히 추가되어야 할 개념이나 법리, 쟁점도 더 있을 것이다. 그래도 꼭 알아야 할 개념과 법리, 쟁점은 빠지지 않도록 신중을 다하였다. 일반인과 법대생, 그리고 로스쿨생과 법조인 모두가 재미

있게 읽을 수 있는 헌법 입문서를 만들어 보고 싶은 마음에서 시작했으나 누구의 마음에도 들지 않는 어정쩡한 책이 되어 버렸을 수도 있다. 지금 일하고 있는 대학에 부임하면서 태어난 막내가 올해 대학에 입학했다. 이 녀석이 혹시나 헌법에 관심을 갖게 되어 헌법에 관한 책을 찾을 때 이 책을 펼치게 된다면 좋겠다. 그래서 키보드 자판을 한 자 한 자 꾹꾹 눌러 정성을 다하여 이 책을 만들었다. 《삼국지》가 여러 판본이 있듯이 헌법 해설서도 여러 버전이 있을 수 있다. 똑같은 이야기지만 해설하는 사람마다 어느 부분은 특별히 강조하고, 어느 부분은 지나가듯 서술할 수 있다. 어릴 적 소풍 가서 보물찾기를 하면서 가졌던 기대감을 갖고 찾아다니다 보면 어느 순간 헌법이라는 보물을 찾은 자신을 발견할지도 모르겠다.

2023년 여름
안암동 연구실에서
이준일

차례

제3장 헌법의 권리들

제4장 헌법의 원칙 하나, 법률유보원칙과 포괄위임입법금지원칙

제5장 헌법의 원칙 둘, 비례성 원칙

제6장 헌법의 원칙 셋, 평등원칙

제7장 헌법의 원칙 넷, 명확성 원칙

제8장 헌법의 원칙 다섯, 불소급원칙과 신뢰보호원칙

제9장 기본권의 유형과 기본권 제한

제10장 기본권의 충돌

제11장 기본권의 침해와 권리구제

제12장 일반적 행동자유권과 개별적 행동자유권

제13장 일반적 인격권과 개별적 인격권

제14장 일반적 인격권과 법적 지위에 관한 개별적 인격권

제15장 안전과 환경에 관한 권리

제16장 헌법상 노동기본권과 근로자

제17장 대통령제와 의원내각제

제18장 국회의 권한

제19장 대통령의 권한

제20장 대법원과 헌법재판소

제1장

헌법이란 무엇인가?

수도를 이전하겠다는 원대한 계획이 발표되었다. 수도 이전은 당시 대통령의 후보 시절 공약이기도 했다. 하지만 암초가 나타났다. 대한민국의 수도가 서울이라는 사실이 '관습헌법'에 해당한단다. 관습헌법이란 것은 문서에 기록되지 않은 채 사람들의 머릿속에나 존재하는 불문의 헌법이기는 하지만 성문의 헌법처럼 헌법적 지위를 가지므로 동일한 헌법적 효력을 갖는 법규범이라는 뜻이다. 더 중요한 것은 관습헌법을 개정하기 위해서 성문헌법을 바꾸는 것과 동일한 절차가 필요하기 때문에 반드시 국민투표를 거쳐야 한다고 한다. 국민투표를 거치지 않은 수도 이전은 국민투표권을 침해하여 위헌이란다. 많은 의문과 반론이 제기되었다. 국가의 정치적, 행정적, 외교적 중심을 의미하는 수도에 관한 사항은 반드시 헌법에서 규율되어야 할 만큼 중요한 '헌법사항'에 해당하는지, 서울이 대한민국의 수도라는 사실은 대부분의 국민이 관습헌법으로 인정할 만큼 이미 '확고한 관행'에 해당하는지, 도대체 관습헌법이 무엇인데 성문헌법의 개정과 마찬가지로 오로지 '엄격한 절차'에 따라서만 개정될 수 있는 것인지 따위의 수많은 의문이 꼬리에 꼬리를 물었다. 그렇다면 성문헌법과 관습헌법은 무엇이고, 근본적으로 생각해 보면 도대체 헌법이란 무엇이기에 성문헌법뿐만 아니라 관습헌법도 포함하는가?

I. 성문헌법

1. 개념과 특성

헌법은 우선 헌법적 규범을 문서화한, 즉 여러 규정(statutes/codes)의 형태로 문서에 기록한(written) '성문헌법'을 의미한다. 눈에 보이는 규정의 형태로(실정성) 누군가에 의해 만들어지는 행위(제정성)가 있기 때문에 성문헌법은 '실정헌법(positive constitution)' 또는 '제정헌법(enacted constitution)'이라고 부르기도 한다. 흔히 '헌법전'이라는 법전의 형태로 구현된 헌법을 가르킨다. 성문헌법과 구분되는 '불문헌법'은 문서에 기록되지 않은(unwritten) 헌법적 규범을 뜻한다. 성문헌법은 제정 또는 개정에 관한 '절차'를 필요로 한다. 현행 헌법도 ① 제안(발의), ② 공고, ③ 국회의결, ④ 국민투표, ⑤ 공포의 순서로 이루어진 개정의 절차를 규정하고 있다(헌법 제128조에서 제130조). 이전의 헌법도 유사한 개정절차를 가지고 있었다(〈표 1〉 참조). 각각의 절차에서는 해당 절차를 주도하는 '권한'을 가진 주체가 정해진다. ① 제안의 절차에서는 국회나 대통령, ② 공고의 절차에서는 대통령, ③ 의결의 절차에서는 국회, ④ 국민투표의 절차에서는 국민, ⑤ 공포의 절차에서는 대통령이 그러한 주체가 된다. 이처럼 **법적 권한을 가진 주체**가 **법에 정해진 절차에 따라** 헌법을 제정하거나 개정하면 그것만으로 헌법적 정당성을 가지고 헌법적 효력을 발생시키는 것이 성문헌법의 핵심적 특징이다. 물론 최초로 헌법을 제정하는 경우에는 그 이전의 헌법이 존재하기 않기 때문에 헌법의 제정에 관한 권한과 절차가 성문헌법에 미리 정해질 수는 없다.

여기서 성문헌법 이전에 헌법을 최초로 창설할 수 있는 힘을 뜻하는 '**헌법제정권력**'과 이러한 사실적 권력의 주체를 뜻하는 '**헌법제정권력자**'에 관한 논의가 이루어진다. 국민이 국가공동체의 모든 의사결정에서 주

표 1. 역대 헌법의 헌법개정절차

<table>
<tr><th>역대 헌법</th><th>제안(발의)</th><th>공고</th><th>의결</th><th>국민투표</th><th>공포</th></tr>
<tr><td>1948년 헌법</td><td>대통령/국회(재적 1/3)</td><td rowspan="7">대통령,
30일 이상</td><td>국회(재적 2/3)</td><td rowspan="5">×</td><td rowspan="7">대통령</td></tr>
<tr><td>1952년 헌법</td><td>대통령/민의원(재적 1/3)
또는 참의원(재적 2/3)</td><td rowspan="4">양원(각각 재적 2/3)</td></tr>
<tr><td>1954년 헌법</td><td rowspan="3">대통령/민의원(재적 1/3)
또는 참의원(재적 1/3)/
선거권자 50만 이상</td></tr>
<tr><td>1960년 헌법</td></tr>
<tr><td>1960년 헌법</td></tr>
<tr><td>1962년 헌법</td><td rowspan="2">국회(재적1/3)/
선거권자 50만 이상</td><td rowspan="2">국회(재적 2/3),
공고 後 60일 이내</td><td rowspan="2">의결 後 60일 이내</td></tr>
<tr><td>1969년 헌법</td></tr>
<tr><td rowspan="2">1972년 헌법</td><td>대통령</td><td rowspan="2">대통령,
20일 이상</td><td></td><td>공고 後 60일 이내</td><td rowspan="2">×</td></tr>
<tr><td>국회(재적 과반수)</td><td>국회(재적 2/3),
공고 後 60일 이내</td><td>국민투표 불필요/
통일주체국민회의
의결 필요</td></tr>
<tr><td>1980년 헌법</td><td rowspan="2">대통령/
국회(재적 과반수)</td><td rowspan="2">대통령,
20일 이상</td><td rowspan="2">국회(재적 2/3),
공고 後 60일 이내</td><td rowspan="2">의결 後 30일 이내</td><td rowspan="2">대통령</td></tr>
<tr><td>1987년 헌법</td></tr>
</table>

체가 된다는 민주주의의 관점에서 현재는 '국민'이 헌법제정권력의 주체인 헌법제정권력자라는 점에서 대해서 의문이 없는 것으로 보인다. 이처럼 국민을 뜻하는 헌법제정권력자가 제정한 헌법은 시대의 변화에 따라 해석되고 적용되는 과정에서 의미의 변천을 경험한다. 이러한 '헌법의 변천'으로 더 이상 헌법이 변화된 현실에 적응할 수 없게 되면 '헌법의 개정'을 필요로 한다. 바로 이러한 헌법의 개정도 헌법이 부여한 '권한'을 가진 주체가 헌법에 정해진 '절차'에 따라 이루어져야 한다. 헌법개정의 권한을 헌법제정권력에 빗대어 '헌법개정권력'으로, 그리고 그 주체를 '헌법개정권력자'로 부르기도 한다. 하지만 헌법개정은 반드시 헌법이 부여한 '법적 권한'을 가진 주체가 헌법에 정해진 '법적 절차'에 따

표 2. 한국헌정사에서 헌법개정의 절차적 문제점

개헌 차수	주요 사건	절차적 문제점	특징
최초헌법(1948)	제헌헌법(정부수립)		대통령제, 국회 단원제
1차 개헌(1952)	대통령 직선제	공고절차 생략	국회 양원제
2차 개헌(1954)	3선 개헌	정족수 미달(사사오입)	국민발안제
3차 개헌(1960)	4·19혁명		의원내각제, 대법원장·대법관 선거제
4차 개헌(1960)		소급입법	
5차 개헌(1962)	5·16군사쿠데타 (1961)	국가재건최고회의 국가재건비상조치법(헌법 보다 우위)	1963년 12월 17일부터 시행 국민투표로 확정, 국회 단원제
6차 개헌(1969)	3선 개헌	야당 농성 중 기습적 통과	대통령 3선 허용
7차 개헌(1972)	유신헌법	국가보위에관한특별조치법 초헌법적 국가긴급권(국회 해산) 비상국무회의(국회 역할)	통일주체국민회의(대통령 간선 및 국회의원 3분의 1 선출)
8차 개헌(1980)	5·18광주민주화항쟁	국가보위비상대책회의	대통령 간선제(7년 단임제) 1981년 6월 30일 대통령 및 국회의원 선거(임시 입법기관으로 국가보위입법회의 설치)
9차 개헌(1987)	6·10항쟁		대통령 직선제, 헌법재판소

라 진행해야 한다는 점에서 사실적 힘을 뜻하는 권력이나 권력자라는 표현이 사용되는 것은 적절하지 않다고 판단된다. 헌법제정권력자가 국민인 만큼 헌법개정의 권한도 원칙적으로 국민에게 부여되고, 다만 헌법개정의 절차에서 국민의 대표기관인 의회나 대통령이 일정한 권한을 가질 수는 있다. 현행 헌법도 헌법개정의 최종적 확정은 국민투표로 이루어지도록 하면서 헌법개정의 절차에서 대통령과 국회의 일정한 권한을 인정하는 동시에 국회의 의결을 필수적 절차로 규정하고 있다. 한국의 헌법사에서 헌법에 정해진 권한과 절차를 위반하여 헌법을 개정한 사례가 여러 차례 발견된다([표2] 참조). 5·16군사쿠데타 이후 1962년에 개정된 헌법과 1972년 유신헌법이 대표적이다. 당시 헌법기관이 아닌 국가재건최고회의와 비상국무회의에 의하여 헌법개정이 이루어졌다.

헌법은 일정한 위계질서를 가지는 성문법 체계 안에서 가장 상위에 위치하는 **최고법의 지위**를 갖는다. 헌법보다 상위에 위치하는 성문법은 존재하지 않고, 헌법은 효력의 측면에서 다른 어떤 성문법보다 높은 서열에 위치한다는 뜻이다. 따라서 헌법을 최고법으로 하는 특정한 법체계의 일부를 구성하는 어떠한 법규범도 상위법인 헌법에 저촉되거나 위배될 수는 없다. 헌법에 위배되는 법규범은 강제로 효력을 상실시켜 헌법을 정점으로 하는 법체계에서 배제(제거)함으로써 법체계의 통일성을 유지하여야 한다. 다른 모든 법규범은 상위법에 의하여 효력이 보장되지만 자신의 효력을 보장해줄 수 있는 상위법이 없는 헌법은 스스로 효력을 보장받아야 한다(**자기보장성**). 결국 헌법의 효력은 오롯이 헌법을 제정하거나 개정할 수 있는 사실적 힘이나 법적 권한을 가진 '국민'에 의하여 보장될 수 있을 뿐이다. 최고법인 헌법의 최후 수호자는 헌법의 제정과 개정의 주체인 국민일 수밖에 없다. 국민이 버린 헌법은 더 이상 헌법일 수 없고, 새로운 헌법으로 대체되어야 한다. 한편 헌법은 최고법인 까닭에 사용하는 표현이 상당히 다양한 의미나 가치로 채워질 수 있을 만큼 매우 **개방적인 성격**을 갖는다. 더욱이 헌법이 보장하는 자유나 평등처럼 헌법에서 사용되는 표현들은 실정법을 넘어 자연법에 가까운 **도덕적 규범**을 포함할 때도 있다. 심지어 헌법이 적용되는 국가의 체제에 따라 헌법에는 특정한 **이데올로기(이념)**가 담길 수도 있으며 헌법은 그것이 적용되는 특정한 국가 안에서도 시대의 변화에 따라 의미를 변천시키는 **역사성**을 가지기도 한다.

2. 성문헌법의 내용적 한계

이처럼 권한을 가진 주체에 의하여 일정한 절차를 거쳐 제정 또는 개정되는 성문헌법은 최고법이기 때문에 모두 그 자체로 정당하다고 볼 수 있는가? 성문헌법의 '내용적 한계'와 관련해서는 일반적으로 성문법의 내용적 한계를 부정하는 견해(법실증주의)와 긍정하는 견해(비실증주의)의 대립이 그대로 나타난다. **법실증주의**는 법적 권한을 부여받은 주체가 법적 절차에 따라 상위법에 위반되지 않도록 제정한 성문법은 모두 법적 효력을 갖는다고 주장한다. 헌법은 법체계의 최상위에 위치한 최고법이므로 제정에 관한 권한이나 절차를 규정하면서 내용적으로도 위반될 수 없는 상위법을 상정하는 것이 불가능하다. 사실상 모든 성문헌법은 제정되거나 개정되기만 하면 그 자체로 정당성을 갖게 되는 것이다. 반면에 **비실증주의**의 견해에 따르면 비록 법적 권한을 가진 주체가 법적 절차에 맞고 상위법에 위반되지 않게 성문법을 제정했다고 하더라도 성문법을 뛰어넘어 존재하는 정의나 자연법과 같은 내용적 한계를 넘어설 수는 없다고 본다. 성문헌법의 경우에도 대표적으로 자유권, 평등권, 사회권과 같은 기본적 인권이나 법치주의, 민주주의, 사회복지주의와 같은 보편적 국가원리는 성문헌법의 내용적 한계로서 이를 배제하거나 부정하는 내용으로 헌법을 제정하거나 개정하는 것은 금지된다는 주장이 제기될 수 있다.

현행 헌법은 **대통령의 임기연장이나 중임변경에 관한 헌법개정**의 효력을 제한하고 있는데(헌법 제128조 제2항) 이 규정이 헌법개정의 내용적 한계를 설정하고 있는지 여부가 쟁점이 될 수 있다. 하지만 이 규정은 헌법개정의 내용적 한계를 정한 것이 아니라 그러한 내용의 헌법개정은 가능하지만 헌법개정의 효력이 제안 당시의 대통령에게는 발생하지 않는다는 헌법의 '인적인 효력범위'를 한정하는 것(인적 효력제한규정)으로 이해되는 것이 일반적이다. 아무튼 기본적 인권과 보편적 국가원리와 여기에 보편성을 부여하는 '헌법적 정의'의 관점에서 성문헌법은 내용적 한계를 갖는다고 보아야 한다. 이러한 내용적 한계를 지키지 않고 성문헌법이 제정되거나 개정되면 헌법제정의 권력과 헌법개정의 권한을 모두 가진 국민은 마찬가지로 헌법적 정의로부터 도출될 수 있는 '**저항권**'을 행사하여 이와 같은 헌법을 거부할 수 있다. 저항권에 관한 현행 헌법의 명시적 근거는 없지만 헌법의 전문(preamble)에서 불의에 항거한 저항정신을 표현하고 있는 3·1운동이나 4·19혁명을 언급한 부분은 자연법적 권리이기도 한 저항권에 대한 헌법적 근거로 인용할 수 있다.

3. 성문헌법의 해석과 적용

헌법의 개정이 진행되기 전까지 헌법은 해석(interpretation)되어 개별적이고 구체적인 사안에 적용(application)된다. 헌법의 규정도 법규정인 만큼 법률의 규정을 포함한 다양한 형태의 법규정의 해석을 위하여 고안된 다양한 해석규칙을 동원함으로써 헌법의 해석이 이루어진다. 대표적인 해석규칙(해석방법)으로 ① 문법적 해석규칙, ② 논리적 해석규칙, ③ 체계적 해석규칙, ④ 역사적 해석규칙, ⑤ 목적론적 해석규칙, ⑥ 비교법적 해석규칙이 제시되고 있다. 헌법재판소도 "법규범의 의미내용은 그 문언뿐만 아니라 입법목적이나 입법취지, 입법연혁, 그리고 법규범의 체계적 구조 등을 종합적으로 고려하는 해석방법에 의하여 구체화하게" 된다고 설시하여 법규정의 해석규칙을 유사하게 열거하고 있다.[1]

우선 문법적(grammatical) 해석규칙은 법규범을 표현하는 법규정의 문언에 포함된 '사전적 의미'를 규명하도록 요청한다. 이를테면 헌법에서 사용되는 '직업'(헌법 제15조)이라는 표현은 사전에 나오는 대로 '생활을 유지하는 데 필요한 수입을 얻기 위하여 지속적으로 행하는 활동'이라는 의미를 갖는다. 여기서 말하는 문법은 ① 단어와 의미의 관계에 관한 의미론(semantics)과 ② 단어와 단어의 관계에 관한 구문론(syntactics)을 포함

1 헌재 2013. 8. 29. 2011헌바176; 2021. 4. 29. 2019헌바444등 참조.

한다. 따라서 사전적 의미가 두 가지 이상일 때는 문장의 구조에 따라 단어의 의미를 확정할 수 있다. 예컨대 헌법은 '양심'이라는 표현을 세 번 사용하고 있는데(헌법 제19조, 제46조 제2항, 제103조) 양심이라는 단어에 표현된 다양한 의미('양심'의 자유, 국회의원의 '양심'에 따른 직무수행, 법관의 '양심'에 따른 재판)는 그 단어가 위치한 문장 안에서 다른 단어와 가지는 관계에 따라 달리 확정될 수 있다.

다음으로 논리적(logical) 해석규칙은 법규정의 '논리학적 관계(맥락)'를 통하여 법규정의 문언에 포함된 의미를 규명하도록 요구한다. 예를 들어 헌법은 주거의 자유(헌법 제16조), 사생활의 비밀과 자유(헌법 제17조), 통신의 비밀(헌법 제19조)을 나란히 보장하고 있다. 여기서 자유, 비밀 혹은 비밀과 자유라는 문언이 혼재되어 사용되고 있지만 세 조항의 논리적 관계나 맥락을 토대로 해석하면 모두 다 비공개성(은밀성)을 의미한다는 점에서 동일하다. 따라서 이러한 헌법적 권리는 본인이 원하지 않는데도 주거, 사생활, 통신의 비공개성을 침해하려는 모든 감시활동을 배제하기 위한 것으로 여기서 사용된 표현은 모두 비밀을 보장한다는 점에서 공통점을 갖는다.

문법적 해석규칙과 논리적 해석규칙도 넓은 의미의 체계적 해석규칙에 포함된다. 문법적 해석규칙의 전제가 되는 '문법'이나 논리적 해석규칙의 전제가 되는 '논리'도 일정한 체계를 상정하고 있기 때문이다. 좁은 의미의 체계적(systematic) 해석규칙은 법규정의 전체 체계 안에서 일정한 법규정이 차지하는 '체계적 위치'를 고려하여 법규정의 문언이 표현하고자 하는 의미를 규명하도록 지시한다. 예를 들어 헌법이 보장하는 행복추구권(헌법 제10조)은 문법적(사전적)으로 보면 각자 행복의 조건이라고 생각하는 것을 추구할 수 있는 권리로 이해되기 때문에 행복의 조건이 무엇인지에 따라 자유를 의미할 수 있고, 평등이나 정의를 의미할 수도 있으며 경제적 빈곤으로부터의 해방을 의미할 수도 있다. 또한 논리적으로 해석하기 위하여 헌법 전문에 표현된 "안전과 자유와 행복"과 비교하면 행복은 적어도 안전이나 자유와 구분되는 개념으로 이해될 수도 있다. 하지만 체계적 관점에서 해석하면 행복추구권은 인간의 존엄과 가치에 관한 권리와 평등권 사이에 위치함으로써 일반적 자유권이라는 특별한 의미를 갖게 된다.

그 밖에도 역사적(historical) 해석규칙은 역사적으로 볼 때 법규정의 문언이 최초로 사용될 때 가졌던 의미, 주로 법규정을 최초로 정립할 때 거기에 표현된 문언을 사용한 사람이 의도했던 의미나 법규정의 문언이 역사적 흐름에 따라 경험한 의미의 변화를 중심으로 법규정의 의미를 규명하도록 요구한다. 예컨대 헌법이 보장하는 권리이자 제도의 대상인 '혼인'이나 '가족'은(헌법 제36조 제1항) 헌법이 최초로 제정될 당시의 의미로 해석될 수도 있지만 시간의 흐름에 따라 의미의 변화를 거쳐 형성된 현재의 의미로 해석될 수도 있다. 최초로 헌법이 제정될 당시에 혼인과 가족에 대한 헌법적 보장은 남성 중심의 혼인제도와 가족제도에 따라 형성된 축첩과 조혼의 관행, 그리고 가부장적 가족질서의 전통을 깨는 것이 당면한 목표였다. 따라서 남성과 여성의 혼인을 전제하면서 부부가 평등한 일부일처제를 강조하는 동시에 그로부터 출생한 자녀로 구성된 공동체의 구성원 모두가 존엄한 개인으로 존중받아야 한다는 정신에 따라 혼인과 가족은 해석되었다. 하지만 현재는 성별이 동일한 사람들의 혼인(동성혼)을 법적으로 인정해 주도록 요구받고 있고, 1인 가족도 가족으로 보호받아야 한다는 주장도 제기되고 있다. 따라서 지금의 시점에서 혼인과 가족의 의미는 이러한 변화된 현실을 반영하여 해석될 필요가 있다.

한편 목적론적(teleological) 해석규칙은 법규정을 정립한 입법자가 본래 가지고 있었던 '주관적 목적'(의도)이나 그것이 법규정으로 표현되어 보장됨으로써 가지게 되는 '객관적 목적(purpose)'을 고려하여 법규정의 의미를 규명하도록 요청한다. 이를테면 헌법이 보장하는 '사생활'에 관한 권리(헌법 제17조)는 다른 나라의 법체계에서 주장되는 프라이버시권을 차용하여 헌법에 포함시킬 당시의 입법자가 본래 가지고 있던 주관적 목적을 고려해서 해석될 수도 있다. 하지만 사생활에 관한 권리는 한국 헌법에 규정됨으로써 비밀에 관한 권리의 하나로 이 권리를 보장하고 있는 헌법의 객관적 목적을 고려해서 해석될 수도 있다. 처음에 사생활에 관한 권리를 헌법에 보장할 때는 외국의 프라이버시권을 그대로 본떠서 지금의 의미보다 확장된 의미를 규정하려는 의도가 있었을지는 몰라도 사생활에 관한 권리가 현행 헌법의 기본권목록 안에 열거되어 있는 한 헌법규정에 의하여 표현된 객관적 의도는 헌법규정으로 본래 표현하고자 했던 주관적 의도보다 축소될 수 있다.

마지막으로 비교법적(comparative legal) 해석규칙은 동일하거나 유사한 법규정을 가진 다른 나라의 해석례를 참고하여 해당 법규정의 의미를 규명하도록 방향을 제시한다. 구체적인 예로서 헌법에 규정된 '적법한 절차'의 의미를 미국헌법에서 사용하는 '적정한 법적 절차(due proecss of law)'의 의미와 비교하여 해석하는 것이다.

물론 해석규칙을 총동원해도 법규정의 다의적 의미가 특정한 사안에 적용될 수 있을 만큼 일의적으로 확정되지 않을 가능성도 여전히 남아 있다. 특히 개방적이면서 도덕이나 이념과 연결된 헌법의 규정은 그 의미를 일의적으로 파악하기가 쉽지 않다. 결국 일정한 의미를 전달하는 문언을 사용해야만 하는 성문법의 객관적 의미는 그 실체를 확인할 수 없다는 불가지론이 성문헌법의 해석에서도 주장될 여지가 없는 것도 아니다. 여기서 성문헌법을 포함한 모든 성문법의 해석에서 절차를 강조하는 입장이 등장한다. 이러한 입장에 따르면 법규정의 의미에 대한 합리적인 해석을 위해서는 반드시 가능한 한 많은 법전문가와 일반 시민이 법규정을 해석하는 절차에 참여할 수 있는 제도가 보장되어야 한다.

법규범을 표현하는 법규정의 해석은 개별적이고 구체적인 사안에 대한 법규정의 적용을 목적으로 한다. 헌법 외의 다른 법규범은 다양한 해석규칙을 동원하여 법규정의 의미가 확정됨으로써 특정한 사안이 해당 법규범의 효력을 발생시키기 위한 전제조건인 구성요건에 해당하면 이 사안에 해당 법규범의 효력이 발생하여 적용되는 결과에 이르는 것이 원칙이다. 적용을 배제하는 예외규정이 없는 한 법규범의 구성요건에 해당하면 법규범의 효력이 발생해야만 하는 것이 헌법 외의 다른 법규범의 전형적인 패턴이다. 하지만 헌법의 법규범은 특정한 사안이 구성요건에 해당한다고 해도 곧바로 이 사안에 헌법규범의 효력이 발생하여 적용되는 결과에 이르지 않는다. 헌법의 법규범은 반드시 헌법의 다른 법규범을 고려해서만 헌법규범의 효력이 발생하여 적용되는 결과에 이르게 된다. 이처럼 특정한 헌법규범과 다른 헌법규범을 함께 고려하여 헌법규범을 적용하는 과정을 '형량(balancing)'이라고 부른다. 헌법규범은 이러한 형량의 과정을 거쳐 적용되고 그 결과로 서로 충돌하는 헌법규범의 우선순위를 정하기 위한 특정한 조건이 부가되어 헌법의 해석에 영향을 주기 때문에 형량은 헌법규범을 해석하는 양식으로도 작동한다.

4. 적용범위

헌법은 원칙적으로 특정한 국가공동체의 영역 안에서 그 국민에게 적용된다. 현행 헌법은 대한민국의 영토를 한반도 전체로 규정하여(헌법 제3조) 북한지역도 대한민국의 영토로 명시하고 있다. 이에 따르면 북한은 국가의 실체를 인정받을 수 없고, 대한민국의 영토를 불법적으로 점유하고 있는 반국가단체에 지나지 않으며 북한 주민도 당연히 대한민국의 국민이 된다. 한편 '국정법정주의' 원칙을 선택한 헌법에 따라 대한민국의 국민이 되는 요건은 반드시 법률에서 정해지도록 유보되어 있다(헌법 제2조). 이에 따라 대한민국의 국민이 되는 요건에 대해서는 국적법에서 상세하게 규율되고 있다. 영역처럼 국민에 관한 사항은 헌법사항이고, 헌법은 법률에 상세한 규율을 위임하고 있다.

국적법에 따르면 속인주의(혈통주의) 원칙에 따라 부모 중 한 사람만 대한민국 국민이면 그 자녀는 출생과 동시에 국적을 취득한다. 대한민국에 버려진 아동 등에게 속지주의(출생지주의)의 예외가 인정되기도 한다. 그 밖에도 귀화, 인지, 입양, 혼인 등 출생이 아닌 사실에 의하여 국적을 취득할 수도 있다. 허가가 필요한 귀화는 ① 일반귀화, ② 간이귀화, ③ 특별귀화로 구분되는데 국민선서를 하고 귀화증서를 받은 때부터 국적을 취득하며 일반귀화의 경우에는 반드시 영주의 체류자격(영주권)을 먼저 취득해야만 가능하다(영주권 전치주의). 대한민국 국민에 의하여 입양되거나 대한민국 국민과 혼인하게 되면 간소한 요건과 절차에 따라 국적을 취득할 수 있는 간이귀화가 인정된다. 부모 중 한 사람이 대한민국 국민이었거나 본인은 물론 부모 중 한 사람이 대한민국에서 출생한 사람도 간이귀화가 가능하다. 대한민국에 특별한 공로가 있는 사람 등에게 대부분의 요건이 생략된 특별한 귀화절차가 인정되기도 한다. 부모가 국적을 취득하면 미성년인 자녀도 함께 국적을 취득할 수 있고(수반취득), 대한민국 국민이었던 사람은 국적을 이탈하였다가 다시 국적을 회복할 수도 있다(국적회복). 또한 외국인이 대한민국 국적을 취득하였으나 외국 국적을 포기하지 않아 국적을 상실한 경우 국적을 재취득할 수 있는 길도 열려 있다(국적재취득).

복수국적은 원칙적으로 허용되지 않기 때문에(복수국적금지의 원칙) 대한민국 국민이 외국의 국적을 취득하면 대한민국 국적을 상실하고, 외국인이 대한민국 국적을 취득하면 원래의 국적을 포기해야 한다. 예외적으로 외국 국적을 행사하지 않겠다는 서약(불행사 서약)을 하면 외국 국적을 포기하지 않아도 되는 복수국적허용의 예외도 인정된다. 불가피하게 두 개 이상의 국적을 가지게 되는 복수국적자의 경우에 원칙적으로 일정한 기한 내에 하나의 국적을 선택해야 한다. 다만 남성에게는 병역의무가 부과되기 때문에 병역의무가 있는 남성은 병적에 등록되고 일정한 기간 안에 대한민국 국적을 포기하지 않으면 반드시 병역의무를 이행해야만 대한민국 국적을 이탈할 수 있다. 특히 병역기피 목적의 이른바 '원정출산'을 방지할 필요가 있기 때문에 부모가 영주의 의사 없이 외국에 체류하는 도중에 출생하여 외국 국적을 취득한 자녀는 반드시 병역의무를 이행해야만 대한민국 국적을 포기할 수 있다.

Ⅱ. 관습헌법

1. 개념

헌법적 지위와 효력을 가지는 법규범의 적용을 받는 일정한 국가공동체의 구성원이 전반적으로 헌법으로 인식하고 준수하는 '관습헌법'도 헌법의 구성부분이 될 수 있다. 일반적으로 '관습법'이 되기 위해서는 ① 특정한 관행(관습)이라는 사실의 지속과 ② 이러한 사실을 법규범으로 인식하고 실천하는 일반적인 사회현상이 존재해야 한다. 이와 마찬가지로 헌법적 수준의 관습법을 의미하는 **헌법적 관습법**(관습헌법)으로 인정되기 위해서는 일정한 관행이 특정한 국가공동체에서 중단 없이 지속적으로 유지됨으로써 사회구성원에 의하여 헌법적 규범으로 인식되고 준수되어야 한다. 한국에서는 수도의 이전과 관련하여 '서울이 수도'라는 관행이 관습헌법으로 문제된 바 있다.

2. 요건

일반적으로 특정한 공동체에서 일정한 관행이나 관습이 계속되고 있는 '사실'이 관습법이라는 '규범'으로 인정받기 위해서는 상당한 기간 동안 중단되지 않은 채 지속되는 **관행이나 관습**이 존재함으로써 공동체구성원이 이러한 관행이나 관습을 마땅히 지켜야 할 법규범으로 인식하고 준수하는 **사회적 실천**이 유지되어야 한다. 헌법적 지위와 효력을 가지는 관습법을 의미하는 관습헌법도 특정한 국가공동체에서 일정한 사실이 상당한 기간 동안 중단됨이 없이 지속되는 관행이나 관습이 존재하여 국가공동체의 구성원이 대체로 이를 헌법적 법규범으로 인식하고 실천하는 일반적인 사회적 실천이 이루어져야 한다. 헌법재판소는 관습헌법의 요건을 다음과 같이 설시하였다.

> 관습헌법이 성립하기 위하여서는 관습법의 성립에서 요구되는 일반적 성립 요건이 충족되어야 한다. 이러한 요건으로서 첫째, 기본적 헌법사항에 관하여 어떠한 **관행 내지 관례**가 존재하고, 둘째, 그 관행은 국민이 그 존재를 인식하고 사라지지 않을 관행이라고 인정할 만큼 충분한 기간 동안 **반복 내지 계속**되어야 하며(반복·계속성), 셋째, 관행은 **지속성**을 가져야 하는 것으로서 그 중간에 반대되는 관행이 이루어져서는 아니 되고(항상성), 넷째, 관행은 여러 가지 해석이 가능할 정도로 모호한 것이 아닌 **명확한 내용**을 가진 것이어야 한다(명료성). 또한 다섯째, 이러한 관행이 헌법관습으로서 국민들의 **승인 내지 확신** 또는 폭넓은 컨센서스를 얻어 국민이 강제력을 가진다고 믿고 있어야 한다(국민적 합의). 이와 같이 관습헌법의 성립을 인정하기 위해서는 이러한 요건들이 모두 충족되어야 한다. (헌재 2004. 10. 21. 2004헌마554 등, 판례집 16-2하, 1, 40-41쪽)

관습헌법이 만들어지는 과정은 사실적 과정이므로 관습헌법의 개정도 원칙적으로 **사실의 변화**에 따라 이루어진다. 일정한 관행이나 관습이 지속되는 사회적 사실이 더 이상 계속되지 않다가 사라지면서 새로운 관행이나 관습이 지속되는 사회적 사실이 등장하면 기존의 관습법은 효력을 상실하는 것이다. 따라서 관습헌법의 개정은 원칙적으로 시간의 흐름에 따른 사실의 변화만 있으면 충분하다. 이것은 관습헌법의 개정을 위하여 성문헌법의 개정에 필요한 엄격한 절차가 요구되지 않는다는 뜻이다. 국민으로부터 민주적 정당성을 부여받은 의회가 제정한 법률만으로도 관습헌법의 내용을 폐지하거나 수정하는 개정은 충분히 가능하다고 보는 것이 타당하다. 국민의 의사를 대표하는 의회가 변화된 사실(현실)을 법률의 제정으로 확인할 수 있기 때문이다.

III. 헌법적 정의

헌법전이라는 문서에 기록된 성문헌법이나 국가공동체의 구성원에 의하여 인정되고 준수되는 관습헌법도 내용적으로 정당하지 않을 수 있다. 대표적으로 현행 헌법은 국가배상청구권의 주체에서 군인과 경찰을 배제하고 있는데(헌법 제29조 제2항), 이는 평등이나 공평이라는 도덕적 원칙에 반하여 내용적으로 정당하지 않다는 의견이 지배적이다. 남성에게만 병역의무를 부과하는 것도 공정하지 않다는 의문이 제기될 수 있는데 하물며 병역의무를 이행하기 위하여 군대에 입영한 군인이 전투나 훈련 중에 다른 군인의 불법행위로 손해를 입어도 배상을 청구할 수 없다는 것은 더 설명할 것도 없이 공평하지 않은 것이다. 성문헌법이나 관습헌법의 정당성을 판단하기 위한 기준으로 일종의 '초월적 헌법' 또는 '자연법적 헌법'을 의미하는 '헌법적 정의(constitutional justice)'의 존재가 필요하다. 헌법적 정의는 성문헌법이나 관습헌법처럼 현실에 존재하는 헌법을 초월하여, 실정헌법 이전에 자연법으로서 존재하여야 하기 때문이다. 이러한 의미에서 성문헌법이나 관습헌법은 바로 지금 여기에 존재하는 헌법인 데 비하여 헌법적 정의는 반드시 당위적으로 존재해야만 하는 헌법을 뜻한다. 성문헌법도, 그리고 관습헌법도 헌법적 정의에 위배될 수 있는데 이 경우에 그러한 성문헌법이나 관습헌법의 헌법적 효력을 상실시킬 필요가 있다. 헌법적 정의에 반하는 성문헌법의 효력은 헌법이 정한 절차에 따른 '헌법개정'으로, 헌법적 정의에 반하는 관습헌법의 효력은 관습헌법의 내용을 폐지하거나 개정하는 '법률의 제정'으로 가능할 것이다.

[주요쟁점]

1. 성문헌법의 내용적 한계가 존재하는지 여부
2. 관습헌법의 개정을 위해서는 반드시 성문헌법의 개정절차에 따라야 하는지 여부
3. 성문헌법이나 관습헌법을 뛰어넘는 헌법적 정의가 존재하는지 여부

[읽을거리]

김기창. 〈성문헌법과 '관습헌법'〉. 《공법연구》(한국공법학회) 제33집, 제3호(2005): 71-114쪽.

김명재. 〈관습헌법의 성립가능성과 한계〉. 《토지공법연구》(한국토지공법학회) 제30집(2006): 239-258쪽.

김선택. 〈민주적 개헌논의의 헌법적 조건〉. 《헌법학연구》(한국헌법학회) 제27권, 제3호(2021): 277-327쪽.

김주환. 〈'대한민국의 수도는 서울이다'라는 관습헌법의 허구성〉. 《홍익법학》(홍익대학교 법학연구소) 제22권, 제1호(2021): 227-252쪽.
박경철. 〈국민주권, 국민의 헌법제정권력 그리고 관습헌법〉. 《헌법학연구》(한국헌법학회) 제13권, 제2호(2007): 199-238쪽.
유승익. 〈관습헌법의 법리—존 하트 일리의 대표보강적 접근방법과 관련하여〉. 《법학연구》(경상대학교 법학연구소) 제24권, 제2호(2016): 183-201쪽.
이부하. 〈헌법의 개념과 관습헌법〉. 《한양법학》(한양법학회) 제20권, 제2호(2009): 75-95쪽.
전학선. 〈헌법관습에 관한 일고찰〉. 《토지공법연구》(한국토지공법학회) 제25집(2005): 553-573쪽.
정태호. 〈성문헌법국가에서의 불문헌법규범과 관습헌법〉. 《경희법학》(경희법학연구소) 제45권, 제3호(2010): 299-344쪽.
한상희. 〈시민주도형 헌법개정절차—헌법개정 절차의 민주적 구성을 위한 사례분석〉. 《입법학연구》(한국입법학회) 제19집, 제1호(2022): 53-94쪽.

제2장

헌법의 기본원리

헌법의 기초를 이루면서 헌법을 전반적으로 지배하는 '기본원리'에는 어떠한 것들이 있을까? 오로지 한국의 헌법만을 지배하는 '특수한' 기본원리도 있겠지만 지구상의 국가들이 가지고 있는 헌법 가운데 대부분을 일반적으로 지배하는 '보편적' 기본원리도 존재할 수 있을 것이다. 법치주의나 민주주의가 바로 그런 보편적 기본원리에 해당할 수 있다. 전 세계 어느 나라도 법치국가나 민주국가가 아니라고 주장하지는 않으니까 말이다. 정확히 말하면 모든 나라는 법이 지배하는 법치국가이면서 국민이 주인이 되는 민주국가이어야 하는 것이 맞다. 더불어 특정한 국가가 처한 구체적인 역사적, 사회적 맥락에 따라 헌법의 기본원리로 담아야 하는 특수한 헌법원리도 있을 것이다. 대한민국처럼 민족이 분단된 국가에서는 '통일'이라는 국가적, 민족적 과제를 헌법의 기본원리로 담을 필요가 있다. 특수한 것이든 보편적인 것이든 헌법 전반을 관통하는 기본원리 따위를 찾는 것 자체가 부당하다고 주장하는 견해는 없을 것으로 보인다. 비록 그런 기본원리가 처음부터 명백하게 존재했던 것은 아니더라도 헌법을 전체적이고 체계적으로 해석할 필요가 있다면 그런 기본원리는 반드시 찾아내거나 구성해야 할 내용에 속한다. 헌법의 기본원리는 헌법을 하나의 통일적이고 유기적이며 정합적인 체계로 구성하기 위한 필수불가결한 요소이기 때문이다.

I. 기본원리의 목표

헌법 전체를 처음부터 끝까지 관통하는 헌법의 기본원리 가운데 ① 법치주의, ② 민주주의, ③ 사회복지주의는 보편적 헌법원리로서 대부분의 헌법에서 인정되고 있다. 헌법의 기본원리는 헌법에 의하여 지배되는 국가공동체를 지도하는 원리가 되기 때문에 '국가원리'라고도 불린다. 또한 이러한 의미에서 헌법의 기본원리는 국가, 즉 국가권력을 행사하는 국가기관이 지향해야 할 목표를 제시하는 '국가목표'나 국가가 수행해야 할 과제를 부여하는 '국가과제'를 뜻한다. 이처럼 국가공동체를 지도하는 원리가 되거나 국가가 지향해야 할 목표나 수행해야 할 과제가 되는 헌법의 기본원리가 공통적으로 달성하고자 하는 최종적 목적(목표)은 해당 헌법의 규율을 받는 국가공동체의 모든 구성원에게 '인간의 존엄성(human dignity)'을 보장하는 것이다. 국가의 존재목적은 궁극적으로 인간의 존엄성에 대한 보장이며 헌법은 이러한 당위적 명제를 법규범으로 확인한다. 이와 같은 인간의 존엄성을 보장하기 위한 필수적 조건은 '자율성(autonomy)'이고(자세한 내용은 제3장 참조), 이러한 자율성은 ① 사적 영역에서 보장되어야 하는 '사적 자율성'과 ② 공적 영역에서 보장되어야 하는 '공적 자율성'으로 구분할 수 있다. 사적 자율성은 법치주의에 의하여, 공적 자율성은 민주주의에 의하여, 그리고 사적 자율성이든 공적 자율성이든 자율성의 경제적, 물질적 토대는 사회복지주의에 의하여 실현된다. 이처럼 국가의 존재이유인 인간존엄성의 보장과 이를 실현하기 위한 필수적 조건인 자율성의 관점에서 법치주의와 민주주의, 사회복지주의를 결합시킨 민주적·사회적 헌법국가는 이상적 국가가 필수적으로 지향해야 될 국가원리가 된다.

Ⅱ. 법치주의

1. 개념

'법치국가(Rechtsstaat) 원리'로도 불리는 법치주의는 국가에 대해서 '**법에 의한 통치**'나 '**법의 지배**(rule of law)'를 요구하는 헌법의 기본원리를 말한다. 따라서 법치주의의 원리에 따르면 법은 통치나 지배를 위하여 사용되는 수단과 방법일 뿐만 아니라 사실상 통치나 지배의 권한을 행사하는 주체가 될 수도 있다. 비록 겉으로 볼 때 사람이 국가를 통치하거나 지배하는 것처럼 보인다 해도 법에 의한 통치나 지배가 완벽하게 이루어진다면 결국에는 통치의 주체인 사람은 사라지거나 단지 기계적으로 법을 집행하거나 적용하는 존재에 머물게 된다. 그리고 통치의 수단과 방법에 지나지 않았던 법이 스스로 주체가 되어 국가를 통치하고 지배하는 현상이 나타날 것이다. 통치나 지배의 수단이자 주체를 의미하는 법규범은 법적 권한을 가진 주체에 의하여 법에 정해진 절차에 따라 제정된 성문법(제정법)을 의미하는 '**법률**'(실정법)뿐만 아니라 정의로운 법을 포괄적으로 뜻하는 '**법**'(자연법)을 모두 포함한다. 헌법의 경우에도 성문헌법을 뜻하는 헌법률(실정헌법)뿐만 아니라 헌법(자연법적 헌법=헌법적 정의)까지도 포함되는 이유가 여기에 있다(제1장 참조). 다만 헌법은 이미 실정법의 형태만으로도 다수의 자연법적 내용을 포함하고 있을 뿐이다. 이처럼 법률과 함께 법에 의하여 통치되는 국가, 법률과 더불어 헌법을 매개로 법이 동시에 통치하는 국가를 '**헌법국가(헌정국가)**'라고 부를 수 있다.

법률과 법이 공존하는 헌법국가의 법체계 안에서 법률과 법이 충돌하는 현상은 언제든지 일어날 수 있다. 실정법을 뜻하는 법률은 법의 목적(이념) 가운데 하나인 '**법적 안정성**'을 지향하는 반면에 자연법을 의미하는 법은 다른 법의 목적인 '**정의**'를 지향하기 때문이다. 법적 안정성을 지향하는 법률은 법적 권한을 가진 주체에 의하여 법적 절차에 따라 제정되고 상위법에 위반되지 않는 **형식적 합법성**만 충족하면 법적 효력을 가진다. 하지만 정의를 지향하는 법은 **내용적 정당성**을 가지는 경우에만 법적 효력을 가질 수 있다. 법의 목적 가운데 어떤 것이 우월한지에 대해서는 일반적으로 확정하기 어렵다. 대체로 법적 안정성을 잠정적으로 우선시키면서 정의에 반하는 정도가 심각한 경우에 법적 안정성이 배제되는 것으로 본다(이른바 '라드브루흐 공식'=참을 수 없는 정도로 정의롭지 않은 법률은 법이 아니다). 적어도 극단적으로(extremely) 정의롭지 못한(자연법에 반하는) 실정법은 법으로 인정받을 수 없기 때문에 그 효력을 상실시키는 것이다. 이로써 법치주의는 단순히 법률(실정법)에 의한 또는 법률의 통치나 지배를 넘어 법(자연법)에 의한 또는 법의 통치나 지배까지도 의미하게 된다. 오로지 법적 질서와 평화를 유지하기 위하여 법적 안정성만 지향하며 형식적 합법성만 강조하는 **형식적 법치국가**가 법치국가의 전부는 아니다. 그와 더불어 정의로운 질서와 평화를 만들기 위하여 정의까지도 함께 지향하며 내용적 정당성도 강조하는 **실질적 법치국가**가 법치국가의 이상적인 모습인 헌법국가인 것이다. 헌법국가의 다른 이름은 바로 실질적 법치국가다.

법치주의를 이해하기 위하여 법의 개념과 목적이 무엇인지 파악하는 것도 중요하지만 근본적으로는 **법이라는 규범의 형식이 필요한 이유**를 살펴보아야 법치주의를 제대로 이해할 수 있다. 국가공동체 안에는 도덕과 윤리, 관습, 종교, 전통, 문화와 같은 다양한 사회규범이 존재하는데 왜 하필이면 법이라는 사회규범이 추가로 필요한 것일까? 법이라는 규범의 형식이 반드시 필요한 이유는 무엇보다도 **공동체의 확정적인 의사를 결정**하려는 데 있다. 일정한 지역(영토)을 기반으로 하는 국가 단위의 공동체가 진정한 공동체로 유지되려면 공동체의 통일된 의사가 필요한데 법은 그러한 공동체의 의사를 규범적으로 확정한다. 비록 공동체의 의사가 확정적으로 결정되었다고 하더라도 공동체의 유지를 위해서는 더 나아가 결정된 공동체의 의사를 강제로라도 관철시킬 수 있어야 한다. 여기서 법은 **공동체의 의사를 강제하기 위한 형식**으로도 등장한다. 공동체의 의사에 따르지 않는 사람들의 실천을 규범적으로 강제하기 위한 형식으로 법이 필요한 것이다. 더욱이 확정적으로 결정되어서 강제적으로 관철될 수 있는 공동체의 의사는 전체적으로 보았을 때 논리적 모순 없이 일관되어야 하고 서로 정합적인 체계를 이루어야 한다. 법은 **공동체의 의사를 통일된 체계로서 조직하기 위한 규범의 형식**으로도 요구된다.

법의 형식을 가진 규범의 필요성이 정당화되면 국가의 필요성도 정당화된다. 공동체의 의사를 결정하고 강제하며 조직하는 규범의 형식으로 요구되는 법은 반드시 이를 제정하고, 집행하며, 적용하는 국가기관을 필요로 하기 때문이다. 이러한 국가기관은 공동체의 의사에 관한 법을 제정하고, 집행하며, 적용하는 권한을 국가공동체의 최고법인 헌법으로부터 부여받는다. 국가기관이 헌법으로부터 부여받은 입법권, 집행권, 사법권에 따라 제정하고 집행하며 적용하는 법은 실정법을 뜻하는 법률과 자연법을 의미하는 법을 모두 포함함으로써 법은 법적 안정성과 함께 정의를 법의 목적으로 지향한다. 이로써 국가권력으로도 불리는 헌법적 권한을 부여받은 국가기관은 물론 그 통치나 지배를 받은 국가공동체 역시 헌법국가가 된다. 헌법국가는 **통치나 지배의 주체인 국가**(국가기관과 국가권력)를 의미할 뿐만 아니라 **통치나 지배의 대상인 국가**(국가공동체)를 뜻하기도 한다.

2. 파생원칙

법치주의가 필요한 이유는 궁극적으로 법에 의한 통치나 법의 지배를 받는 공동체구성원의 **기본적 인권을 보장**하기 위함이다. 비록 통치나 지배의 주체인 국가가 필요하다고 하더라도 법이라는 객관적이고 공정한 규범을 통해서 통치나 지배를 받는 경우에만 통치나 지배를 받는 사람들의 기본적 인권에 대한 제한이 최소화될 수 있기 때문이다. 기본적 인권을 보장하는 최종적 목적은 '인간의 존엄성'이고, 인간의 존엄성을 구현하는 핵심은 '자율성'이다. 자율성은 두 개의 영역, ① 개인이 자신의 문제를 스스로 결정할 수 있는 **사적 자율성**과 ② 공동체가 자신의 문제를 스스로 결정할 수 있는 **공적 자율성**으로 구성된다. 이 가운데 법치주의는 법이라는 객관적이고 공정한 규범을 통한 통치나 지배를 요구함으로써 '사적 자율성'을 보장한다. 국가가 통치나 지배라는 이름으로 불가피하게 사적 자율성에 개입하기 위해서는 반드시 법의 형식이 요구되고, 이로 인하여 사적 자율성에 대한 제한은 최소화될 수 있기 때문이다.

개인의 사적 자율성을 보장함으로써 인간의 존엄성을 실현하기 위하여 통치나 지배의 수단으로 사용되어야 하는 법의 형식이 필수적으로 함유해야 할 특성이 있다. 특히 실정법이나 제정법 또는 성문법을 의미하는 법률의 형식을 가진 법규범이 가져야 할 특성과 관련하여 ① **법률명확성의 원칙**, ② **법률불소급의 원칙**, ③ **죄형법정주의 원칙**, ④ **조세법률주의 원칙** 등이 충족되어야 하므로 이러한 원칙들은 법치주의에서 도출될 수 있는 대표적인 파생원칙으로 제시된다. 더불어 법규범은 일정한 **위계질서를 가진 통일된 체계**로 구성되어야 하기 때문에 법체계는 모든 법규범에 대하여 다른 법규범과의 관계에서 일정한 효력상 서열을 부여한다. 이러한 위계질서 안에서 헌법은 최고규범으로서 다른 법규범보다 효력상 서열에서 앞서는 **헌법우위의 원칙**이 지배한다. 또한 의회가 제정한 법률은 헌법보다 서열은 낮지만 다른 법규범보다 높은 서열에 위치하는 **법률우위의 원칙**도 법체계의 위계질서 안에서 작동한다. 최고법인 헌법은 국가공동체에서 가장 중요한 사항을 규율해야만 하고, 나머지 중요한 사항은 명시적으로 법률에 미루거나 헌법의 명시적 규정은 없어도 당연히 입법사항은 법률에 미루어져 있다는 **법률유보의 원칙**도 법치주의에서 파생되는 중요한 원칙이다. 특히 가장 중요한 사항은 아니지만 국가공동체구성원의 헌법적 권리에 영향을 미치는 중요한 사항은 반드시 의회가 제정한 법률에 의하여 규율해야만 하고 단순히 법률에 근거를 두는 것만으로는 충분하지 않다는 **의회유보의 원칙**은 법률유보원칙의 핵심적 내용을 포함한 것으로 이해된다.

한편 통치나 지배의 주체인 국가가 통치나 지배의 수단인 법규범에 대해서 행사되는 국가권력과 관련하여 법치주의의 파생원칙으로는 **권력분립**(separation of powers)**의 원칙**이 대표적이다. 국가권력이 분할되어 서로 다른 국가기관에 의하여 분점되는 경우에만 사적 자율성에 대한 국가의 개입이 최소화될 수 있기 때문이다. 이러한 권력분립원칙에 따라 기본적으로 국가권력은 ① 법규범을 정립할 수 있는 입법권, ② 제정된 법규범을 집행할 수 있는 집행권, ③ 제정된 법규범을 해석하고 적용할 수 있는 사법권으로 분리되어 원칙적으로 각각 조직과 구성에서 독립된 의회, 행정부, 법원에 부여된다. 여기서 법률을 정립하는 입법권은 반드시 법률의 형식으로 규율되어야 할 사항을 오로지 의회의 입법을 통해서만 규율해야 하는 **의회유보의 원칙**을 준수해야 된다. 물론 입법권은 위임되거나 다시 위임(재위임)될 수도 있지만 위임하는 모법은 위임받는 법규범에서 규율되어야 할 사항의 구체적인 범위를 확정하여 위임해야 하는 **포괄위임입법금지원칙**을 위배할 수 없다. 입법권은 의회든 행정부든 누가 그 주체가 되든지 입법을 집행하는 집행권이나 입법을 해석하고 적용하는 사법권과 같은 다른 국가권력보다 우위에 놓이는 **법우위의 원칙**이 작동한다. 법률우위의 원칙은 법체계 내의 위계질서를 정하는 원칙인 반면에 법우위의 원칙은 법체계와 다른 국가작용의 우열관계를 정하는 원칙이 된다. 이에 따라 법률을 집행하는 집행권은 반드시 법률에 의하거나 법률에 근거해야 한다는 **법치행정의 원칙**이 도출된다. 또한 법률을 해석하고 적용하는 사법권은 어디에도 구속되지 않고 오로지 헌법과 법률에만 구속되어 독

법치주의(법의 지배)에서 파생되는 원칙	
1. 법의 개념	• 법규범 = 법률(실정법/제정법) + 법(자연법/초실정법) • 법과 법률의 관계 = 극단적 악법(법률)은 법이 아니다
2. 법의 특성	• 명확성원칙 + 불소급원칙 + 신뢰보호원칙 + 일반성(평등)원칙 • 형벌의 경우: 죄형법정주의 = 성문법주의(관습형법금지원칙) + 유추해석금지원칙 + 범죄구성요건의 명확성원칙 + 형벌불소급원칙 • 조세의 경우: 조세법률주의 = 조세요건명확주의 + 소급과제금지원칙 + 조세평등주의
3. 법의 체계	헌법우위원칙 + 법률우위원칙 + 법률유보원칙 + 의회유보원칙 + 포괄위임금지원칙
4. 법에 관한 권한: 통치권(국가권력)	• 입법권(법규범의 정립): 법률유보원칙 + 의회유보원칙 + 포괄위임금지원칙 • 집행권(법규범의 집행): 법치행정원칙(행정의 합법률성 원칙) • 사법권(법규범의 해석 및 적용): 사법의 독립성 원칙

립적으로 심판해야 한다는 **사법의 독립성 원칙**도 이끌어낼 수 있다.

III. 민주주의

1. 개념

민주주의(democracy)는 특정한 **국가공동체의 모든 구성원이 빠짐없이 자발적으로 참여하여** 해당 국가공동체의 의사를 결정하도록 요구하는 헌법의 기본원리를 의미한다. 이처럼 민주주의는 국가공동체의 문제를 그 구성원들이 스스로 결정할 수 있는 **공적 자율성**의 보장을 위하여 필요하다. 이러한 공적 자율성은 국가공동체의 모든 구성원이 자유롭고 평등하게 그 의사결정에 참여함으로써 실현된다. **자유롭고 평등한 참여**는 국가공동체의 공공선에 대한 다양한 생각을 허용함으로써 **다원주의**의 기초가 되고, 강요나 폭력 대신에 상호이해를 통한 합의를 강조함으로써 국가공동체의 의사결정에서 **대화와 토론의 절차**를 보장하는 토대가 된다.

특정한 국가공동체의 의사를 결정할 수 있는 권한을 '주권(sovereignty)'

이라고 부르기 때문에 민주주의는 주권의 주체와 밀접한 관련을 맺는다. 일반적으로 특정한 국가공동체의 주권은 해당 국가공동체의 국적을 가진 '국민'에게 있다고 인정되기 때문에 민주주의는 '**국민주권**'의 원리와 동일한 의미로 사용되기도 한다. 현행 헌법도 "대한민국의 주권은 국민에게 있"다고 규정함으로써 국민주권의 원리를 분명하게 선언하고 있다 (헌법 제1조 제2항). 국민주권의 원리에 따라 국민은 주권의 주체가 되는데 국민은 자신에게 부여된 주권을 직접적으로 혹은 간접적으로 행사할 수 있다. 흔히 국민이 자신의 주권을 직접적으로 행사하는 민주주의를 '직접민주제'로, 중간의 매개체를 통해 간접적으로 행사하는 민주주의를 '간접민주제'로 지칭한다. 직접민주제를 구현하는 제도로는 ① 국민발안제, ② 국민투표제, ③ 국민소환제가 있다. 대의제와 선거제도는 간접민주제를 구현하는 대표적인 제도다.

[판례] 민주적 기본질서: 헌재 2014. 12. 29. 2013헌다1

헌법 제8조 제4항이 의미하는 '민주적 기본질서'는, 개인의 자율적 이성을 신뢰하고 모든 정치적 견해들이 각각 상대적 진리성과 합리성을 지닌다고 전제하는 **다원적 세계관**에 입각한 것으로서, 모든 폭력적·자의적 지배를 배제하고, 다수를 존중하면서도 소수를 배려하는 민주적 의사결정과 자유·평등을 기본원리로 하여 구성되고 운영되는 정치적 질서를 말하며, 구체적으로는 **국민주권의 원리**, **기본적 인권의 존중**, **권력분립제도**, **복수정당제도** 등이 현행 헌법상 주요한 요소라고 볼 수 있다.

2. 직접민주제

헌법의 기본원리인 민주주의를 구체화하는 제도 가운데 **국민이 직접적으로 주권을 행사**하여 국가공동체의 의사를 결정하는 제도가 직접민주제다.

국가공동체의 의사결정과정에서 주권은 ① 국가적 의제를 제안(발의)하는 단계에서는 '**국민발안제**'로, ② 그러한 의제를 결정하는 단계에서는 '**국민투표제**(국민표결제)'로 구현된다. ③ 국민이 선거를 통해 선출한 대표를 임기 중에 파면시키는 '**국민소환제**'도 직접민주제를 구현하는 대표적인 제도로 이해된다. 더욱이 국민은 헌법이 보장하는 **정치적 표현의 자유**(헌법 제21조 제1항)를 통해서 국가적 의제에 관한 시민사회의 공론영역(공론장)에서 자신의 의견을 자유롭게 개진함으로써 국가의사결정과정에 직접적으로 참여할 수도 있다. 같은 맥락에서 국민의 정치적 의사를 전달하거나 매개하는 '**언론제도**'나 '**정당제도**'도 국민이 국가의사결정과정에 직접적으로 참여하는 통로를 제공하는 제도로 이해될 수 있다. 정당제도와 관련하여 현행 헌법은 "정당설립의 자유"를 보장함으로써(헌법 제8조 제1항) 정당의 설립과 운영, 해산 및 가입과 탈퇴 등 정당활동과 관련된 포괄적 자유를 보장하고 있다. 이러한 정당의 자유에 대한 보장은 자유로운 정당설립을 통하여 다수의 정당을 허용하는 '복수정당제도'의 보장과 동전의 양면을 이룬다. 정당의 자유와 정당제도를 구체화하는 법률로는 〈정당법〉과 〈정치자금법〉이 있다. 〈정당법〉에 따르면 원칙적으로 16세 이상의 국민은 정당에 가입하여 당원이 될 수 있는데 초·중등교원을 포함한 공무원의 정당가입이 금지되는 점이 꾸준히 논란이 되고 있다. 〈정치자금법〉에 따라 정당은 당비나 후원금을 모을 수 있고, 국가로부터 국고보조금을 지급받기도 한다.

3. 간접민주제

국가공동체의 의사를 결정할 수 있는 **주권을 제3의 기관을 매개로 국민이 간접적으로 행사**되도록 하는 제도가 간접민주제다. 헌법도 주권의 주체는 국민이라고 선언하면서 동시에 "모든 권력은 국민으로부터 나온다"는 선언을 통하여(헌법 제1조 제2항) 주권이 제3의 기관인 국가기관을 통하여 국가권력의 형태로 행사될 수 있음을 확인하고 있다. 그러한 제3의 기관이 국민의 선거를 통해 구성된 의회(parliament)와 같은 대의기관인 경우에 이를 '**대의제**(representative system)'로 부른다. 대의제에 따르면 ① 국민과 대표는 분리되어 이원화됨으로써 국민과 대표의 동일성을 본질로 하는 직접민주제와 선명하게 구분된다. ② 선거를 통해 국민은 대표에게 민주적 정당성을 부여하며, ③ 국민으로부터 민주적 정당성을 부여받은 대표는 헌법이 보장한 임기 동안 자유롭게 국가공동체의 의사를 결정한다. ④ 대표의 결정은 국민 전체의 결정으로 의제되며, ⑤ 대표는 국민에게 법적 책임이 아니라 다음 선거를 통하여 정치적 책임을 부담하게 된다. 따라서 '**선거제도**'는 대의제의 형태로 구현되는 간접민주제의 필수적 구성요소인 국민(피치자/피지배자)과 대표(치자/지배자)의 관계에서 민주적 정당성 및 정치적 책임에 관한 핵심적 제도가 된다. 현행 헌법도 ① 국회의원선거, ② 대통령선거, ③ 지방자치단체선거(지방선거)에 관한 제도에 대하여 명시하고 있다. 상세한 내용은 헌법의 위임을 받은 〈공직선거법〉에서 규율되고 있는데 선거권과 피선거권, 선거구제(소선거구제, 중선거구제, 대선거구제), 대표제(소수대표제, 다수대표제) 등에 관한 내용이 담겨 있다. 국회의원선거의 경우에 ① 소선거구제에 따른 지역구 국회의원과 ② 정당별 명부에 따른 비례대표 국회의원으로 구분하여 선거가 실시되고, 지방선거의 경우에 ① 지방의원선거와 ② 자치단체장선거로 구분하여 선거가 진행된다.

선거를 통하여 민주적 정당성을 부여받은 대표가 국민 전체를 대표하여 국가이익을 우선하기 위하여 임기 동안 선거구민이나 정당 등 어느 누구의 지시나 명령을 따르지 않고 자유롭게 국가의사를 결정할 수 있다는 원칙을 '**자유위임의 원칙**'이라고 부르는데 특히 이 원칙에 주목할 필요가 있다. 현행 헌법은 "국회의원은 국가이익을 우선하여 양심에 따라 직무를 행한다"고 규정하여(헌법 제46조 제2항) 이와 같은 자유위임(무기속)의 원칙을 명시하고 있다. 헌법재판소에 따르면 이 규정 이외에도 국민전체에 대한 봉사자로서 국민에게 책임지는 공무원의 헌법상 지위(헌법 제7조 제1항)와 국회의원의 면책특권(헌법 제45조)에 관한 규정도 자유위임원칙의 헌법적 근거가 된다고 본다.[1] 이러한 자유위임의 원칙에 따라 국민전체의 대표인 국회의원이 소속 정당으로부터 **탈당할 수 있는 자유**(탈당의 자유)나 다른 정당으로 이적하는 당적변경의 자유가 보장된다. 국회의원은 지역구에서 당선되든 비례대표로 당선되든 모두가 국민 전체의 대표로서 자유위임의 원칙을 적용받아야 한다. 헌법재판소도 "자유위임하의 국회의원의 지위는 그 의원직을 얻은 방법, 즉 전국구로 얻었는가, 지역구로 얻었는가에 의하여 차이가 없"다는[2] 원칙을 확인하면서 법률에 별도의 규정이 있는 경우에는 비례대표에 한해서 탈당의 자유가 제한될 수 있는 예외의 가능성을 열어두었다. 현행 법률은 지역구 국회의원에 대해서는 탈당과 당적변경의 자유를 보장하면서도 비례대표 국회의원에 대해서는 정당내부의 제명징계에 의하지 않고는 탈당하는 경우에 의원직을 박탈한다고 규정하고 있어 헌법적 논란이 되고 있다. 또한 이른바 소속정당의 **당론에 반하는 표결을 할 수 있는 자유**도 자유위임의 원칙에 근거하여 보장된다. 헌법재판소는 국회의장이 특정한 국회의원을 그가 속한 정당의 원내대표의 요청에 따라 기존의 상임위원회에서 사임시키고 새로운 상임위원회에 보임한 행위가 자유위임의 원칙에 위반되지 않는다고 본다.[3] 왜냐하면 당론과 다른 견해를 가진 소속 국회의원을 다른 상임위원회로 전임(사·보임)하는 조치는 특별한 사정이 없는 한 헌법상 용인될 수 있는 "정당내부의 사실상 강제"의 범위 안에 해당하기 때문이다.

1 헌재 1994. 4. 28. 92헌마153 참조.

2 헌재 1994. 4. 28. 92헌마153(전국구의원직 계승 사건), 판례집 6-1, 415, 425쪽 참조.

3 헌재 2003. 10. 30. 2002헌라1(상임위원회 사·보임 사건) 참조.

4. 민주주의는 자유민주주의인가?

민주주의는 자유민주주의일까? 반은 맞고, 반은 틀렸다. 민주주의는 다른 헌법원리와 결합할 수 있다. 민주주의는 공적 자율성을 지향하기 때문에 사적 자율성을 지향하는 법치주의와 결합할 수 있고, 이러한 **법치국가적 민주주의**(민주적 법치국가)를 자유민주주의로 부를 수도 있다. 공적 자율성만 강조되고 사적 자율성이 무시되는 국가공동체는 오로지 공동체의 가치나 이익만 강조되어 개인의 자유나 권리는 소홀히 취급받는 전체주의로 변질될 수 있기 때문이다. 하지만 민주주의는 자율성의 경제적 기초를 지향하는 사회복지주의와 결합하여 사회적 민주주의가 될 수도 있다. 아니면 민주주의가 평등보다 자유를 강조할 때 자유민주주의라고 부를 수도 있다. 하지만 민주주의는 평등을 강조하여 **평등민주주의**가 될 수도 있고, 정의를 강조하여 **정의민주주의**가 될 수도 있다. 오히려 민주주의는 **자유롭고 평등하며 정의로운 민주주의**가 되어야 한다. 민주주의는 자유민주주의이어야 하지만 오로지 자유민주주의이어야만 하는 것은 아니다. 헌법은 "자유민주적 기본질서"(헌법 전문 및 제4조)라는 표현을 사용하여 민주주의의 의미를 한정하기도 하지만 "민주공화국"(헌법 제1조 제1항), "민주적 기본질서"(헌법 제8조 제4항)나 "민주주의원칙"(헌법 제32조 제2항), "경제의 민주화"(헌법 제119조 제2항)라는 표현을 사용함으로써 민주주의의 의미를 확장시키기도 한다. 따라서 헌법이 추구하는 민주주의를 자유, 특히 사적 자율성이 강조되는 자유민주주의로 한정할 필요는 없다. 헌법이 보장하는 민주주의는 마찬가지로 헌법에 의하여 보장되는 사회복지주의, 평등, 정의와도 결합될 수 있기 때문이다. 사실 이미 민주주의 안에는 공적 자율성을 의미하는 자유가 포함되어 있기 때문에 민주주의를 자유민주주의로 한정하면 자칫 자유는 사적 자율성으로 축소될 위험성도 있다.

Ⅲ. 사회복지주의

사회복지주의(사회국가) 원리는 국가에 대하여 사회복지 또는 사회보장의 과제를 부여하는 헌법의 기본원리다. 이러한 사회복지주의는 ① 사회적 기본권이나 ② 사회적 시장경제질서의 보장을 통해 채택된다. '사회적 기본권'은 경제적 약자에 대한 헌법적 권리의 보장을 강조하는 반면에서 '사회적 시장경제질서'는 경제적 약자를 발생시킬 수밖에 없는 자본주의 시장경제질서의 구조적 모순에 대한 헌법적 대응으로 경제헌법질서의 수정을 강조한다.

1. 사회적 기본권

사회적 기본권은 기본생계, 주거, 의료, 교육 등 **경제적 빈곤**(poverty)**으로 인하여 시장에서 구매하기가 어려운 대상**과 관련된 주관적 지위를 의미한다(자세한 내용은 제3장 참조). 이와 같은 대상을 시장에서 구매하기 어려운 이유는 공급이 부족하기 때문일 수도 있지만 충분한 공급이 이루어진다고 해도 이를 구매할 수 있는 경제적, 재정적 여건이 마련되지 않기 때문이다. 현행 헌법은 사회적 기본권으로 ① 인간다운 생활을 할 권리(헌법 제34조 제1할), ② 교육을 받을 권리(헌법 제31조 제1항), ③ 주거권(헌법 제35조 제3항), ④ 보건권(헌법 제36조 제3항), ⑤ 근로의 권리(헌법 제32조 제1항) 등을 보장하고 있다. 이로써 사회적 기본권의 대표적 대상인 교육과 주거 및 보건의료는 현행 헌법이 열거한 사회적 기본권에 의하여 보장을 받는다. 기본생계도 사회적 기본권의 일반적 권리로 이해되는 인간다운 생활을 할 권리에 의하여 보장되는 것으로 본다. 근로는 일자리가 있어야 가능하며 근로의 대가로 받는 임금이나 보수는 시장에서 구매가 가능한 대상을 구매할 수 있는 경제적, 재정적 여건이 되기 때문에 직접적으로 사회적 기본권의 대상이 될 수는 없으나 사회적 기본권과 밀접하게 연결된다.

사회적 기본권의 개념에서 확인할 수 있듯이 사회적 기본권의 주체는 우선적으로 '**경제적 약자**'다. 경제적 약자는 사회적 기본권이 최우선적으로 보장되어야 할 주체임에는 틀림없다. 시장에 충분한 공급이 이루어져도 이를 구매할 수 있는 경제적, 재정적 형편이 되지 못하는 경제적 약자가 사회적 기본권이 보장되어야 하는 우선적 주체가 되기 때문이다. 다만 경제적 약자를 결정하는 경제적 '빈곤선'을 어떻게 결정하는지에 따라 경제적 약자의 범위는 확장될 여지가 충분히 있다. 여기서 **선별적 복지와 보편적 복지에 관한 논쟁**이 시작된다. 절대적 빈곤선이 존재한다고 주장하는 사람들에게는 선별적 복지가 선호될 것이지만 빈곤선은 상대적이라서 규정하기 나름이라고 주장하는 사람들에게는 보편적 복지가 선호될 가능성이 높다. 빈곤선이 상대적인 것이라면 굳이 빈곤선을 정해서 그에 따라 엄격하게 선별적으로 복지를 제공할 것이 아니라 설령 가난한 사람이 아니라고 하더라도 복지를 제공받게 함으로써 보편적으로 복지를 제공하는 것도 반드시 나쁜 것이라고 볼 수는 없기 때문이다.

2. 사회적 시장경제질서

사회적 시장경제질서는 시장의 자율적 작동을 강조하는 '**자본주의적 시장경제질서**'와 함께 시장에 대한 규제나 조정과 같은 국가의 개입을 동시에 허용하는 **혼합된 경제질서**를 의미한다. 자본주의적 시장경제질서는 '시장의 자율성'을 기본으로 한다. 현행 헌법도 "개인과 기업의 경제상의 자유와 창의를 존중함을 기본으로" 하는 자본주의적 시장경제질서를 채택하고 있다(헌법 제119조 제1항). 하지만 시장의 문제점인 부의 집중으로 인한 폐해, 즉 경제적 불평등(양극화)으로 인한 경제적 약자의 양산을 극복하기 위해서는 **시장에 대한 '국가의 개입'**을 허용하여 시장의 주체들에게 일정한 '사회적 의무'를 부과할 수 있어야 한다. 이에 따라 현행 헌법은 국가가 시장에 개입할 수 있는 근거로 ① 국민경제의 균형 있는 성장과 안정의 유지, ② 적정한 소득분배의 유지, ③ 시장의 지배와 경제력 남용의 방지, ④ 경제주체 간의 조화를 통한 경제의 민주화를 제시하고 있다(헌법 제119조 제2항). 다시 말해 헌법은 자본주의적 시장경제질서의 모순(문제점)을 국민경제의 성장과 안정을 유지하는 과정에서 발생할 수 있는 불균형성, 소득분배의 과정에서 발생할 수 있는 부적정성, 시장의 지배와 경제력의 남용, 경제주체의 부조화로 인식하고 있는 것이다. 따라서 이 경우에 국가는 자율적으로 작동하는 시장에 개입하여 시장의 모순을 과감하게 개선해야 한다. 사회적 시장경제질서는 국가가 시장의 구조적 모순을 제거하기 위하여 적극적으로 시장에 개입해야 하는 과제를 부여한다.

IV. 평화주의

1. 개념

평화주의는 소극적으로 폭력이나 무력을 배제하는 **비폭력주의**를 의미할 뿐만 아니라 적극적으로 평화로운 삶을 지향하고 실현하는 이념을 뜻한다. 평화주의의 기초가 되는 '평화'는 전쟁이나 무력충돌이 없는 상태를 넘어서서 법과 질서가 유지되는 상태까지도 의미한다. 따라서 평화주의는 법치주의와 민주주의, 사회복지주의가 완벽하고 조화롭게 실현된 이상적 상태, 즉 민주적·사회적 헌법국가가 이상적인 수준으로 구현된 상태를 의미할 수 있다. 현행 헌법은 ① '남북관계'와 ② '국제관계'에서 평화주의를 기본원리로 채택하고 있다. 헌법재판소도 헌법 전문의 "조국의 평화적 통일"과 "항구적인 세계평화", 헌법 총강의 "평화적 통일정책"(헌법 제4조), "국제평화의 유지"와 "침략적 전쟁"의 부인(헌법 제5조), "국제법규"의 존중(헌법 제6조 제1항)과 같은 '평화에 관한 규정'을 근거로 평화주의가 헌법적 이념 또는 목적에 해당한다고 본다.[4] 평화주의는 기본적으로 전쟁에 반대하지만 모든 전쟁에 반대하지는 않으며 평화를 지키기 위한 군대를 반대하지도 않는다. 다른 국가를 침략하여 평화를 위협하는 선제적이고 공격적인 전쟁은 평화주의와 양립할 수 없지만 다른 국가의 침략을 받아 위협받는 평화를 지키기 위한 자위적이고 방어적인 전쟁은 평화주의와 양립할 수 있다. 따라서 평화를 수호하기 위한 전쟁에 대비하기 위하여 군대를 설치하고, 군사적 훈련을 실시하며 이를 위하여 국민을 동원한다고 해도 이것이 평화주의를 본질적으로 침해하지는 않는다.

2. 남북관계와 평화통일

현행 헌법은 민족의 분단된 현실을 고려하여 남북관계에서 '평화통일'을 지향한다(헌법 제4조). 남북관계에서 요구되는 평화주의는 북한의 실체와 관련하여 주권을 가진 자주적인 '국가'로 인정하지는 않더라도 적어도 **민족통일을 위한 대화의 '동반자'**로 인정하겠다는 취지를 담고 있다. 따라서 북한의 실체를 대한민국의 영토를 점령하고 있는 '반국가단체'로 인식하게 하는 영토조항(헌법 제3조), 즉 대한민국의 영토를 한반도 전체로 규정하는 헌법규정과 평화통일조항은 양립하기 어려운 문제가 발생한다. 북한의 실체를 민족통일의 동반자로 인식하는 경우에는 평화적 통일이 원칙이 될 수 있지만 북한의 실체를 대한민국의 영토를 불법적으로 점령하

4 헌재 2009. 5. 28. 2007헌마369, 판례집 21-1하, 769, 775쪽 참조.

고 있는 반국가단체로 인식하는 경우에는 무력에 의한 흡수통일도 불사할 수 있기 때문이다. 이에 따라 **영토조항과 평화통일조항의 조화로운 해석**을 위하여 신법우선의 원칙이나 특별법우선의 원칙에 따라 하나의 규정이 다른 규정보다 우월하다는 주장도 제기되지만 대체로 두 조항은 각각의 독자적 의미가 있는 것으로 해석한다. 판례도 같은 입장으로 북한은 영토조항에 따른 반국가단체의 성격과 함께 평화통일조항에 따른 민족통일의 동반자의 성격도 동시에 가지는 이른바 '이중적 성격론'을 주장한다. 다만 이러한 해석론은 북한을 민족통일의 동반자이면서 반국가단체로서 인식함으로써 북한의 실체에 대한 서로 양립하기 어려운 모순되는 내용을 무리하게 절충하는 시도로 비판받을 여지가 있다. 따라서 헌법을 개정하여 이러한 모순적 내용을 근본적으로 제거하든지 영토조항의 효력발생 시점을 통일 이후로 미루는 해석론을 통하여 잠정적으로 해소할 필요가 있다.

[판례] 북한의 실체: 1993. 7. 29. 92헌바48, 판례집 5-2, 65, 75쪽

북한은 조국의 평화적 통일을 위한 **대화와 협력의 동반자**임과 동시에 대남적화노선을 고수하면서 우리 자유민주체제의 전복을 획책하고 있는 **반국가단체**라는 성격도 함께 갖고 있음이 엄연한 현실인 점에 비추어, 헌법 제4조가 천명하는 자유민주적 기본질서에 입각한 평화적 통일정책을 수립하고 이를 추진하는 한편 국가의 안전을 위태롭게 하는 반국가활동을 규제하기 위한 법적 장치로서, 전자를 위하여는 남북교류협력에관한법률 등의 시행으로써 이에 대처하고 후자를 위하여는 국가보안법의 시행으로써 이에 대처하고 있는 것이다.

[판례] 남북합의서의 법적 성격: 1997. 1. 16. 92헌바6 등, 판례집 9-1, 1, 23쪽

소위 남북합의서는 남북관계를 "나라와 나라 사이의 관계가 아닌 통일을

지향하는 과정에서 잠정적으로 형성되는 특수관계"(전문 참조)임을 전제로 하여 이루어진 합의문서인바, 이는 **한민족공동체 내부의 특수관계를 바탕으로 한** 당국 간의 합의로서 남북당국의 성의있는 이행을 상호 약속하는 일종의 **공동성명 또는 신사협정**에 준하는 성격을 가짐에 불과하다. 따라서 남북합의서의 채택·발효 후에도 북한이 여전히 적화통일의 목표를 버리지 않고 각종 도발을 자행하고 있으며 남·북한의 정치, 군사적 대결이나 긴장관계가 조금도 해소되지 않고 있음이 엄연한 현실인 이상, **북한의 반국가단체성**이나 국가보안법의 필요성에 관하여는 아무런 상황변화가 있었다고 할 수 없다.

3. 국제관계와 국제평화

국제관계에서도 평화주의의 이념을 지향하는 것이 현행 헌법의 기본입장이다. 이에 따라 무엇보다도 '침략적 전쟁'이 부인되고 있으며(헌법 제5조) '국제법규에 대한 존중'의 정신이 표현되어 있다(헌법 제6조). 헌법이 군대를 설치하여 국가안보와 국토방위의 신성한 의무를 부여하면서(헌법 제5조 제2항) 대통령에게 국군통수권을 부여한 것은 오로지 방어적 전쟁을 수행하도록 하기 위함이다. 특히 국제법규에 대한 존중과 관련하여 ① 헌법에 의하여 체결·공포된 '조약'과 ② 일반적으로 승인된 '국제법규'는 "국내법과 같은 효력"을 갖는다. 헌법은 조약을 체결하고 비준하는 권한을 대통령에게 부여하고 있고(헌법 제73조), 일정한 조약에 대해서는 국회의 동의권을 인정하고 있다(헌법 제60조 제1항). **국회의 동의권이 인정되는 조약**으로는 상호원조나 안전보장, 중요한 국제조직, 우호통상항해, 주권의 제약, 강화에 관한 조약과 국민에게 중대한 재정적 부담을 지우는 조약 및 입법사항에 관한 조약이 포함된다. 따라서 헌법에 의하여 체결·공포된 조약은 대통령이 체결·비준하고 국회가 동의한 조약을 의미한다.

국회의 동의가 필수적인 조약에 대해서는 국회의 동의가 없으면 법적 효력을 인정할 수 없다. 헌법에 의하여 체결·공포된 조약과 일반적으로 승인된 국제법규가 가지는 '**국내법과 같은 효력**'은 원칙적으로 해당 조약이나 국제법규의 내용에 따라 결정되어야 하지만 적어도 국회의 동의를 받은 조약은 국회가 제정한 법률과 같은 효력을 가지는 것으로 보아야 한다. 조약이나 국제법규가 국내법과 같은 효력을 가지는 한 헌법우위의 원칙에 따라 헌법에 위배될 수 없으며 헌법을 위반한 조약이나 국제법규에 대해서는 헌법재판소나 법원에 의한 사법심사가 가능하다.

V. 문화국가원리

1. 개념

문화국가원리는 **문화와 관련된 국가의 헌법적 과제와 목표**를 제시한다. 기본적으로 문화활동의 자율성과 창의성을 보장하기 위해서 국가는 문화에 대한 중립적 태도(문화적 중립성)를 견지할 필요가 있다. 국가가 지향하는 특정한 정치적 이념이나 정책을 선전하거나 교육하려는 목적에서 문화를 수단으로 활용하기 위하여 국가가 문화에 개입하거나 간섭하는 행위는 금지된다. 하지만 국가는 문화에 대한 제도적, 재정적 지원을 포기할 수도 없다. 문화활동에 필수적인 기반이나 여건의 조성을 위하여 국가의 개입과 지원이 필요하고, 문화활동의 결과물에 대한 평등한 향유를 위해서도 국가의 개입과 지원이 요구되기 때문이다. 이처럼 문화국가원리는 국가를 상대로 '지원은 하되 간섭은 하지 말아야 한다'는 관점에서 **문화적 중립과 문화적 지원 사이에서 균형적이고 절제된 태도**를 취하도록 요구한다.

2. 내용

문화국가원리는 국가에 대해서 ① 문화적 자율성, ② 문화에 대한 국가의 지원, ③ 문화의 향유에서 실질적 평등을 확보할 것을 요구한다. 무엇보다도 '**문화적 자율성**'은 문화의 본질적 요소인 '문화적 다양성'을 실현하기 위하여 필수적이다. 현행 헌법도 "전통문화"와 "민족문화"를 강조함으로써(헌법 제9조) 문화적 다양성이나 문화다원주의에 주목하고 있다. 외국문화, 특히 서양문화의 지배로 한국의 전통문화와 민족문화가 사양화되고 있는 것이 문화적 현실이기 때문이다. 문화적 다양성은 문화활동과 관련된 기본권인 '문화적 기본권'을 보장함으로써 실현될 수 있다. 문화적 기본권으로는 정신적 기본권으로도 불리는 양심과 사상의 자유, 종교의 자유, 학문의 자유, 예술의 자유, 표현의 자유를 들 수 있다. 문화국가원리에 따라서 국가에 대해서 요구되는 또 다른 내용은 '**문화에 대한 국가의 지원**'이다. 문화활동을 위한 제도적 지원이나 재정적 지원을 제공해야 하는 것이 국가에게 부여된 문화국가적 과제다. 문화활동이 기본적으로 정신활동이지만 문화활동을 영위하기 위해서는 현실적으로 제도적, 재정적 지원은 필수적이다. 마지막으로 문화국가원리는 국가에 대해서 '**문화의 향유에서 실질적 평등**'을 보장하도록 요구한다. 문화활동의 결과물이 시장에서 거래되는 상품이 되면서 모든 사람이 문화시장에서 영화, 연극, 문학작품, 콘서트, 전시회 등 문화적 컨텐츠를 평등하게 향유할 수 있도록 무료 또는 저렴한 가격에 문화적 컨텐츠를 구매할 수 있는 여건을 보장해야 한다.

[판례] 문화국가원리: 헌재 2004. 5. 27. 2003헌가1

헌법은 문화국가를 실현하기 위하여 보장되어야 할 정신적 기본권으로 양심과 사상의 자유, 종교의 자유, 언론·출판의 자유, 학문과 예술의 자유 등을 규정하고 있는바, 개별성·고유성·다양성으로 표현되는 문화는 사회의 자율영역을 바탕으로 한다고 할 것이고, 이들 기본권은 **견해와 사상의 다양성**을 그 본질로 하는 문화국가원리의 불가결의 조건이라고 할 것이다.

[판례] 문화국가와 문화예술계 블랙리스트: 헌재 2020. 12. 23. 2017헌마416

우리 헌법상 문화국가원리는 **견해와 사상의 다양성**을 그 본질로 하며, 이를 실현하는 국가의 **문화정책은 불편부당의 원칙에 따라야** 하는바, 모든 국민은 정치적 견해 등에 관계없이 문화 표현과 활동에서 차별을 받지 않아야 한다. 특히 아직까지 국가지원에의 의존도가 높은 우리나라 문화예술계 환경을 고려할 때, 정부는 문화국가실현에 관한 과제를 수행함에 있어 과거 문화간섭정책에서 벗어나 문화의 다양성, 자율성, 창조성이 조화롭게 실현될 수 있도록 중립성을 지키면서 문화에 대한 지원 및 육성을 하도록 유의하여야 한다. 그럼에도 불구하고 이러한 중립성을 보장하기 위하여 법률에서 정하고 있는 제도적 장치를 무시하고 정치적 견해를 기준으로 문화예술계 정부지원사업에서 배제되도록 차별취급한 것은 헌법상 문화국가원리와 법률유보원칙에 반하는 자의적인 것으로 정당화될 수 없다.

[읽을거리]

김하열. 〈민주주의 정치이론과 헌법원리—자유주의적 이해를 넘어〉. 《공법연구》(한국공법학회) 제39집, 제1호(2010): 161-192쪽.

김해원. 〈기본권심사에서 법치국가원칙의 의미〉. 《헌법학연구》(한국헌법학회) 제23권, 제1호(2017): 115-157쪽.

성낙인. 〈헌법상 문화국가원리와 문화적 기본권〉. 《유럽헌법연구》(유럽헌법학회) 제30호(2019): 1-53쪽.

성재호. 〈조약과 일반적으로 승인된 국제법규—헌법 제6조 제1항 해석에 대한 국제법적 검토〉. 《미국헌법연구》(미국헌법학회) 제28권, 제1호(2017): 109-145쪽.

윤성현. 〈대의민주주의를 넘어, 하이브리드 민주주의는 가능한가?—새로운 민주적 거버전스 모델을 위한 시론〉. 《공법연구》(한국공법학회) 제49집, 제2호 (2020): 1-51쪽.

윤수정. 〈우리 헌법상의 경제질서〉. 《공법연구》(한국공법학회) 제44집, 제2호 (2015): 127-159쪽.

이국운. 〈헌법 제3조(영토조항)의 해석에 관하여〉. 《법과 사회》(법과사회이론학회) 제68호(2021): 219-246쪽.

이부하. 〈통일헌법상 기본원리와 정부형태〉. 《법과 정책》(제주대학교 법과정책연구원) 제24권, 제2호(2018): 195-216쪽.

이준일. 〈블랙리스트의 헌법적 쟁점〉. 《세계헌법연구》(세계헌법학회 한국학회) 제23권, 제1호(2017): 53-72쪽.

______. 〈세 가지 국가원리의 관계—이성법적 국가원리로서 민주적, 사회적 헌법국가〉. 《안암법학》(안암법학회) 제23호(2006): 1-31쪽.

이황희. 〈헌법재판과 대의민주주의—헌법재판을 포용한 대의민주주의의 정당성과 효용성〉. 《성균관법학》(성균관대학교 법학연구원) 제34권, 제4호(2022): 1-42쪽.

장영수. 〈헌법 기본질서와 법치주의의 현실〉. 《헌법학연구》(한국헌법학회) 제21권, 제2호(2015): 229-260쪽.

제3장 헌법의 권리들

법규범은 인간관계를 법적 권리와 의무의 관계로 규율한다. 헌법규범도 헌법적 권리와 의무를 보장함으로써 헌법의 규율을 받는 '국가와 국민의 관계'뿐만 아니라 헌법에 의하여 규율되는 '국가공동체구성원 상호간의 관계'마저도 규율한다. 흔히 가장 기본적(basic)이고 근본적(fundamental)인 권리라는 뜻을 가진 '기본권'이라는 이름으로 불리는 헌법적 권리는 성문헌법에 명시하는 방식으로 보장되는 것이 일반적이다. 눈에 보이도록 문서에 문자로 기록하는 성문헌법에 기본권을 명시하는 만큼 기본권을 확실하게 보장하는 방법은 없다. 성문헌법에 명시적으로 보장되지는 않았지만 성문헌법의 해석을 통해서도 충분히 도출될 수 있는 '열거되지 않은 권리'와 성문헌법 이전에 보장된 자연법적 권리를 의미하는 '인권(human rights)'도 헌법적 권리에 포함시킬 필요가 있다. 이러한 헌법적 권리는 기본적으로 '자유'나 '권리' 또는 법적 지위를 변화시키는 '권한'과 같은 '주관적 지위'(subjective status)를 보장하지만 동시에 법이나 질서를 의미하는 '객관적 규범'(objective norm)을 보장하기도 한다. 이로써 헌법적 권리는 국가에 대해서 주장할 수 있는 주관적 지위이면서 사인 상호간의 관계에도 적용될 수 있는 객관적 규범으로 작동할 수 있다.

I. 인간의 존엄성

1. 헌법적 권리의 최종적 목적으로서 인간존엄

헌법이 보장함으로써 헌법적 지위와 효력을 가지는 헌법적 권리(constitutional rights)를 흔히 '기본권'으로 부르는데 이러한 기본권을 보장하는 **최종적 목적**은 인간의 존엄성(dignity)을 확인하고 실현하기 위함이다. 인간이 존엄해야만 하는 근거는 철학적, 종교적, 이념적 측면 등에서 다양하게 제시될 수 있지만 **인간은 존엄해야만 한다는 당위적 명제**의 구체적 실현은 헌법이 보장하는 모든 기본권의 최종적 목적이 되는 것이다. 따라서 ① 일반적 기본권이든 ② 개별적 기본권이든, 헌법에 ① 열거된(명시된) 기본권이든 ② 열거되지 않은(명시되지 않은) 기본권이든 모든 기본권은 최종적으로 인간의 존엄성을 실현하기 위하여 보장된다. 특히 해석상 도출되는 열거되지 않은 기본권의 경우에 이것이 헌법이 보장하는 권리로 인정되려면 인간존엄의 실현이라는 모든 기본권의 최종적 목적과 맺는 관계에서 그러한 목적을 실현하기 위하여 필수적으로 요구되는 조건이라는 점이 증명되어야 할 필요가 있다. 인간의 존엄을 실현하는 데 필수적으로 요구되는 권리만이 기본권으로 인정될 수 있기 때문이다.

2. 인간존엄을 실현하기 위한 필수적 조건으로서 자유와 평등

인간의 존엄성을 구체적으로 실현하기 위한 필수적 조건으로는 '자유'와 '평등'이 현재 대부분의 국가에서 보편적으로 인정받고 있다. **인간은 자유로울 때 존엄하며 인간은 평등할 때 존엄해질 수 있다.** 따라서 인간은 자유를 억압당하거나 평등하지 않는 대상으로 차별을 받을 때 존엄성을 상실하게 된다. 인간은 자유로울 뿐만 아니라 평등한 존재로 인정받는 경우에만 비로소 완벽하게 존엄한 존재로 살아갈 수 있다. 자유와 평등은 인간의 존엄성을 실현하기 위하여 선택적으로 보장될 수 있는 것이 아니라 반드시 동시에 보장되어야 하는 필요충분조건과 같은 것이다. 자유롭지만 평등하지는 않은 인간이나 평등하지만 자유롭지는 않은 인간을 충분히 존엄하다고 말할 수는 없다. 반드시 자유로우면서 평등하기까지 한 인간만이 존엄하다고 할 수 있다.

3. 인간의 존엄과 가치에 관한 권리의 법적 성격

현행 헌법은 인간의 존엄성을 '인간의 존엄과 가치에 관한 권리'라는 형태의 기본권으로 보장하고 있다(헌법 제10조). 헌법적 권리인 기본권으로서 인간의 존엄과 가치에 관한 권리를 둘러싼 쟁점은 네 가지 정도다. 첫째, 이 기본권은 '주관적 권리'인지 아니면 단지 '객관적 규범'이나 원리·원칙 또는 이념에 지나지 않는 것인지 하는 점이다. 둘째, 이 기본권이 주관적 권리라면 결코 제한될 수 없는 '절대적 권리'에 해당하는지 아니면 경우에 따라서는 제한될 수도 있는 '상대적 권리'에 해당하는지 하는 점이다. 셋째, 가장 일반적이고 추상적인 기본권으로서 인간의 존엄과 가치에 관한 권리는 다른 기본권을 모두 포괄하는 '포괄적 권리'인지 여부도 또 하나의 쟁점이다. 넷째, 다른 기본권의 경우에도 문제되는 쟁점이지만 이 기본권의 구성요건이 충족되면 법적 효력이 '확정적으로' 발생하는지 아니면 단지 '잠정적으로'만 발생하는지 하는 점도 논란이 된다.

결론적으로 효과적인 권리구제를 위해서는 **주관적 권리**의 성격이 인정될 필요가 있다. 주관적 권리의 성격이 인정될 수 있는 한 다른 기본권이나 헌법적 가치 또는 공공의 이익(공익)과 비교하여 항상 우월한 절대적 권리의 지위가 인정될 수 없는 **상대적 권리**에 해당한다. 같은 맥락에서 구성요건이 충족되기만 하면 곧바로 법적 효력이 발생하는 주관적 지위라고 볼 수도 없다. 또한 인간의 존엄과 가치에 관한 권리는 다른 모든 기본권의 최종적 목적으로서 일반적 기본권이나 개별적 기본권을 도출하는 근거가 될 수는 있지만 그 자체로 일반적 기본권이든 개별적 기본권이든 다른 기본권을 이미 포함하고 있는 포괄적 기본권의 성격을 인정하기는 어려울 것이다. 비록 일반적 기본권이나 개별적 기본권이 최종적 목적인 인간의 존엄과 가치에 관한 권리를 근거로 도출된다고 해도 인간의 존엄과 가치에 관한 권리의 보호영역 안에 이를 근거로 일정한 논리적 과정을 거쳐야만 비로소 도출될 수 있는 모든 기본권이 이미 포괄적으로 포함되어 있다고 볼 수는 없는 것이다.

[주요쟁점]

1. 인간이 존엄하고 가치 있는 존재가 되어야만 하는 이유(근거)
2. 인간의 존엄과 가치에 관한 권리는 주관적 권리인지 여부
3. 인간의 존엄과 가치에 관한 권리는 제한될 수 없는 절대적 권리인지 여부
4. 인간의 존엄과 가치에 관한 권리는 개별적 권리를 모두 포함하는 포괄적 권리인지 여부
5. 인간의 존엄과 가치에 관한 권리는 구성요건만 충족되면 법적 효력이 발생하는 확정적 권리인지 여부

4. 헌법적 권리의 주체

헌법적 권리의 최종적 목적이 인간의 존엄성이라면 헌법적 권리의 주체는 기본적으로 **모든 인간**(human beings)이다. 인간이면 누구나 존엄성을 가진 존재가 되기 때문이다. 따라서 인간이라면 국민이든 외국인이든 무국적자든 상관없이 누구나 헌법적 권리의 주체가 된다. 모든 인간이 주

체가 될 수 있는 헌법적 권리의 경우에 언제부터 인간으로 볼 수 있는지가 쟁점이 된다. '태아'는 생성 중인 인간으로서 헌법적 권리의 주체가 될 수 있지만 배아는 자궁에 착상되기 전에 원시선이 생기기 이전의 '초기배아'의 경우에 인간으로 보지 않는 것이 일반적이다. 헌법적 권리는 인간의 권리뿐만 아니라 국민의 권리를 포함하기 때문에 경우에 따라서 헌법적 권리의 주체는 국적을 가진 국민으로 한정된다. 한편 헌법적 권리는 기본적으로 인간의 권리이기 때문에 자연인이 아닌 '법인'도 헌법적 권리의 주체가 될 수 있는지가 쟁점이 될 수 있다. **헌법적 권리의 성격에 따라** 인간의 권리는 외국인이나 무국적자도 헌법적 권리의 주체가 될 수 있는 것처럼 마찬가지로 헌법적 권리의 성격에 따라 자연인뿐만 아니라 법인도 주체가 될 수 있는 헌법적 권리가 존재한다. 대표적으로 재산권이나 직업의 자유는 법인도 그 주체가 될 수 있는 헌법적 권리다. 최근에는 생명이 없는 자연이나 적어도 생명을 가진 동물이나 식물 또는 인간의 자연지능을 구현하거나 모방한 인공지능(AI)도 헌법적 권리의 주체가 될 수 있는지에 대한 논란이 일어나고 있다.

5. 보충적 기본권으로서 인간의 존엄과 가치에 관한 권리

인간의 존엄과 가치에 관한 권리는 ① 일반적 기본권과 ② 개별적 기본권으로 차례대로 구체화된다. 개별적 기본권은 다시 ① 열거된 개별적 기본권과 ② 열거되지 않은 개별적 기본권으로 구분된다. 헌법적 권리를 주장하거나 인용해야만 하는 구체적인 사안에서 개별적 기본권이 가장 먼저 적용되어야 하고, 그 중에서도 열거된 개별적 기본권이 우선적으로 적용되어야 한다. 열거되거나 열거되지 않은 개별적 기본권이 적용될 수 없을 때 비로소 일반적 기본권이 보충적으로 적용되어야 한다. 이러한 **일반적 기본권조차 적용될 수 없을 때** 추가적으로 가장 일반적이고 추상적인 인간의 존엄과 가치에 관한 권리가 보충적으로 적용된다. 결국 인간의 존엄과 가치에 관한 권리가 적용되는 경우는 열거되거나 열거되지 않은 개별적 기본권도 적용할 수 없고 일반적 기본권도 적용할 수 없지만 여전히 특정한 기본권을 적용할 필요가 있을 때다. 따라서 인간의 존엄과 가치에 관한 권리가 적용된다고 해도 이것은 이 기본권 자체가 전반적으로 적용된다기보다 이 기본권을 근거로 해서만 도출될 수 있는 특정한 기본권이 적용되는 것을 의미한다.

II. 자유권

1. 자유

인간의 존엄성을 실현하기 위한 필수적 조건인 자유는 **자신의 의지**(will)**에 따라 스스로 결정할 수 있는 자기결정**(self-determination)**에 관한 주관적 지위**를 말한다. 이러한 주관적 지위는 '허용(permission)'이라는 객관적 규범과 동전의 양면을 이룬다. 여기서 허용은 법적 의무(obligation)가 없는 규범적 상태를 의미한다. 법적 의무는 법규범을 통하여 일정한 행위(행동)나 상태에 대한 명령이나 금지가 부과된 규범적 상태로 자기결정을 방해하거나 저지함으로써 또는 자기결정에 개입하거나 간섭함으로써 자유를 제약한다. 이를테면 자동차나 오토바이를 운전할 때 안전벨트나 헬멧을 착용할지 여부에 대하여 어떠한 명령이나 금지도 없는 허용의 상태에서 자유라는 주관적 지위가 보장되는데 안전벨트나 헬멧의 착용의무를 부과하면 이러한 자유가 제약될 수밖에 없다. 또한 흡연의 자유는 흡연할지 여부에 대한 명령이나 금지가 전혀 없는 허용의 상태에서 보장되는

데 금연의 의무가 부과됨으로써 제한되어 버린다. 어떠한 법적 의무도 없는 규범적 허용의 상태에서 누리는 자기결정의 주관적 지위가 자유의 본질이다.

2. 방어권

방어권은 자유에 대한 국가의 공격행위에 대항하여 **자유를 방어할 수 있는 권리**를 의미한다. 구체적으로 자유에 대한 국가의 외부적 공격행위, 즉 자유를 제약하는 국가의 모든 행위에 대한 부작위 또는 중지를 요구할 수 있는 주관적 지위를 뜻한다. 공격행위나 제약행위의 부작위 또는 중지와 같은 소극적 행위를 내용으로 하는 권리라는 점에서 방어권은 국가를 상대방으로 하는 소극적(negative) 권리이다.

3. 일반적 자유권과 개별적 자유권

자유와 방어권의 밀접한 연관성에 따라 양자를 합쳐서 '**자유권**'으로 지칭할 수 있다(자유권=자유+방어권). 이러한 자유권은 그 일반성이나 추상성의 정도에 따라 ① '일반적' 자유권과 ② '개별적' 자유권으로 구분할 수 있다. 일반적 자유권은 자유권에 관한 '일반조항'으로서 모든 개별적 자유권의 근거로 작동한다. 현행 헌법은 '**행복추구권**'(헌법 제10조)을 기본권으로 보장하고 있는데 대체로 이 기본권은 일반적 자유권을 보장하는 것으로 이해된다. 체계적 관점에서 인간의 존엄성에 관한 조항과 평등에 관한 조항 사이에 위치한 행복추구권은 인간의 존엄성을 실현하기 위하여 필수적으로 요구되는 자유권의 일반조항으로 해석하는 것이 합리적이다. 이와 같은 일반적 자유권에 근거하여 다양한 형태의 개별적 자유권이 도출된다. 일반적 자유권에 근거하여 이를 구체화하는 개별적 자유권은 개별적이고 구체적인 사안에서 일반적 자유권보다 우선적으로 적용된다. 이처럼 일반적 자유권은 개별적 자유권이 모두 적용되고 난 이후에 보충적으로 적용될 수 있다는 점에서 '**보충적 기본권**'으로 불리기도 한다.

4. 열거된 개별적 자유권과 열거되지 않은 개별적 자유권

한편 개별적 자유권은 ① 헌법에 명시된 '열거된 자유권'과 ② 헌법에 명시되지 않은 '열거되지 않은 자유권'으로 구분될 수 있다. 헌법에 명시되지는 않았으나 헌법에 의하여 보장된 열거되지 않은 개별적 자유권으로 인정받기 위해서는 헌법에 명시된 열거된 개별적 자유권과 대등한 수준의 일반성이나 추상성을 가짐으로써 **독자적 권리의 성격**이 인정될 수 있어야 한다. 대표적으로 생명권이나 신체적 완전성에 관한 권리(신체불훼손권), 명예권과 같은 자유권은 헌법에 명시되지는 않았으나 명시된 자유권과 대등한 수준의 일반성이나 추상성을 가지고 독자성이 인정되는 열거되지 않은 개별적 자유권에 해당한다. 만약 헌법에 의하여 보장되는 자유권으로 인정될 필요는 있지만 헌법에 명시되지 않은 자유권이면서 헌법이 보장하는 열거되지 않은 개별적 자유권으로 인정될 수도 없으면 **일반적 자유권에 직접적으로 근거하여** 자유권으로 인정할 수 있다. 현행 헌법도 "국민의 자유와 권리는 헌법에 열거되지 아니한 이유로 경시되지 않는다"고 규정하여(헌법 제37조 제1항) 헌법에 의하여 보장된 열거되지 않은 개별적 기본권의 인정가능성을 열어 놓고 있다. 따라서 헌법에 열거된 개별적 자유권과 대등한 수준의 일반성이나 추상성을 가짐으로써 독자성이 인정되는 생명권, 명예권 등은 헌법이 보장하는 열거되지 않은 개별적 자유권의 헌법적 근거조항(헌법 제37조 제1항)으로부터 도출될 수 있다.

Ⅲ. 평등권

1. 상대적 평등

평등(equality)은 특정한 **대상의 비교**를 전제로 하여 비교되는 대상(비교대상) 사이에 **본질적 차이**(differences)가 존재하는지 여부에 따라 달라지는 상대적인 대우(처우/취급, treatment)를 요구하는 '상대적 평등'을 의미한다. 따라서 상대적 평등에 따르면 비교대상 상호간에 본질적 차이가 존재하지 않아서 비교대상이 동일한 대상이면 동등한(identical) 대우를 해야 하고(같은 것은 같게), 비교대상 상호간에 본질적 차이가 존재하여 비교대상이 상이한 대상이면 차등적(differential) 대우를 해야 한다(다른 것은 다르게). 만약 본질적 차이가 없는 동일한 비교대상을 차등적으로 대우하거나 본질적 차이가 있는 상이한 비교대상을 동등하게 대우하는 '**불리한 대우**(unfavourable treatment)'를 하려면 반드시 이를 정당화할 수 있는 **합리적 이유**(근거)를 제시해야만 한다. 흔히 비교대상은 복수의 특정한 개별적 비교대상이지만 결국은 각각의 비교대상이 속한 집단과 집단이 비교대상이 될 수 있다.

2. 보호법익이 없는 주관적 권리

평등권의 전제가 되는 평등은 '상대적 평등'을 의미하므로 평등권에 근거하여 비교대상에 따라 동등한 대우뿐만 아니라 차등적 대우도 주장할 수 있다. 따라서 평등권은 자유권과 달리 그 자체로 결정된 보호법익을 갖지 않는다. 다만 평등의 요청에 따르면 **비교대상의 본질적 차이가 존재하는지 여부에 부합하지 않는**(같은 것을 다르게 대우하거나 다른 것을 같게 대우하는) **'불리한 대우'**를 하는 경우에는 이를 정당화할 수 있는 '합리적 이유'를 제시해야만 한다. 따라서 적어도 평등권은 이러한 **불리한 대우를 하는 사람에게 '논증부담(증명책임)'**을 부과하는 보호법익을 갖는다. 이처럼 평등권은 비교대상에 대한 대우와 관련된 '실체적' 보호법익을 갖지는 않지만 적어도 비교대상에 대한 대우와 관련된 논증의 과정에서 불리한 대우를 하는 사람에게 논증부담을 지우는 **'절차적' 보호법익**을 포함하기는 한다. 평등권은 논증의 실체가 아니라 논증의 절차와 관련된 **논증부담규칙**에 포함된 주관적 지위가 된다는 뜻이다. 따라서 기본권의 실체적 보호법익만을 보호법익으로 본다면 평등권은 전혀 보호법익을 갖지는 않는 기본권이지만 절차적 보호법익도 보호법익으로 볼 수 있다면 평등권은 적어도 절차적 보호법익을 가지는 기본권에 해당한다. 따라서 평등과 관련된 논증부담이나 입증책임을 전환시키는 방식으로 새롭게 분배하는 것은 평등권의 절차적 보호법익을 제한한다.

이처럼 실체적 보호법익은 없고 절차적 보호법익만 있는 평등권을 객관적 규범이 아니라 주관적 지위(권리)로 보아야 되는 이유는 분명하다. 적어도 비교대상의 본질적 차이가 존재하는지 여부에 부합하도록 동등한 대우나 차등적 대우를 선택해줄 것을 요구할 수 있는 주관적 지위가 평등권에 의하여 보장되기 때문이다. 논증부담과 관련된 이러한 절차적 보호법익에 따라 평등과 관련된 논증의 절차를 거쳐 논증의 실체로서 확인될 수 있는 특정한 보호법익이 존재하기 때문에 평등권은 그 자체로 결정된 실체적 보호법익은 없더라도 평등권과 연결된 실체적 보호법익이 전혀 없다고 말할 수는 없다. 더욱이 비교대상의 본질적 차이가 존재하는지 여부에 부합하는 대우를 요구하고 그렇지 않은 경우에 이를 논증할 수 있는 합리적 이유를 제시할 수 있는 절차적 보호법익이 평등권에 포함되어 있다는 점에서 평등권은 적어도 절차적 보호법익과 관련된 주관적 권리로 이해될 필요가 있다.

3. 법적 평등권과 사실적 평등권

평등은 기본적으로 **기회의 평등**을 의미하는 형식적이고 '법적인 평등'이다. 하지만 평등은 **결과의 평등**까지 포괄하는 실질적이고 '사실적인 평등'이 되어야 한다. 아무리 형식적이고 법적으로(de jure) 평등한 기회를 보장한다고 해도 실질적이고 사실적으로(de facto)까지 평등한 결과가 도출되는 것은 아니기 때문이다. 평등한 기회의 보장으로 평등한 결과가 도출되지 않는 이유는 평등한 기회를 부여받은 사람들에게 주어진 조건과 환경이 서로 다르다는 데 있다. 특히 **경제적 불평등과 사회적 차별**은 평등한 기회가 주어진 사람들에게 평등한 결과를 발생시키는 데 방해가 된다. 이에 따라 비교대상의 본질적 차이가 존재하는지 여부를 판단하는 과정에서 비교대상을 둘러싼 경제적 불평등과 사회적 차별에 대한 고려가 충분히 이루어져야 한다. 특히 그러한 경제적 불평등과 사회적 차별이 장기적이고 견고하게 정착된 경우에는 더욱 특별한 고려가 필요하다. 이처럼 비교대상이 처한 불리한 조건과 환경에 대한 합리적인 조정이 가해져야만 비교대상의 본질적 차이가 존재하는지 여부에 대한 정당한 판단이 가능해지고, 그에 부합하는 평등한 대우도 결정이 될 수 있다. 여기서 평등권과 관련된 중요하고 근본적인 쟁점은 평등권에 근거하여 주장할 수 있는 평등이 이러한 실질적이고 사실적인 평등을 내용으로 하는 **사실적 평등권**까지도 포괄하는지 여부라는 사실을 확인할 수 있다. 현행 헌법은 평등권에 사실적 평등권이 포함되는지 여부에 대하여 명확하게 규정하고 있지 않다. 물론 국민에게 국방의 의무를 부과하면서(헌법 제39조 제1항) 병역의무의 이행으로 인한 '불이익한 처우'를 금지하고 있는데(같은 조 제2항) 이러한 불이익한 처우가 사실적 평등권의 관점에서 이해될 수 있는 여지가 없는 것은 아니다. 병역의무를 이행한 사람의 병력(군경력)을 사유로 사회적 차별을 받아 불이익한 결과가 초래될 가능성이 존재하기 때문이다. 하지만 단지 병력을 사유로 하는 기회의 불평등만을 금지하는 것으로 이해하면 사실적 평등권은 문제될 여지가 없다. 따라서 만약 헌법개정이 이루어진다면 무엇보다도 평등권의 보호영역에 안에 사실적 평등권이 포함될 수 있도록 헌법이 보장하는 평등이 실질적 평등까지도 포괄한다는 명시적 규정이 추가될 필요가 있다.

헌법이 보장하는 평등권의 해석에 의하든 아니면 헌법개정으로 평등권의 의미를 명확하게 하는 방식에 의하든 평등권이 법적 평등과 사실적 평등을 동시에 요구한다면 평등권은 또 다른 논증부담규칙과 관련된 주관적 권리로 작동한다. 사실적 평등은 본질적 차이가 있는 상이한 비교대상의 불리한 조건과 환경을 특별히 고려하고 합리적으로 조정하는 방식으로 결과적으로 비교대상이 동등하게 대우받도록 요구한다. 이것은 평등이 원칙적으로 비교대상의 본질적 차이가 존재하는지 여부에 부합하도록 대우하고, 그렇지 않고 거기에 부합하지 않은 불리한 대우를 하려면 이를 정당화할 수 있는 합리적 이유를 제시하도록 요구하는 상황과 동일하다. 법적 평등은 비교대상의 본질적 차이를 이미 결정되어 변경될 수 없는 주어진 것으로 이해하는 반면에 사실적 평등은 그러한 본질적 차이가 그것을 둘러싼 조건과 환경이 개선되면 변경될 수 있는 것으로 이해한다. 사실적 평등의 관점에서 비교대상의 본질적 차이를 있는 그대로 인정하지 않고 변경될 수 있는 것으로 이해하는 것은 법적 평등의 관점에서는 비교대상의 본질적 차이에 부합하지 않는 불리한 대우를 의미한다. 여기서 평등권은 **법적 평등에 유리한 논증부담규칙**에 포함된 주관적 권리로 작동한다. 따라서 법적 평등을 주장하는 사람이 아니라 사실적 평등을 주장하는 사람이 자신의 주장을 정당화할 수 있는 합리적 이유를 제시해야만 한다. 사실적 평등을 주장하면서 비교대상의 주어진 본질적 차이를 인정하지 않은 채 동등한 대우를 요구하는 사람이 법적 평등의 관점에서 보면 불리한 대우로 이해될 수 있는 그러한 대우를 합리적 이유의 제시를 통해 정당화해야만 한다.

Ⅳ. 사회권

1. 개념과 주체

헌법의 기본원리인 사회복지주의를 구성하는 사회적 기본권은(자세한 내용은 제2장 참조) 줄여서 '사회권'으로도 부를 수 있다. 이러한 사회권은 국가에 대해서 금품이나 서비스와 같은 **'현실적인 급부'를 요구하는 권리**를 의미한다. 국가에 대해서 현실적인 급부를 요구하는 권리라는 점에서 사회권은 소극적 권리인 방어권과 달리 국가를 상대방으로 하는 '적극적(positive) 권리'이다. 방어권은 국가와 일정한 거리를 두도록 만들지만 급부권은 국가와 긴밀하게 연결되도록 만든다. 물론 사회권의 실질적인 내용은 현실적인 급부이지만 반드시 입법의 형식으로 보장되고 구체화될 필요가 있다. 사회권에 근거하여 요구할 수 있는 현실적인 급부에는 시장에 충분한 공급이 이루어지고 구매자에게 충분한 재정적 여건만 제공된다면 **시장에서도 얼마든지 구매할 수 있는 대상**이 포함된다. 대표적으로 음식(식음료)이나 의류, 주거, 에너지, 보건의료, 교육 등이 그러한 대상이 될 수 있다. 따라서 사회권의 주체는 우선적으로 재정적 여건이 충분하지 않은 '경제적 약자', 즉 **빈곤한(가난한) 사람들**이 된다. 헌법은 이러한 사람들을 "생활능력이 없는 국민"으로 부르면서(헌법 제34조 제4항) 국가가 제공해야 하는 사회보장이나 사회복지의 혜택을 받을 수 있는 최우선적 주체로 보고 있다. 헌법이 열거하고 있는 것처럼 주로 장애, 질병, 노령 등으로 경제활동이 어려워진 이런 가난한 사람들에게는 아무리 시장에서 상품으로 팔리고 있는 물건이 넘쳐난다고 해도 이를 구매할 수 있는 경제적 여건이 되지 않아 그런 물건들이 단지 그림의 떡에 불과할 수 있다. 물론 앞서 언급한 대로 누가 가난한 사람인지를 구별해 내는 경제적 빈곤선의 확정이 필요한데(제2장 참조) 경제적 빈곤선을 어떻게 설정하는지에 따라 가난한 사람의 범위는 얼마든지 변동될 수 있으며 확장될 수 있다. 사실 시장에서 구매가 가능한 물건을 어떤 것이든지 구매할 수 있는 경제적 능력이 되는 사람은 극히 한정적인 것이 현실이다. 따라서 모든 사람을 가난한 사람에 포함시켜도 무리는 아니다. 여기서 선별적 복지가 아니라 보편적 복지가 필요하다는 주장도 설득력을 갖게 된다. 헌법은 사회적 기본권의 주체가 될 수 있는 대표적인 집단으로 여성, 노인, 청소년, 장애인을 들고 있다(헌법 제34조 제3항 및 제4항). 이러한 집단에 속한 모든 사람들이 경제적 약자인 것은 아니지만 사회적으로나 신체적으로 불리한 조건에 처해 있어서 경제적 약자가 될 가능성이 높기 때문이다.

2. 법적 성격

사회적 기본권의 법적 성격과 관련해서는 ① 헌법적 구속력이 있는 기본권인지 여부, ② 헌법적 권리인지 아니면 단지 헌법적 의무에 지나지 않는지, ③ 구체적 권리인지 아니면 추상적 권리인지, ④ 확정적 권리인지 아니면 잠정적 권리인지가 쟁점이 된다. 사회적 기본권은 **헌법적 구속력을 가진 헌법적 권리**이며, 법률이 제정되어야 비로소 실체를 가지는 추상적 권리가 아니라 법률의 제정이 없어도 이미 구체성을 가진 실체가 있는 **구체적 권리**다. 하지만 그 구성요건이 충족되었다고 곧바로 법적 효력이 발생하는 확정적 권리가 아니라 **잠정적 권리**로 보아야 한다. 헌법적 권리로서 사회적 기본권도 다른 헌법적 권리와 가치를 함께 고려해서만 법적 효력을 확정시킬 수 있기 때문이다. 따라서 사회적 기본권은 구체적으로 국가에 대한 법적 구속력을 가지며 사회적 기본권의 주체는 국가에 대해서 사회적 기본권의 내용을 주장하고 법적으로 관철할 수 있다. 다만 구성요건이 충족되었다고 곧바로 법적 효력이 발생하는 확정적 권리는 아니고, 다른 헌법적 권리와 마찬가지로 헌법이 보장하는 다른 기본권이나 헌법적 가치 또는 공공의 이익을 함께 고려하여 비로소 법적 효력이 발생하는지 여부가 결정되는 잠정적(priam-facie) 권리의 성격을 가질 뿐이다.

[주요쟁점]

1. 사회적 기본권의 주체는 경제적 약자에 한정되는지 여부
2. 사회적 기본권은 법적 구속력을 갖는지 여부
3. 사회적 기본권은 주관적 권리인지 여부
4. 사회적 기본권은 법률이 없이도 실체를 가지는 구체적 권리인지 여부
5. 사회적 기본권은 구성요건이 충족되면 곧바로 법적 효력이 발생하는 확정적 권리인지 여부

3. 일반적 사회권과 개별적 사회권

무엇보다도 **인간다운 생활을 할 권리**(헌법 제34조 제1항)는 '일반적 사회권(사회적 기본권)'으로 이해되어야 한다. 마치 행복추구권이 일반적 자유권으로 이해되는 것처럼 인간다운 생활을 할 권리는 사회적 기본권에 관한 일반적 권리로서 모든 개별적 사회권의 근거가 되는 **일반적 사회권**으로 체계적인 지위가 부여될 필요가 있다. 이를 구체화하는 '개별적 사회권'으로 ① 교육을 받을 권리(헌법 제31조 제1항)와 ② 주거권(헌법 제35조 제3항) 및 ③ 보건권(헌법 제36조 제3항)이 명시적으로 보장되어 있다. **교육을 받을 권리**의 경우에는 '무상교육'을 받을 권리를 핵심으로 하는 사회권의 성격과 함께 자신의 의지에 따라 교육을 받을 수 있는 자유권의 성격이 동시에 포함되어 있다. 헌법은 '균등하게 교육을 받을 권리'를 강조함으로써 교육의 영역에서 평등권을 구체화하기도 한다. **근로의 권리**(헌법 제32

조 제1항)도 사회권의 성격과 함께 자유권의 성격을 동시에 갖는다. 근로의 권리에 포함된 사회권의 성격은 고용(일자리)의 창출을 통한 고용기회를 제공해 주도록 요구하는 내용이고, 자유권의 성격은 본인의 자기결정이 아닌 강요에 의하여 강제노동을 받지 않을 수 있는 것을 내용으로 한다. 비록 헌법은 '근로의 의무'를 규정하고 있지만 (헌법 제32조 제2항) 모든 강제노동이 근로의 의무에 근거하여 정당화될 수는 없다. 헌법은 근로의 의무에 관한 내용과 조건을 '민주주의원칙'에 따라 법률에서 정하도록 규정하는데 근로의 의무에 관한 정책결정에서 당사자가 참여하는 민주적 절차를 강조하는 것으로 해석된다. 하지만 이와 같은 절차에 따른다 해도 전쟁이나 재난 등으로 국가의 존립에 위협적인 긴급한 상황에서만 강제노동을 의미하는 근로의 의무가 허용된다고 보아야 한다. 또한 헌법은 '강제노역'을 인정하고 있지만(헌법 제12조 제1항) 이러한 강제노역은 수형자에게만 부과될 수 있을 뿐이다. **주거권**은 "쾌적한 주거생활"을 보장할 국가의 의무로 표현되어 있으나 그에 상응하는 '쾌적한 주거에 관한 권리'를 의미하는 주거권도 보장되어 있다고 보는 것이 합리적이다. 쾌적한 주거는 한파와 폭염에도 견딜 수 있는 충분한 에너지의 공급이 이루어지는 주거의 상태를 포함한다. 마찬가지로 **보건권**도 단지 보건에 관한 국가의 보호의무를 넘어 그러한 보호를 받을 수 있는 주관적 권리를 포함하는 것으로 이해될 필요가 있다. 보건은 건강의 보전에 필요한 의료서비스를 전제로 한다. 사회보험제도의 하나인 건강보험제도로 보건권이 구체화될 수밖에 없는 이유가 여기에 있다.

비록 사회적 기본권의 체계에 포함되어 있는 ① 환경권(헌법 제35조 제1항)과 ② 혼인과 가족에 관한 권리(헌법 제36조 제1항)는 우선적으로 '자유권'의 성격이 강조되어야 한다. **환경권**은 건강하고 쾌적한 환경에서 생활할 수 있는 자유 및 환경에 대한 국가의 침해로부터 방어할 수 있는 권리가 핵심이고(자세한 내용은 제15장 참조), 혼인과 가족에 관한 권리는 혼인과 가족의 형성, 유지, 해체에 관한 법적 지위의 자유와 이를 침해하는 국가의 행위에 대한 방어권이 핵심적인 것이다(자세한 내용은 제14장 참조). ③ 모성보호에 관한 국가의 의무로부터 도출할 수 있는 **모성권**(헌법 제36조 제2항)도 본질적으로 '임신·출산에 관한 자기결정권'으로서 자유권을 의미한다고 보아야 한다. 다만 임신과 출산은 보건의료서비스에 관한 사회보험(건강보험)과 연계되어 있다는 점에서 임신이나 출산에 관한 사회보장적 급부를 요구할 수 있는 사회권의 성격도 함께 포함하는 것으로 이해될 수 있다.

V. 보호권

1. 기본권보호의무와 보호권

헌법이 보장하는 권리인 기본권은 '국가'에 의해서 침해될 수도 있지만 '사인'인 제3자(타인)에 의해서도 침해될 수 있다. 따라서 국가는 스스로 기본권을 침해하지 않아야 할 뿐만 아니라 사인인 제3자가 다른 사람의 기본권을 침해하는 경우에 이로부터 해당 기본권의 주체를 보호해야만 한다. 이처럼 **사인인 제3자에 의한 기본권침해로부터 보호하는 입법적 조치**를 취해야 할 국가의 헌법적 의무를 '기본권보호의무'라고 부른다. 이러한 국가의 기본권보호의무에 상응하여 기본권의 주체에게는 자신의 기본권이 사인인 제3자에 의하여 침해되지 않도록 국가의 입법적 조치를 요구할 수 있는 '**보호권(기본권보호권: 기본권을 보호받을 권리)**'이 인정될 필요가 있다. 이러한 보호권은 국가에 대하여 입법을 요구할 수 있는 적극적 권리를 의미하므로 보호권의 상대방이며 보호의무의 주체는 입법자, 특히 법률을 제정할 권한을 가진 의회(국회)다. 헌법재판소는 헌법이 국가에 대해서 부담시킨 '기본권보장의무'(헌법 제10조 제2문)의 일부로 기본권보호의무를 이해하면서 기본권보호의무는 사법질서와 관련된 기본권 보장의무로 본다. 기본권보호의무를 기본권보장의무의 일부로 이해하는 부분까지는 문제가 없으나 기본권보호의무는 사인 상호간의 사법질서와 관련된 것이 아니라 사인 상호간에 발생할 수 있는 기본권 충돌을 해결하는 형사법질서와 관련되어 있다는 점을 주의할 필요가 있다. 사인 상호간의 사법질서는 사인간의 분쟁을 다루는 민사재판에서 발생할 수 있는 기본권 충돌을 기본권의 대사인적 효력을 통하여 해결함으로써 형성되기 때문이다. 헌법재판소는 기본권보호의무와 기본권의 대사인적 효력을 혼동한 것으로 보인다.

[판례] 기본권보호의무: 헌재 2008. 7. 31. 2004헌바81

우리 헌법은 제10조 제2문에서 "국가는 개인이 가지는 불가침의 기본적 인권을 확인하고 이를 보장할 의무를 진다."라고 규정함으로써 국가의 적극적인 기본권보호의무를 선언하고 있는바, 이러한 국가의 기본권보호의무 선언은 국가가 **국민과의 관계에서 국민의 기본권보호**를 위해 노력하여야 할 의무가 있다는 의미뿐만 아니라 국가가 **사인 상호간의 관계를 규율하는 사법(私法)질서를 형성**하는 경우에도 헌법상 기본권이 존중되고 보호되도록 할 의무가 있다는 것을 천명한 것이다. 그런데 국민의 기본권에 대한 국가의 적극적 보호의무는 궁극적으로 입법자의 입법행위를 통하여 비로소 실현될 수 있는 것이기 때문에, 입법자의 입법행위를 매개로 하지 아니하고 단순히 기본권이 존재한다는 것만으로 헌법상 광범위한 방어적 기능을 갖게 되는 기본권의 소극적 방어권으로서의 측면과 근본적인 차이가 있다.

2. 보호의 내용으로서 형사입법

기본권에 대한 사인인 제3자의 침해로부터 보호하는 입법적 방법은 그와 같은 행위를 범죄행위로 규정하여 그러한 행위의 죄질과 행위자의 책임에 부합하는 형벌을 부과하는 '**형사입법**'을 마련하는 것이다. 이러한 형사입법은 원칙적으로 법률의 형식을 가져야 하지만 불가피한 경우에는 법률에 근거하여 법규명령에 위임할 수도 있다. 기본권보호의무는 형사입법에 관한 의무가 핵심이므로 원칙적으로 의회가 되어야 하는 입법자에게 부과되는 의무다. 물론 의회입법(법률)의 경우에는 의회(국회)가 입법자가 되겠지만 법률의 위임을 받은 행정입법(시행령/시행규칙)의 경우에는 행정부가 입법자가 되어 기본권보호의무를 부담한다.

VI. 절차권

1. 개념

절차권은 넓은 의미에서는 절차와 관련된 모든 권리를 의미하지만 좁은 의미에서는 기본권 실현에 필수적인 **조직과 절차에 관한 입법을 요구할 수 있는 주관적 지위**를 뜻한다. 국가에 대해서 입법을 요구할 수 있는 적극적 권리라는 점에서 보호권이나 사회권과 동일한 특성을 갖는다. 이에 따라 ① 사회권과 ② 보호권 그리고 ③ 절차권을 묶어서 국가에 대하여 적극적 행위인 작위나 급부를 요구할 수 있다는 점에서 '**급부권**'으로 부르면서 국가를 상대로 소극적 행위를 요구할 수 있는 '방어권'과 구분하기도 한다. 기본권을 급부권과 방어권으로 구분하는 것은 기본권의 제한과 이에 대한 정당화에서 중요한 의미를 갖는다(자세한 내용은 제9장 참조).

2. 유형

절차권은 ① 기본권의 실현을 위하여 필수적인 '조직'과 관련된 입법을 요구할 수 있는 권리, ② 기본권의 실현을 위하여 필수적인 '절차'와 관련된 입법을 요구할 수 있는 권리, ③ '사법질서형성의 절차'와 관련된 입법을 요구할 수 있는 권리, ④ '국가의사형성의 절차'와 관련된 입법을 요구할 수 있는 권리로 세부적인 유형을 분류할 수 있다. 첫 번째 유형으로서 기본권의 실현을 위하여 필수적으로 **특정한 조직을 요구하는 기본권**은 '학문의 자유'(헌법 제22조 제1항)와 '언론의 자유'(헌법 제21조 제1항)에 포함되어 있다. 학문의 자유는 이 기본권의 실현을 위하여 필수적으로 '대학'을 필요로 하며, 언론의 자유는 이 기본권의 실현을 위하여 필수적으로 '언론사'를 필요로 하기 때문이다. 현행 헌법은 특별히 학문의 자유와 관련하여 "대학의 자율성"(대학의 자치)을 강조함으로써(헌법 제31조 제4항) 학문의 자유에 포함된 절차권의 기능을 암시하고 있다. 두 번째 유형으로서 기본권의 실현을 위하여 필수적으로 **특정한 절차를 전제하는 기본권**은 대표적으로 '재판을 받을 권리'(헌법 제27조 제1항)에 포함되어 있다. 재판을 받을 권리는 재판절차를 전제로 해서만 일정한 법적 지위의 자유를 보장받을 수 있기 때문이다. 세 번째 유형으로서 **사법질서형성의 절차와 관련된 기본권**은 '재산권'(헌법 제23조 제1항) 및 '혼인과 가족에 관한 권리'(헌법 제36조 제1항)에 포함되어 있다. 이러한 개별적 기본권들을 통하여 일종의 절차를 의미하는 사법질서의 형성이 가능해지기 때문이다. 네 번째 유형으로서 **국가의사형성의 절차와 관련된 기본권**은 '참정권'(헌법 제24조 및 제25조)에 포함되어 있다. 선거권이나 피선거권과 같은 참정권은 국가의사를 형성하는 절차에서 중요한 기능을 수행하기 때문이다.

3. 절차권과 방어권

절차권은 국가에 대해서 입법을 요구할 수 있는 적극적 권리다. 다만 절차권은 자유와 방어권이 결합된 **자유권을 보강하기 위하여 인정되어야 하는 헌법적 권리**이므로 반드시 자유권을 전제로 한다. 대표적으로 재판을 받을 권리(재판청구권)는 재판절차에 관한 입법을 요구할 수 있는 '절차권'이지만 그 전제로서 재판절차에 대한 참여와 관련된 법적 지위의 '자유권'을 전제로 한다. 학문의 자유나 언론의 자유에 포함된 절차권도 학문활동이나 언론활동에 관한 자유권을 전제로 한다. 재산권이나 혼인과 가족에 관한 권리, 그리고 참정권도 동일하게 자유권을 전제로 이를 보강하기 위하여 절차권을 보장한다. 따라서 절차와 관련된 기본권의 경우에 그 안에 포함된 자유권의 기능과 함께 절차권의 기능을 동시에 파악할 수 있어야 한다. 다만 절차권의 성격에 따라 자유권을 전제하지 않는 절차권도 존재할 수 있다.

4. 절차권과 적법절차

현행 헌법은 '신체의 자유'를 규정하면서 이러한 자유권이 주로 문제되는 '형사사법절차'와 관련하여 **"적법한 절차"(적법절차)**의 준수를 명시하고 있다(헌법 제12조 제1항 및 제3항). 체포, 구속, 압수, 수색과 같은 강제수사절차 및 여기서 요구되는 영장주의원칙과 관련하여 적정한 법적 절차(due process of law)의 원칙을 요구하고 있는 것이다. 법적 절차의 필수성과 적정성을 요구하는 이러한 적법절차원칙은 객관적 규범이기도 하지만 **절차에 관한 주관적 권리**로 이해할 수도 있다. 고문금지원칙이나 형사상 불리한 진술 강요금지의 원칙은(헌법 제12조 제2항) 고문을 받지 않을 권리나 형사상 불리한 진술거부권으로 해석할 수도 있는 것과 마찬가지다. 따라서 적법절차원칙은 주관적 권리를 포함하여 **절차권에 관한 '일반적 권**

리'(일반적인 절차권)로 해석될 여지도 있다. 다만 자유권에 대한 보장은 이 권리의 보강을 위하여 절차권에 대한 보장을 필수적으로 요구한다. 따라서 개별적 자유권에 대한 헌법적 보장은 이 권리의 보강을 위하여 필수적 요구되는 절차권에 대한 헌법적 보장을 의미한다고 볼 수 있다. 이것은 우선적으로 개별적 자유권에서 이 자유권을 보강하기 위한 절차권을 도출하고 일반적 절차권의 근거가 되는 적법절차원칙은 보충적으로 인용될 필요가 있다는 점을 뜻한다.

적법절차원칙이 주관적 권리를 보장하는지 여부와 함께 논란이 되는 쟁점으로는 이 규정이 신체의 자유 이외의 다른 기본권과 관련된 영역에서도 적용되는지, 그리고 형사사법절차 이외의 절차에도 적용되는지, 절차법이 아닌 실체법의 영역에서도 적용될 수 있는지가 있다. 결론적으로 적법절차원칙이 일반적 절차권의 근거이기도 하다면 신체의 자유나 형사사법절차의 영역에만 국한되어 적용될 필요는 없고, 다른 기본권이나 다른 국가작용에 대해서도 적용될 수 있다. 다만 개별적 절차권이 먼저 인용되어야 하고, 일반적 절차권으로서 적법절차에 관한 권리는 보충적으로 인용될 수 있을 뿐이다. 적법절차원칙이 "형사소송절차에 국한되지 않고 모든 국가작용 전반에 대하여 적용된다"고 보는 헌법재판소에 따르면[1] 적법절차원칙은 절차법뿐만 아니라 실체법의 합리성과 정당성을 판단하는 기준으로 적용되어야 된다고 본다. "**적법절차원칙**은 법률이 정한 형식적 절차와 실체적 내용이 모두 합리성과 정당성을 갖춘 적정한 것이어야 한다는 실질적 의미를 지니고 있으며, 형사소송절차와 관련하여서는 형사소송절차의 전반을 기본권 보장의 측면에서 규율하여야 한다는 기본원리를 천명하고 있는 것으로 이해된다."[2] 하지만 "당사자에게 적절한 고지를 행할 것, 당사자에게 의견 및 자료 제출의 기회를 부여할 것"

1 헌재 2003. 7. 24. 2001헌가25, 판례집 15-2상, 1, 17쪽 이하 참조.

2 헌재 2012. 12. 27. 2011헌바225, 판례집 24-2하, 467, 475쪽.

등과 같은 매우 구체적인 절차를 적법절차원칙에서 도출하기도 한다.[3]

[주요쟁점]

1. 적법절차원칙에서 적법절차에 관한 주관적 권리가 도출될 수 있는지 여부
2. 적법절차원칙은 신체의 자유와 관련된 절차에 대해서만 적용되는지 여부
3. 적법절차원칙은 형사사법절차에 대해서만 적용되는지 여부
4. 적법절차원칙은 절차법의 영역에서만 요구되는 원칙인지 여부

5. 현행 헌법상 절차권

이미 설명한 것처럼 학문의 자유(헌법 제22조 제1항)와 언론의 자유(제21조 제1항)는 자유권을 전제로 하면서 이 기본권을 실현하기 위하여 필수적으로 요구되는 조직(기관)과 관련된 입법을 요구할 수 있는 절차권을 포함하는 대표적인 기본권이다. 또한 앞서 언급한 대로 재판을 받을 권리(제27조 제1항)는 재판절차와 관련된 법적 지위의 자유권과 함께 재판절차와 관련된 입법을 요구할 수 있는 절차권을 포함한다. 그밖에 이른바 '청구권적 기본권'으로 보장된 ① 청원권(헌법 제26조 제1항), ② 국가배상청구권(헌법 제29조 제1항), ③ 형사보상청구권(헌법 제28조), ④ 범죄피해자구조청구권(헌법 제30조)도 **권리구제와 관련된 절차에 관한 입법을 요구할 수 있는 절차권**을 보장한다. 다음으로 재산권(헌법 제23조 제1항) 및 혼인과 가족에 관한 권리(헌법 제36조 제1항)는 사법질서형성의 절차와 관련된 법적 지위의 자유권을 보장하면서 사법질서형성절차에 관한 입법을 요구할 수 있는 절차권을 보장한다. 그 밖에도 선거권(헌법 제24조)과 공무담임권에 포

3 헌재 2015. 9. 24. 2012헌바302, 판례집 27-2상, 514, 521쪽; 2018. 4. 26. 2014헌마1178, 판례집 30-1상, 675, 680쪽 참조.

함된 피선거권(헌법 제25조)은 국가의사형성의 절차와 관련된 법적 지위의 자유권과 더불어 국가의사형성절차와 관련된 입법을 요구할 수 있는 절차권을 포함하는 기본권이다.

VII. 헌법적 권리의 보장에 관한 국가의 의무

국가는 헌법적 권리를 확인하고 보장해야 하는 의무를 부담한다. 헌법은 명시적으로 국가에 대해서 "개인이 가지는 불가침의 기본적 인권을 확인하고 보장할 의무"를 부과하고 있다(헌법 제10조 제2문). 우선 '기본권을 확인할 의무'는 기본권을 보장하기 위한 전제로서 기본권의 존재를 인정하고, 특히 헌법에 열거되지는 않았지만 헌법적 권리로 인정될 만한 권리를 적극적으로 발견할 의무를 의미한다. 다음으로 '기본권을 보장할 의무'는 다양한 헌법적 권리에 상응하여 이러한 헌법적 권리를 존중하고 실현해야 하는 국가의 의무를 뜻한다. 이에 따라 국가는 ① 자유권에 상응하여 자유권을 직접적으로 침해하지 않을 의무(자유침해금지의무), ② 평등권에 상응하여 자유와 권리를 평등하게 분배할 의무(평등의무), ③ 사회권에 상응하여 자유의 실현을 위하여 필수적인 재정적 지원을 제공해야 할 의무(사회보장의무), ④ 자유에 대한 제3자의 침해로부터 보호해야 할 의무(기본권보호의무), ⑤ 자유의 실현을 위하여 필수적인 절차와 조직을 제공할 의무(제도보장의무)를 부담한다.

[읽을거리]

계희열. 〈헌법상 인간의 존엄과 가치〉. 《법학논집》(고려대학교 법학연구원) 제32

집(1996): 301-327쪽.

이민열. 〈기본권보호의무의 구조와 보호권〉. 《헌법재판연구》(헌법재판연구원) 제5권, 제2호(2018): 253-316쪽.

이부하. 〈헌법영역에서 기본권보호의무〉. 《공법학연구》(한국비교공법학회) 제8권, 제3호(2007): 123-140쪽.

이준일. 〈포털사이트에 대한 법적 규율의 필요성과 내용—포털사이트 이용자 및 언론사의 입장에서 필요한 추가적 법적 규율을 중심으로〉, 《헌법재판연구》 제9권 제1호, 헌법재판연구원, 2022, 193-226쪽.

______. 〈학문의 자유와 대학의 자치—헌법재판소의 판례에 대한 비판적 검토를 중심으로〉, 《헌법논총》(헌법재판소) 제23집(2012): 5-48쪽.

______. 〈조직과 절차에 관한 기본권〉. 《아·태공법연구》(아세아·태평양공법학회) 제9집(2001): 133-151쪽.

장영수. 〈헌법상 행복추구권의 의미와 실현구조〉. 《고려법학》(고려대학교 법학연구원) 제85호(2017): 81-108쪽.

장영철. 〈일반적 행동자유권에 관한 고찰〉. 《서울법학》(서울시립대학교 법학연구소) 제28권, 제1호(2020): 1-37쪽.

전광석. 〈사회적 기본권의 헌법적 실현구조〉. 《세계헌법연구》(세계헌법학회 한국학회) 제12권, 제1호(2006): 271-292쪽.

정문식. 〈헌법상 적법절차 원칙—헌법재판소 결정에 나타난 적법절차 원칙 적용의 문제를 중심으로〉. 《외법논집》(한국외국어대학교 법학연구소) 제44권, 제3호(2020): 79-105쪽.

허완중. 〈헌법 제12조 제1항 후문 후단과 같은 조 제3항 본문의 '적법한 절차'의 의미〉. 《헌법학연구》(한국헌법학회) 제28권 제3호(2022): 145-189쪽.

홍성방. 〈인간으로서의 존엄과 가치—인간의 존엄에 대한 헌법적 고찰〉. 《가톨릭사회과학연구》(한국가톨릭사회과학연구회) 제11집(1999): 61-84쪽.

제4장

헌법의 원칙 하나, 법률유보원칙과 포괄위임입법금지원칙

일정한 위계질서에 따라 피라미드처럼 단계화된 법체계의 가장 높은 자리에 위치한 최고법으로서 헌법은 국가공동체에서 규율되어야 하는 모든 사항을 다 담을 수도 없고, 그럴 필요도 없다. 헌법의 규율을 받는 특정한 국가공동체에서 가장 중요하다고 생각되는 사항을 한정하여 헌법에 담을 수밖에 없다. 그러다보니 가장 중요하지만 헌법에는 간략히만 기술해야 할 사항은 법률에서 담도록 위임하거나 헌법에 미처 담지 못하는 중요한 사항은 법률에서 담을 수 있도록 남겨 두어야만 한다. 더욱이 가장 중요한 사항을 표현하는 헌법의 문구는 매우 일반적이고 추상적이어서 구체적이고 세부적인 내용의 형성은 법률에서 진행하도록 위임해야만 한다. 헌법이 법률에 위임하는 것을 법률에서 정하도록 미루어 놓았다는 의미에서 '법률유보'라고 부른다. 반드시 의회가 제정한 법률에 의하여 규율함으로써 오로지 법률에 담아야만 하도록 위임하는 것을 '의회유보'라고 부르고, 반드시 법률에 담을 필요는 없지만 적어도 법률에 근거하여야 하는 내용의 경우에 법률유보의 의미가 확장된다. 결국 특정한 국가공동체에서 최고로 중요하다고 판단되는 사항은 헌법에 규정하고, 그 정도는 아니지만 여전히 국가공동체에서 중요하다고 판단되는 사항은 법률에 규정한다. 헌법에 규정된 사항의 경우에도 그 내용이 매우 일반적이고 추상적이어서 개별적이고 구체적인 내용은 법률에서 규정되도록 유보될 수밖에 없다. 그러니까 법률유보는 반드시 법률에서 규정되어야 할 만큼 중요한 사항과 관련되기도 하고, 헌법에서 규정되어야 할 만큼 최고로 중요한 사항으로 헌법이 그에 관한 구체적 형성을 법률에 위임하거나 헌법의 명시적 위임은 없어도 법률에 의한 구체적 형성이 필요한 사항과 관련된다.

I. 개념

1. 헌법의 최고규범성으로 인한 추상성 및 함축성과 법률유보의 필요성

국가공동체의 모든 법규범은 헌법을 정점으로 하나의 통일된 법체계를 이루며 이러한 법체계의 위계질서 안에서 헌법은 최고법(최상위법)의 지위를 부여받으며 최고의 효력을 갖는다. 이처럼 최고법인 헌법은 이를 통하여 규율되는 **국가공동체의 가장 중요한 사항**만을 한정적으로 담을 수밖에 없으며 그 내용을 가장 일반적이고 추상적으로 표현할 수밖에 없다. 인간의 존엄성, 자유, 평등 등과 같은 기본적 권리, 민주주의, 법치주의, 사회보장, 사회복지 등과 같은 기본적 원리가 대표적으로 국가공동체가 규율해야 할 가장 중요한 사항에 해당하고, 이것을 **헌법사항**으로 부르기도 한다. 가장 일반적이고 추상적으로 규율될 수밖에 없는 헌법사항은 다른 법규범에 의하여 구체적으로 형성될 필요가 있다. 특히 의회가 제정하는 '법률'은 의회의 민주적 정당성에 근거하여 일반적이고 추상적인 내용을 가지는 헌법사항을 구체적으로 형성해야 할 최우선적 법규범이 된다. 더욱이 헌법은 헌법에 의한 규율의 필요성이 있는 헌법사항에 대하여 대강을 함축적으로 규정하면서 그에 관한 상세한 규율을 법률에 위임하기도 한다. 이처럼 헌법이 헌법사항에 해당하는 특정한 가치나 제도를 법률에 의하여 구체적으로 형성하거나 상세하게 규율하도록 위임하는 내용을 명시하는 경우에 이를 '법률유보조항'이라고 부른다. 이에 따라 헌법이 법률에 구체적 형성이나 상세한 규율을 명시적으로 위임하였다면 의회는 반드시 이와 같은 내용의 법률을 제정해야 할 의무가 발생한다. 의회는 직접 '법률에 의하여' 규율하거나 적어도 '법률에 근거하여' 규율될 수 있도록 법률적 근거를 마련해야 한다.

2. 현행 헌법상 법률유보

현행 헌법은 "국민이 되는 요건"인 국적의 취득과 상실에 관한 '**국적제도**' 및 '재외국민의 보호'에 관한 구체적 형성과 상세한 규율을 법률에 위임하고 있다(헌법 제2조). 또한 공무원의 신분과 정치적 중립성을 보장하는 '**직업공무원제도**'(헌법 제7조 제2항) 및 정당의 운영에 필요한 자금을 보조하는 '국고보조금제도'에 관한 구체적 형성과 상세한 규율(제8조 제3항)도 법률에 위임하고 있다. 그리고 스스로 변호인을 구할 수 없는 형사피고인을 위한 '국선변호인제도'(제12조 4항), 방송, 통신, 신문 등 미디어를 규율하는 '**언론제도**'(제21조 3항)에 관한 구체적 형성과 상세한 규율도 법률에 위임되어 있다. 그밖에도 교육을 받을 권리와 관련된 '의무교육제도'(헌법 제31조 제2항), 교육의 자주성·전문성·정치적 중립성 및 대학의 자율성의 보장과 같은 '교육의 원칙'(같은 조 제4항) 및 '**교육제도**', '교육재정', '교원의 지위'(같은 조 제6항)의 구체적 형성과 상세한 규율도 법률에 위임되어 있다. 또한 근로의 권리와 관련되어 있는 '최저임금제'(헌법 제32조 제1항), '근로의무의 내용과 조건'(같은 조 제2항), '근로조건의 기준'(같은 조 제3항), 국가유공자 등에 대한 '우선적 근로기회제공'(같은 조 제6항)에 대한 구체적 형성과 상세한 규율도 법률에 위임되어 있다. 이와 더불어 헌법은 선거권(제24조)과 피선거권(제25조), 국회의원의 선거(헌법 제41조 제3항)와 대통령의 선거(제67조 제5항) 및 지방자치단체의 의회의원과 자치단체장의 선거(헌법 제118조 제2항)와 관련된 '**선거제도**'의 구체적 형성과 상세한 규율을 법률에 위임한다. 또한 지방자치단체의 종류 및 지방의회와 지방자치단체의 조직 등에 관한 '**지방자치제도**', 국군의 조직과 편성 등 '군사제도'(헌법 제74조 제2항), 사면, 감형, 복권에 관한 '사면제도'(제79조 제3항), 행정각부의 조직과 직무범위(제96조), 감사원의 조직과 직무범위(제100조), 법관의 자격 및 법원의 조직(헌법 제101조 제3항 및 제102조 제3항), 헌법재판소의 조직(제113조 제3항), 각급 선거관리위원회의 조직(제114조 제7항), 농지의 임대차와 위탁경영(제121조 제2항), 소비자보호운동(제124조) 등에 관한 구체적 형성과 상세한 규율도 법률에 위임하고 있다. 대체로 헌법이 보장하는 기본권과 제도, 조직과 권한의 구체적 형성과 상세한 규율을 법률에 미루고 있음을 확인할 수 있다.

[판례] 법률유보원칙과 의회유보원칙: 헌재 2005. 2. 28. 2006헌바70

법률유보원칙은 단순히 행정작용이 법률에 근거를 두기만 하면 충분한 것이 아니라, 국가공동체와 그 구성원에게 기본적이고도 중요한 의미를 갖는 영역, 특히 국민의 기본권 실현에 관련된 영역에 있어서는 행정에 맡길 것이 아니라 국민의 대표자인 입법자 스스로 그 본질적 사항에 대하여 결정하여야 한다는 요구, 즉 **의회유보원칙**까지 내포하는 것으로 이해되고 있다. 입법자가 형식적 법률로 스스로 규율하여야 하는 사항이 어떤 것인가는 일률적으로 획정할 수 없고 구체적인 사례에서 관련된 이익 내지 가치의 중요성, 규제 내지 침해의 정도와 방법 등을 고려하여 개별적으로 결정할 수 있을 뿐이나, 적어도 헌법상 보장된 국민의 자유나 권리를 제한하는 때에는 그 제한의 본질적인 사항에 관한 한 입법자가 법률로써 스스로 규율하여야 할 것이다.[1]

II. 기본권에 관한 법률유보

1. 기본권 형성적 법률유보와 기본권 제한적 법률유보

헌법이 보장하는 중요한 가치 가운데 하나가 헌법적 권리인 기본권이다. 일반적이고 추상적인 표현으로 보장된 기본권도 법률에 의하여 구체적으로 형성될 필요가 있는 경우에 헌법은 이와 같은 내용을 명시하는 법률유보조항을 둔다. 대표적으로 재산권을 기본권으로 보장하면서 재산권의 내용과 한계에 관한 구체적 형성을 법률에 위임하는 법률유보조항을 두고 있다(헌법 제23조 제1항). 또한 기본권으로 보장된 환경권의 내용과 행사에 관한 구체적 형성에 관해서도 법률에 위임하는 법률유보조항을 두고 있다(헌법 제35조 제2항). 그리고 선거권(헌법 제24조), 공무담임권(헌법 제25조), 청원권(헌법 제26조), 형사보상청구권(헌법 제28조), 국가배상청구권(헌법 제29조 제1항), 범죄피해자구조청구권(헌법 제30조)의 구체적 형성의 대해서도 법률에 위임하는 법률유보조항이 부가되어 있다. 이처럼 ① **기본권을 구체적으로 형성하도록 위임하는** '형성적 법률유보' 이외에도 ② **기본권을 제한할 수 있도록 위임하는** '제한적 법률유보'의 형태로 헌법은 법률에 위임하기도 한다. 대표적으로 헌법은 신체의 자유를 보장하면서 이 기본권에 대한 전형적인 제한의 양태인 체포와 구속 및 처벌은 법률에 의하거나 법률에 근거하도록 규정한다(헌법 제12조 제1항). 또한 공공필요에 의하여 재산권을 제한하는 재산권의 제약(수용·사용·제한)도 법률에 의하거나 법률에 근거하도록 규정한다(헌법 제23조 제3항). 이처럼 ① **개별적 기본권마다 한정적으로 적용되는** 제한적 법률유보조항을 두기도 하지만 ② **모든 기본권에 전반적으로 적용될 수 있는** 제한적 법률유보조항을 둘 수도

1 헌재 2008. 2. 28. 2006헌바70; 2016. 3. 31. 2015헌바201도 참조.

있다. 전자를 '개별적 법률유보'로, 후자는 '일반적 법률유보'로 지칭하는데 현행 헌법은 개별적 법률유보조항과 함께 "모든 자유와 권리"는 제한될 수 있다는 일반적 법률유보조항을 함께 두고 있다(헌법 제37조 제2항). 이처럼 일반적 법률유보조항을 두게 되면 헌법이 보장한 모든 권리는 제한될 수 있는 **상대적 기본권**이 되기 때문에 어떠한 헌법적 권리도 제한될 수 없는 절대적 기본권임을 주장할 수 없다.

Ⅲ. 위임입법과 포괄위임입법금지원칙

1. 위임입법의 필요성

법률 역시 수시로 변화되거나 전문적이고 기술적인 내용을 가진 사항은 시행령이나 시행규칙과 같은 행정입법에 위임할 수밖에 없다. 심지어 형사법의 영역에서도 "사회현상의 복잡다기화와 국회의 전문적·기술적 능력의 한계 및 시간적 적응능력의 한계로 인하여 형사처벌에 관련된 모든 법규를 예외 없이 형식적 의미의 법률에 의하여 규정한다는 것은 사실상 불가능할 뿐만 아니라 실제에 적합하지도 아니하기 때문에"[2] 행정입법에 형사 관련 입법을 위임하는 것은 불가피하다. 제정의 주체에 따라 ① 시행령(대통령령)과 ② 시행규칙(총리령, 부령)으로 구분되는 행정입법은 대외적 구속력을 가지는지 여부에 따라 ① 법규명령과 ② 행정명령(행정규칙)으로 구분될 수도 있다. 또한 행정입법은 ① 위임명령과 ② 집행명령으로 구분되기도 하는데 전자는 법률에서 위임받은 사항을 규정하기 위하여

2 헌재 1996. 2. 29. 94헌마213 참조.

제정되고, 후자는 법률을 집행하기 위하여 제정된다. 따라서 법률로부터 입법에 관한 위임을 받는 행정입법은 위임명령이다.

2. 위임의 구체성과 포괄위임입법금지원칙

헌법은 법률이 대통령령에 위임할 때 반드시 **구체적으로 범위를 정하여** 위임하도록 요구한다(헌법 제75조). 이와 같이 위임의 범위를 구체적으로 확정하도록 요구하는 '위임의 구체성'에 대한 요청을 '포괄위임입법금지원칙'으로 부른다. 위임의 구체성에 대한 명령은 위임의 포괄성을 금지한다는 뜻이 되기 때문이다. 이에 따라 하위 법령에 위임의 범위를 설정하지 않은 채 입법을 포괄적으로 위임하는 이른바 '백지위임'은 금지된다. 법률이 하위 법령에 위임은 할 수 있지만 무한정 위임할 수는 없고, 규율의 범위를 명확하게 한정해서만 위임할 수 있다는 뜻이다. 무한정의 위임은 사실상 입법권의 포기로 법치주의로부터 도출되는 권력분립원칙의 폐기일 수 있기 때문이다. 포괄위임입법금지원칙의 필요성과 내용에 대하여 헌법재판소는 다음과 같이 설시하였다.

> 법률의 위임은 반드시 구체적이고 개별적으로 한정된 사항에 대하여 행해져야 한다. 그렇지 아니하고 일반적이고 포괄적인 위임을 한다면 이는 사실상 입법권을 백지위임하는 것이나 다름없어 **의회입법의 원칙이나 법치주의를 부인하는 것이 되고 행정권의 부당한 자의와 기본권 행사에 대한 무제한적 침해를 초래할 위험**이 있기 때문이다. 우리 헌법 제75조도 '대통령은 법률에서 구체적으로 범위를 정하여 위임받은 사항(…)에 관하여 대통령령을 발할 수 있다.'라고 규정하여 위임입법의 근거와 아울러 그 범위와 한계를 제시하고 있는데 '법률에서 구체적으로 범위를 정하여 위임받은 사항'이라 함은 법률에 이미 대통령령으로 규

정될 내용 및 범위의 기본사항이 구체적으로 규정되어 있어서 **누구라도 당해 법률로부터 대통령령에 규정될 내용의 대강을 예측할 수 있어야 함**을 의미한다. (헌재 1991. 7. 8. 91헌가4)

결국 포괄위임입법금지원칙은 "누구라도 당해 법률 그 자체로부터 대통령령 등에 규정될 내용의 대강을 예측할 수 있어야 함"을 의미하고, 이러한 **예측가능성**의 유무를 판단하기 위해서는 "당해 특정 조항 하나만을 가지고 판단할 것은 아니고 관련 법조항 전체를 유기적·체계적으로 종합 판단"할 것이 필요하며, "각 대상 법률의 성질에 따라 구체적·개별적으로 검토"할 필요도 있다.[3]

3. 판단기준

위임입법의 구체성을 판단하는 기준은 '예측가능성'이다. 위임하는 모법에서부터 위임을 받은 행정입법에 포함될 내용의 **대강을 미리 예측할 수 있을 정도로 구체적으**로 위임하여 한다. 이와 같은 위임의 구체성은 법률문언의 명확성과 유사한 의미를 가진다. 따라서 명확성 원칙을 판단하는 구체적인 기준이 위임의 구체성을 판단하는 기준으로 원용될 수 있다(제7장 참조). 형사법 영역에서도 위임입법은 허용되지만 위임의 구체성과 관련하여 상대적으로 엄격한 구체성이 요구된다. 따라서 위임하는 모법에서 위임받는 행정입법에서 정해질 범죄의 구성요건과 형벌에 관한 내용이 더욱 엄격하게 한정되어야 한다.

위임입법에 관한 헌법 제75조는 처벌법규에도 적용되는 것이지만 법

3 헌재 2022. 9. 29. 2019헌바536 참조.

률에 의한 처벌법규의 위임은, 헌법이 특히 인권을 최대한으로 보장하기 위하여 죄형법정주의와 적법절차를 규정하고, 법률(형식적 의미의)에 의한 처벌을 특별히 강조하고 있는 기본권보장 우위사상에 비추어 바람직스럽지 못한 일이므로, 그 요건과 범위가 보다 엄격하게 제한적으로 적용되어야 한다. 따라서 처벌법규의 위임은 **특히 긴급한 필요가 있거나 미리 법률로써 자세히 정할 수 없는 부득이한 사정이 있는 경우**에 한정되어야 하고 이러한 경우일지라도 법률에서 범죄의 구성요건은 처벌대상인 행위가 어떠한 것일 것이라고 이를 예측할 수 있을 정도로 구체적으로 정하고 형벌의 종류 및 그 상한과 폭을 명백히 규정하여야 한다. (헌재 1991. 7. 8. 91헌가4)

Ⅳ. 위임입법과 행정입법에 관한 헌법 제75조의 의미

헌법 제75조는 기본적으로 법률이 특정한 사항에 대하여 구체적인 범위를 정해서 위임할 수 있다는 **위임입법의 헌법적 근거이면서 헌법적 한계**를 제시한다. 더불어 법률의 위임을 받거나 법률을 집행하기 위하여 제정되는 **행정입법의 헌법적 근거이면서 헌법적 한계**를 헌법 제75조가 제시한다. 무엇보다도 행정입법에 해당하는 대통령령은 오로지 법률의 위임을 받거나 법률을 집행하기 위해서만 제정될 수 있다는 점에 주목해야 한다. 모법인 법률이 없으면 애초에 행정입법인 대통령령은 존재할 수 없다는 뜻이다. 위임하는 법률이나 집행되어야 하는 법률을 의미하는 모법이 없는데도 독자적으로 대통령령이 제정될 수는 없기 때문이다. 더욱이 행정입법은 그 근거인 법률에 위배될 수 없다는 **법률우위의 원칙을 정당화**하기도 한다. 모법의 위임을 받거나 모법을 집행하기 위하여 제정된 행정입법은 본질적으로 모법인 법률을 위반할 수 없기 때문이다. 국무총리나 행정각부의 장관도 법률이나 대통령령의 위임을 받거나 직권으로 총리령이나 부령을 제정할 수 있는데(헌법 제95조) 이 경우에도 마찬가지다. 대통령령처럼 행정입법에 해당하는 총리령이나 부령도 모법인 법률을 위반할 수 없으며 더욱이 모법이 대통령령을 거쳐 다시 위임하는 경우에 이것을 위반할 수도 없다.

[읽을거리]

김진곤. 〈사회보장법영역에서 포괄위임입법금지원칙의 적용과 그 한계〉. 《사회보장법학》(한국사회보장법학회) 제3권, 제1호(2014): 37-70쪽.

김해원. 〈수권법률에 대한 수권방식통제로서 포괄위임금지원칙〉. 《헌법학연구》(한국헌법학회) 제21권, 제2호(2015): 159-193쪽.

성기용. 〈의회유보원칙에 관한 소고〉. 《강원법학》(강원대학교 비교법학연구소) 제50권(2017): 497-531쪽.

유진식. 〈법률유보원칙의 실제와 개선방안—'자유·재산'의 침해에서 '법률의 규율밀도'로〉. 《공법연구》(한국공법학회) 제44집, 제2호(2015): 193-215쪽.

이명웅. 〈위임입법의 위헌심사기준 및 위헌결정사례 분석〉. 《저스티스》(한국법학원) 통권 제96호(2007): 65-87쪽.

이부하. 〈포괄위임입법금지원칙에 대한 헌법재판소 견해의 평가〉. 《법학논총》(국민대학교 법학연구소) 제29권, 제2호(2016): 315-350쪽.

이상경. 〈명확성 원칙과 포괄위임입법금지원칙〉. 《서울법학》(서울시립대학교 법학연구소) 제22권, 제3호(2015): 447-476쪽.

임지봉. 〈법률유보원칙과 위임입법의 헌법적 한계—헌재 2017. 6. 29. 2015헌마

654 결정〉. 《법학논총》(숭실대학교 법학연구소) 제42집(2018): 85-104쪽.
전종익. 〈포괄위임금지원칙의 심사기준〉. 《아주법학》(아주대학교 법학연구소) 제7권, 제3호(2013): 11-34쪽.

제5장

헌법의 원칙 둘, 비례성 원칙

헌법 전반을 지배하는 원칙들 가운데 특별히 주목해야 할 원칙이 바로 '비례성 원칙'이다. '비례원칙'이나 '비례의 원칙'으로도 불리는 이 원칙은 '빈대 잡으려다 초가삼간 태운다'는 속담을 떠올리게 한다. 빈대를 잡으려는 목적이 아무리 훌륭하다고 해도 초가삼간까지 태우는 수단과 방법은 지나치고 현명하지 못하다는 뜻이 비례성 원칙의 본질적 내용이기 때문이다. 헌법 이외에도 형사법, 행정법, 노동법, 국제법 등 법체계 전반에서 비례성 원칙은 국가작용의 정당성에 대한 중요한 판단기준으로 작동한다. 비례성 원칙의 전제가 되는 비례성(proportionality)은 목적과 수단의 '비례적 관계'를 요구한다. 이러한 비례적 관계는 목적과 수단 사이에서 형성될 수 있는 여러 가지 관계가 모두 비례적일 것을 요청한다. 기본적으로 목적이 아무리 정당하다고 해도 이를 달성하기 위한 모든 수단이 정당화될 수 없다는 단순하지만 명료한 생각에서부터 출발한다. 법규범은 결국 기본권을 포함하여 공동체가 반드시 지켜야 할 최소한의 가치로 정해 놓은 헌법적 가치나 공동체가 시대와 상황에 따라 추구하는 다양한 공익적 목적을 실현하는 수단이다. 특정한 목적을 달성하기 위한 수단으로 사용되는 법규범은 반드시 그것이 달성하려는 목적의 관점에서 정당화될 필요가 있다. 비례성 원칙은 수단으로 사용되는 법규범이 달성하려는 목적과의 관계에서 언제나 비례적일 것을 요구한다. 항상 법규범이 달성하려는 목적과의 관계에서 법규범의 정당성을 찾아가려는 노력은 아무리 강조해도 지나치지 않다.

I. 개념

비례성 원칙은 **목적과 수단의 관계**에서 '비례성(proportionality)'을 본질로 하는 비례적 관계를 요청하는 헌법적 원칙이다. 법의 이념 가운데 하나로 이해되는 '합목적성'은 목적과 수단의 관계에서 비례적 관계를 요구한다는 점에서 비례성 원칙은 일반적으로 헌법이 보장하는 '법치주의(법치국가)'의 원리에서 도출되는 것으로 이해된다. 법치주의는 법의 이념과 밀접한 관련을 맺고 있고, 법의 이념에는 법적 안정성이나 정의와 함께 합목적성이 포함되기 때문이다. 목적에 합당한 수단의 선택을 뜻하는 목적과 수단의 비례성을 구체적으로 살펴보면 ① 달성하려는 특정한 목적(목적1)과 ② 이 목적을 달성하기 위한 수단 및 ③ 이러한 수단의 사용으로 피해를 입는 다른 목적(목적2)으로 이루어진 '삼각관계'에서 비례적 관계(비례성)가 요구된다. 이와 같은 비례적 관계는 무엇보다도 ① 달성(실현)하려는 특정한 목적과 이 목적을 달성하기 위한 수단(방법)의 관계에서는 목적 달성을 최대화할 수 있는 효과적인 수단을 사용하라는 '**적합성**'의 원칙으로 요구되는데 '수단의 적합성' 원칙으로 불린다. 그리고 ② 특정한 목적의 달성을 위하여 사용되는 수단과 이 수단의 사용으로 피해를 입는 다른 목적과의 관계에서는 피해 발생을 최소화할 수 있는 필요한 수단을 사용하라는 '**필요성**'의 원칙으로 요구되며 '피해의 최소성' 원칙으로 부르기도 한다. 마지막으로, ③ 달성하려는 목적과 피해를 입는 목적 상호간의 관계에서는 상충하는 법익의 조화와 균형을 실현하여 최적화하라는 '**좁은 의미의 비례성**'의 원칙이 요구되고, '법익의 균형성' 원칙으로 지칭하기도 한다. 이와 같은 세 가지 부분원칙 이외에도 ④ 달성하려는 목적이 정당해야 한다는 '**목적의 정당성**' 원칙이 추가되는 것이 일반적이다. 다만 목적의 정당성 원칙은 비례성 원칙의 부분원칙이 될 수 없다는 주장도 제기된다는 점에서 비례성 원칙과 관련된 첫 번째 쟁점은 비례성 원칙의 부분원칙으로서 목적의 정당성 원칙을 포함시킬지 여부가 된다. 헌법재판소는 출범 초기부터 현재까지 일관되게 비례성 원칙이 목적의 정당성을 포함하여 네 가지 부분원칙으로 구성된다고 본다.

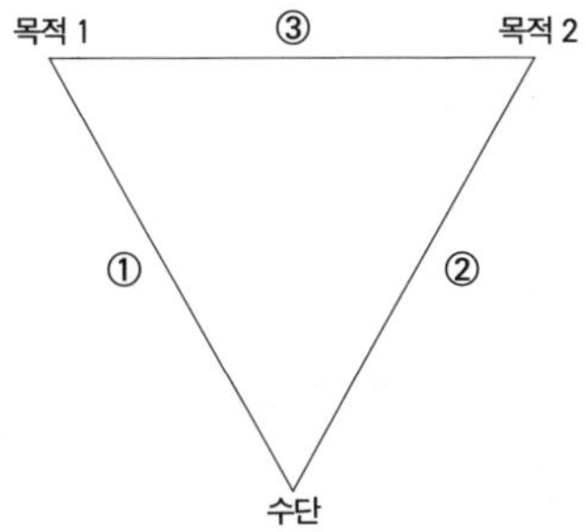

① 적합성 원칙: 목적 달성의 최대화
② 필요성 원칙: 피해 발생의 최소화
③ 좁은 의미의 비례성 원칙: 법익 실현의 최적화

[판례] 비례의 원칙(과잉금지의 원칙): **헌재 1990. 9. 3. 89헌가95**

과잉금지의 원칙이라는 것은 국가가 국민의 기본권을 제한하는 내용의 입법활동을 함에 있어서, 준수하여야 할 기본원칙 내지 입법활동의 한계를 의미하는 것으로서 국민의 기본권을 제한하려는 입법의 목적이 헌법 및 법률의 체제상 그 정당성이 인정되어야 하고(**목적의 정당성**), 그 목적의 달성을 위하여 그 방법이 효과적이고 적절하여야 하며(**방법의 적절성**), 입법권자가 선택한 기본권 제한의 조치가 입법목적 달성을 위하여 설사 적절하다 할지라도 보다 완화된 형태나 방법을 모색함으로써 기본권의 제한은 필요한 최소한도에 그치도록 하여야 하며(**피해의 최소성**), 그 입법에 의하여 보호하려는 공익과 침해되는 사익을 비교형량할 때 보호되는 공익이 더 커야 한다(**법익의 균형성**)는 헌법상의 원칙이다

II. 비례성 원칙의 부분 원칙

1. 네 가지 부분 원칙

비례성 원칙은 ① 목적의 정당성, ② 수단의 적합성, ③ 피해의 최소성, ④ 법익의 균형성을 각각의 내용으로 하는 네 가지 부분 원칙으로 구성된다고 보는 것이 일반적이다. 이 가운데 우선 '**목적의 정당성**'은 특히 민주적 정당성에 근거하여 법률을 제정하는 의회가 제시하는 입법목적의 경우에 국민을 대표하여 내린 정책적 결정으로서 특별한 합리적 근거가 제시되기 전까지는 일단 존재하는 것으로 추정되고, 관계를 전제로 한 개념이 아니라는 점에서 비례적 관계를 요구하는 비례성 원칙에 따른 판단에서 중요한 역할을 수행하기는 어려울 것으로 보인다. 한편 '**수단의 적합성**'과 '**피해의 최소성**'은 달성하려는 목적과 이를 달성하기 위한 수단의 관계, 그리고 특정한 목적의 달성을 위하여 사용된 수단과 이로 인하여 피해를 입는 목적의 관계에서 각각의 인과관계에 기초하여 경험적으로 확인될 수 있는 원칙이다. 하지만 '**법익의 균형성**'은 달성하려는 목적과 이로 인하여 피해를 입는 상충하는 법익의 관계에서 양자 간에 조화와 균형을 이루기 위하여 각각의 비중(중요성)을 평가하는 규범적 판단을 요구한다.

2. 부분 원칙에 포함된 판단의 영역

비례성 원칙에 관한 판단의 객관성을 확보한다는 측면에서 '**경험적 판단**'이 본질인 수단의 적합성과 피해의 최소성을 '**규범적 판단**'이 본질을 이루는 법익의 균형성보다 강조하려는 주장도 지속적으로 제기된다. 판단하는 사람의 주관적 가치가 개입될 여지가 큰 규범적 판단보다는 주관적 가치의 개입가능성이 적은 경험적 판단의 객관성에 대한 일반적인 신뢰가 존재하기 때문이다. 하지만 법익의 균형성은 비례성 원칙의 필수적 구성부분이므로 이를 전면적으로 배제할 수는 없을 뿐만 아니라 수단의 적합성이나 피해의 최소성의 규범적 비중을 결정하는 핵심적인 역할을 수행할 수밖에 없을 것으로 보인다.[1] 따라서 비례성 원칙의 네 가지 부분 원칙은 반드시 일정한 순서에 따라 적용되어야 할 필요는 없으며 종국적으로 법익의 균형성이 가장 중요한 역할을 수행할 수밖에 없다. 물론 비례성 원칙의 네 가지 부분 원칙을 적용하는 일정한 순서가 존재한다거나 네 가지 부분 원칙 가운데 피해의 최소성과 같은 특정한 원칙이 강조되어야 한다거나 비례성 심사와 관련하여 규범적 판단보다 경험적 판단을 우선시켜야 한다는 주장이 여전히 제기될 수 있다. 이에 따라 비례성 원칙과 관련된 두 번째 쟁점은 비례성 원칙의 부분 원칙을 적용하는 순서가 존재하는지 여부이고, 세 번째 쟁점은 특정한 부분 원칙을 특별하게 강조할 필요성이 있는지 여부이며, 네 번째 쟁점은 비례성 심사와 관련된 경험적 판단과 규범적 판단 가운데 어디에 우선순위를 둘 것인지가 된다.

---

1 이러한 관점에서 헌법재판소의 보충의견에서 등장한 주장에 주목할 필요가 있다. 헌재 2017. 8. 31. 2016헌바447(이진성 재판관의 다수의견에 대한 보충의견): "심판대상조항에 의한 청구인의 구체적인 기본권 제한정도가 지나치게 과한 것인지 여부는 침해의 최소성 부분보다는 법익의 균형성 부분에서 판단하여야 한다. 헌법재판소의 많은 선례에서 법익의 균형성에서 다루어야 할 것을 침해의 최소성에서 혼합하여 논증하는 경향이 있었다. 그러나 침해의 최소성 원칙과 법익의 균형성 원칙을 그 성격에 따라 엄격히 구별하고, 법익의 균형성 판단에 집중하는 것이 과잉금지원칙의 판단요소를 누락하지 않으면서도 판단에 혼란을 초래하지 않을 수 있어서 과잉금지원칙을 보다 충실하고 효과적으로 적용하는 방법이다."

[주요쟁점]

1. 목적의 정당성은 비례성 원칙의 부분 원칙에 포함될 수 있는가?
2. 비례성 원칙의 부분 원칙을 적용하는 일정한 순서가 정해져 있는가?
3. 비례성 원칙의 부분 원칙 가운데 특별히 강조되어야 할 원칙이 있는가?
4. 비례성 심사에 포함된 경험적 판단의 부분과 규범적 판단의 부분 가운데 어떤 것이 우선되어야 하는가?

III. 기본권의 제한과 비례성 원칙

1. 국가작용과 비례성 원칙

비례성 원칙은 목적과 수단의 관계에서 일반적으로 요청되는 원칙이지만 특히 **기본권을 제한하는 모든 국가작용**에 대해서 요구되는 원칙이다. 기본권을 제한하는 입법작용은 물론 집행작용이나 사법작용의 경우에도 비례성 원칙이 적용되어야 한다는 뜻이다. 비례성 원칙을 '비례의 원칙'이라고 부르기도 하는 헌법재판소도 "기본권을 제한하는 경우에는 법치국가적 요청인 비례의 원칙을 준수하여야 한다"고 본다.[2] 무엇보다도 기본권을 제한하는 국가의 입법작용(의회입법/행정입법/긴급입법)은 거기에 제시된 입법목적(공익)이 정당해야 하고(입법목적의 정당성), 이러한 입법목적을 실현하기 위한 수단인 해당 입법은 그 입법목적을 효과적으로 실현하는 적합한 수단이어야 한다(입법수단의 적합성). 또한 입법목적을 실현하기 위하여 다른 법익에 미치는 피해를 최소화하는 대체 입법수단이 선

2 헌재 2000. 4. 27. 98헌가16 등 참조.

택되어야 하고(입법피해의 최소성), 입법목적에 포함된 법익과 피해를 입는 법익 사이에 조화와 균형을 이루어야 한다(법익의 균형성).

이와 같이 기본권을 제한하는 입법에 대해서 요구되는 비례성 원칙은 현행 헌법에서 모든 기본권을 제한할 수 있는 근거가 되는 **일반적 법률유보조항**(헌법 제37조 제2항)에 표현된 "필요한 경우에 한하여"라는 문구에 헌법적 근거를 두고 있다고 보는 것이 일반적이다. 언뜻 문자적으로만 보면 단지 필요성 원칙만을 언급한 것으로 보이지만 기본권 제한의 한계를 포괄적으로 제시하고 있으므로 이 원칙을 포함하여 비례성 원칙의 모든 부분 원칙은 이 조항에 근거하여 도출된다. 또한 일반적 법률유보조항은 기본권 제한의 목적으로 국가안전보장, 질서유지, 공공복리를 제시하고 있기 때문에 비례성 원칙의 부분 원칙으로 목적의 정당성 원칙을 포함시키는 견해에 따르면 목적의 정당성 여부는 입법목적이 헌법에 열거된 세 가지 공익목적에 해당하는지 여부로 결정된다. 다만 국가안보, 질서유지, 공공복리는 입법목적으로 제시될 수 있는 공공의 이익을 포괄적으로 망라하고 있기 때문에 사실상 이러한 공공의 이익에 해당하지 않는 입법목적은 존재할 수 없다.

더욱이 일반적 법률유보조항은 이와 같은 ① 기본권 제한의 목적뿐만 아니라 ② 기본권 제한의 형식으로서 법률, ③ 기본권 제한의 방법으로서 비례성 원칙, ④ 기본권 제한의 한계로서 본질 내용 침해 금지원칙을 제시하고 있는 것으로 해석되기도 한다. 그렇지만 **비례성 원칙이나 본질 내용 침해 금지원칙은 모두 기본권 제한의 한계**로 이해하는 것이 적절할 것으로 보인다. 물론 본질 내용의 의미를 어떻게 이해하는지에 따라 본질 내용을 어떤 절대적인 것으로서 비례성 원칙에 따라서 제한될 수 없는 추가적 한계를 제시한 것으로 이해하면 비례성 원칙과 본질 내용 침해 금지원칙은 독자적인 두 개의 원칙으로 이해되어야 한다. 하지만 본질 내용을 어떤 상대적인 것으로서 비례성 원칙에 따라서 제한될 수 있는 한계 외에 추가적 한계를 제시하지 못하는 것으로 이해하면 비례성 원칙과 본질 내용 침해 금지원칙은 동일한 내용을 반복적으로 확인하는 하나의 원칙으로 이해될 수 있다.

형사법의 영역에 적용되는 비례성 원칙은 '**책임과 형벌의 비례성 원칙**'으로 구체화되기도 한다. 범죄에 부과되는 형벌은 범죄행위로 인한 사회적 해악(죄질)의 정도와 범죄행위의 주체(범죄자)가 부담해야 할 책임의 분량에 비례해야 하기 때문이다. 헌법재판소도 책임과 형벌의 비례성 원칙을 "형벌이 죄질과 책임에 상응하도록 적절한 비례성을 지켜야 한다"는 원칙으로 이해하면서 이 원칙은 "형벌 위협으로부터 인간의 존엄과 가치를 존중하고 보호하여야 한다는 헌법 제10조의 요구"와 "실질적 법치국가의 원리"에서 도출된다고 본다.[3]

2. 과잉금지원칙과 과소금지원칙의 구분

기본권에 대한 제한은 기본권의 보호법익의 유형에 따라 ① '방어권'에 대한 제한과 ② '급부권'에 대한 제한으로 구분된다(자세한 설명은 제9장 참조). 국가에 대하여 소극적 행위(금지된 일정한 행위를 하지 않는 것)인 부작위(ommission)를 요구하는 방어권의 경우에 비례성 원칙은 '**과잉금지원칙**'으로 구체화된다. 반면에 국가에 대하여 적극적 행위(의무로 부과된 일정한 행위를 하는 것)인 작위(acts)나 급부를 요구하는 급부권의 경우에 비례성 원칙은 '**과소금지원칙**'으로 구체화된다. 국가의 부작위를 요구하는 방어권에 대한 제한은 국가의 '작위' 형태로 이루어지는 반면에 국가의 작위나 급부를 요구하는 급부권에 대한 제한은 국가의 '부작위' 형태로 이루어지기 때문이다. 부작위는 작위의 부정(부존재)으로 그 자체로는 파악이 불

3 헌재 2006. 12. 28. 2006헌가12, 판례집 18-2, 555, 560쪽 참조.

가능하고, 오로지 부작위의 부정인 작위를 통해서만 파악이 가능하다. 무엇을 하지 않는 행위(안전벨트를 매지 않는 행위)는 무엇을 하는 행위(안전벨트를 매는 행위)가 없다는 뜻으로 반드시 무엇을 하는 행위를 전제로 해서만 그 실체에 대한 파악이 가능한 것이다. 따라서 방어권의 경우에는 작위 형태를 가진 '제한'을 중심으로, 그와 반대로 급부권의 경우에는 작위 형태를 가진 '보호법익'을 중심으로 비례성 원칙이 적용될 수밖에 없다. 그렇다 보니 방어권의 제한에 적용되는 과잉금지원칙은 작위 형태의 **제한이 과도하게 확장되는 것**을 금지하는 반면에 급부권의 제한에 적용되는 과소금지원칙은 작위 형태의 **보호법익이 과도하게 축소되는 것**을 금지하게 된다. 일상적으로 자주 사용되는 '과유불급(過猶不及)'이라는 표현에서 잘 드러나듯이 과잉이나 과소의 금지는 모두 '지나침(과함)'을 경계하면서 배제하려는 것이다. 지나침은 여러 가치나 이익이 서로 충돌하는 상황에서 한쪽으로 '치우침'을 뜻하기 때문에 한쪽의 가치나 이익으로 치우치지 않는 것은 상충하는 가치나 이익을 조화시키고 균형이 이루어지도록 만드는 것을 의미한다. 아무튼 과잉금지원칙이나 과소금지원칙은 모두 비례성 원칙을 구체화하는 원칙인 만큼 **비례성 원칙의 네 가지 부분 원칙을 동일하게 포함**한다. 다만, 급부권에 대한 제한은 부작위의 형태로 이루어진다는 점에서 수단의 적합성이나 피해의 최소성에 관한 경험적 판단이 쉽지 않아 법익의 균형성에 관한 규범적 판단이 핵심적 역할을 수행할 수밖에 없을 뿐이다.

3. 과소금지원칙에 대한 헌법재판소 견해의 비판

급부권에 속하는 보호권에 상응하는 국가의 기본권보호의무와 관련하여 헌법재판소는 과소금지원칙을 적용한다. 그러면서 과소금지원칙을 "국가가 국민의 기본권 보호를 위하여 적어도 적절하고 효율적인 **최소한**

의 보호조치를 취했는가"로 이해한다.[4] 따라서 "입법자의 보호의무에 대한 명백한 위반이 있는 경우", 즉 "국가가 국민의 법익을 보호하기 위하여 아무런 보호조치를 취하지 않았든지 아니며 취한 조치가 법익을 보호하기에 명백하게 부적합하거나 불충분한 경우에 한하여 헌법재판소는 국가의 보호의무의 위반을 확인할 수 있을 뿐"이라고 본다. 다만 "국가가 특정 조치를 취해야만 당해 법익을 효율적으로 보호할 수 있는 **유일한 수단**일 경우에만 입법자의 광범위한 형성권은 국가의 구체적인 보호의무로 축소되며, 이 경우 국가가 보호의무 이행의 유일한 수단인 특정 조치를 취하지 않은 때에는 헌법재판소는 보호의무의 위반을 확인하게 된다"고 하여 특정한 입법을 해야 할 구체적인 보호입법의무의 위반은 예외적으로만 인정한다.[5] 하지만 과소금지원칙은 최소한의 보호조치도 취하지 않은 명백한 의무위반에 관한 심사기준으로 축소되어 이해될 수 없다. 과소금지원칙도 비례성 원칙을 구체화하는 원칙으로서 네 가지 부분 원칙으로 구성되기 때문이다. 특히 과소금지원칙에도 법익 균형성의 원칙이 포함되어야 한다면 반드시 상충하는 가치의 조화와 균형이 실현되어야 하고, 단지 최소한의 보호조치만으로 국가의 의무를 충분히 이행했다고 볼 수는 없다. 최근에 헌법재판소는 과소금지원칙을 적용하면서 법익의 균형성을 고려하는 등 적극적 적용으로 방향을 트는 미묘한 입장변화를 보여주는 결정을 내리기도 하였다. "어떠한 경우에 과소보호금지원칙에 미달하게 되는지에 대해서는 일반적·일률적으로 확정할 수 없다. 이는 개별 사례에 있어서 관련 법익의 종류 및 그 법익이 헌법질서에서 차지하는 위상, 그 법익에 대한 침해와 위험의 태양과 정도, **상충하는 법익의 의미 등을 비교 형량**하여 구체적으로 확정하여야 한다."[6]

---

4 헌재 2008. 7. 31. 2004헌바81, 판례집 20-2상, 345, 359쪽 참조.

5 헌재 1997. 1. 16. 90헌마110, 판례집 9-1, 90, 122쪽 참조.

6 헌재 2019. 12. 27. 2018헌마730, 판례집 31-2하, 315, 322쪽.

[판례] 과소금지원칙의 적용근거와 내용: 헌재 2008. 7. 31. 2006헌마711

국가가 기본권에 대한 보호의무를 진다고 하더라도, 그것을 입법자가 어떻게 실현하여야 할 것인가는 원칙적으로 권력분립원칙과 민주주의원칙에 따라 국민에 의해 직접 민주적 정당성을 부여받고 정치적 책임을 지는 입법자의 책임범위에 속하는 것이고, 헌법재판소는 이를 제한적으로만 심사할 수 있을 따름이다. 따라서 국가가 기본권의 보호의무를 다하지 않았는지를 헌법재판소가 심사할 때에는 국가가 국민의 기본권적 법익 보호를 위하여 적어도 **적절하고 효율적인 최소한의 보호조치**를 취했는가 하는 이른바 "과소보호금지원칙"의 위반 여부를 기준으로 삼아야 한다.

[읽을거리]

강일신. 〈헌법재판에서 법익형량〉. 《법철학연구》(한국법철학회) 제24권, 제2호(2021): 387-412쪽.

김대환. 〈비례성 원칙의 심사강도—비교법적 검토를 포함하여〉. 《헌법학연구》(한국헌법학회) 제18권, 제2호(2012): 301-344쪽.

김해원. 〈기본권심사기준 상호 간 중첩 및 분별에 관한 연구—기본권심사기준으로의 비례성 원칙의 활용을 중심으로〉. 《연세법학》(연세법학회) 제37호(2021): 1-32쪽.

유승익. 〈원칙이론에서 보호권의 법리—헌법재판소의 과소금지원칙과 관련하여〉. 《법학논총》 (단국대학교 법학연구소) 제42권, 제1호(2018): 99-123쪽

이부하. 〈비례성 원칙과 과소보호금지원칙〉. 《헌법학연구》(한국헌법학회) 제13권, 제2호(2007): 275-303쪽.

이준일. 〈헌법적 원칙으로서 과잉금지원칙과 과소금지원칙의 접점과 차이〉. 《유럽헌법연구》(유럽헌법학회) 제39호(2022): 283-322쪽.

______. 〈헌법상 비례성 원칙〉. 《공법연구》(한국공법학회) 제37집, 제4호(2009):

25-44쪽.

손상식. 〈법률에 의해 구체화되는 기본권의 심사기준과 심사강도—헌법 제25조의 공무담임권을 중심으로〉. 《법학연구》(전북대학교 법학연구소) 제43집(2015): 127-159쪽.

정문식. 〈과잉금지원칙과 과소금지원칙의 관계—교통사고처리특례법 제4조 제1항에 대한 헌법재판소 결정(2005헌마764 등)과 관련하여〉. 《법과 정책연구》(한국법정책학회) 제9집, 제1호(2009): 197-223쪽.

표명환. 〈과잉금지의 원칙과 본질적 내용침해 금지—헌법재판소의 적용 검토를 중심으로〉. 《유럽헌법연구》 제17호, 유럽헌법학회, 2015, 501-532쪽.

허완중. 〈기본권 제약 개념 확장을 통한 헌법 제37조 제2항의 해석〉. 《헌법논총》(헌법재판소) 제30집(2019): 5-60쪽.

제6장

헌법의 원칙 셋, 평등원칙

평등은 자유와 함께 인간의 존엄성을 실현하기 위하여 필수적으로 요구되는 전제조건이다. 평등하지 않은 인간, 차별받는 인간은 결코 존엄할 수 없다. 인간은 국가에 대해서 평등할 권리를 주장할 수 있으며 국가는 평등원칙을 기준으로 삼아 권한을 행사하고 활동해야 한다. 평등은 때로 정의의 다른 이름으로 불리기도 한다. 오래전부터 평등은 분배적 정의(distributive justice)의 관념에 따라 '같은 것은 같게, 다른 것은 다르게'라는 공식으로 정의되어 왔기 때문이다. 항상 '같게'가 아니라 오로지 같아야만 '같게'이고, 만약 다르면 '다르게'이기 때문에 평등의 문제는 당연히 어려울 수밖에 없다. 도대체 무엇이 같고, 무엇이 다른지를 판단하는 것이 쉽지 않은 일이기 때문이다. 심지어 '같은 것을 다르게, 다른 것을 같게' 해도 이것을 정당화할 수 있는 합리적 이유를 제시할 수만 있다면 이것도 평등하다는 평가를 받을 수 있다. 그렇다면 같은 것을 다르게 해도, 다른 것을 같게 해도 괜찮은 합리적 이유는 도대체 무엇인가? 평등이 적용하기가 상당히 어려운 판단기준이 될 수밖에 없는 이유가 하나 더 더해진다. 애초에 모든 사람이 납득할 수 있는 합리적 이유가 존재할 수 있는지도 의문이다. 그래도 사람들은 일상적으로 평등과 차별이라는 이분법적 판단기준을 사용하는 데 익숙해져 있다. 헌법도 평등과 차별이라는 판단기준을 명시하고 있다. 비록 평등은 어렵지만 어차피 피해갈 수 없는 주제다.

I. 개념

평등은 일정한 대상의 '비교(comparison)'를 본질로 한다. 따라서 평등은 비교가 되고 있는 대상(비교대상)과 전혀 상관없는 절대적 평등이 아니라 비교되는 대상과 긴밀하게 연관됨으로써 비교가 되고 있는 대상에 따라 정반대의 대우를 요구할 수도 있는 '**상대적 평등**'을 의미한다. 상대적 평등은 비교대상 간에 '본질적 차이'가 있는지 여부(동일성 여부)에 따라 상대적으로 달라지는 대우를 하도록 요청하는 것이다. 따라서 비교대상 간에 본질적 차이가 없으면 원칙적으로 '동등한 대우'를 해야 하고(같은 것은 같게), 비교대상 간에 본질적 차이가 있으면 원칙적으로 '차등적 대우'를 해야 하는(다른 것은 다르게) 것이 상대적 평등의 요청에 상응한다. 이처럼 비교대상의 본질적 차이 유무에 따라, 즉 비교대상이 동일한지 아니면 상이한지에 따라 거기에 부합하도록 비교대상에 대한 대우를 상대적으로 결정해야만 하는 것이 상대적 평등이 요구하는 본질적 내용이다.

헌법재판소도 평등을 상대적 평등으로 이해하고 있다. "평등의 원칙은 일체의 차별적 대우를 부정하는 **절대적 평등**을 의미하는 것이 아니라, 입법과 법의 적용에 있어서 합리적인 근거가 없는 차별을 하여서는 아니 된다는 **상대적 평등**을 뜻하고, 따라서 합리적인 근거가 있는 차별 또는 불평등은 평등의 원칙에 반하는 것이 아니다."[1] 여기서 반드시 지적해야 할 부

1 헌재 1999. 5. 27. 98헌바26, 판례집 11-1, 622, 627-628쪽.

분이 있다. 평등(equality)과 차별(discrimination)은 비교대상과 관련하여 법적 관점에서 내려진 최종적인 규범적(normative) 또는 평가적(evaluative) 판단을 의미한다. 따라서 비교대상에 대한 일정한 대우(처우/취급, treatment)는 최종적으로 평등에 부합한다거나 차별에 해당한다는 확정적 평가를 받을 뿐이다. 이것은 평등과 정반대의 평가를 의미하는 차별이 헌법재판소의 표현처럼 합리적 근거가 있는 정당한 차별 또는 합리적 근거가 없는 부당한 차별로 구분될 수 없음을 의미한다. 합리적 근거의 제시를 통한 정당화는 오로지 비교대상 간의 본질적 차이 유무에 부합하지 않게 비교대상에 대한 '**불리한**(unfavourable) **대우**'가 이루어지는 경우, 즉 본질적 차이가 없는 동일한 비교대상에 대하여 차등적(differential) 대우를 하거나 본질적 차이가 있는 상이한 비교대상에 대하여 동등한(identical) 대우를 하는 경우에만 요구된다. 이에 따라 합리적 근거가 없이(unreasonably) 동일한 비교대상을 차등적으로 대우하거나 상이한 비교대상을 동등하게 대우하는 '**자의적인 불리한 대우**(arbitrary unfavourable treatment)'만이 차별에 해당한다. 최종적이고 확정적인 판단을 뜻하는 '차별'이 아니라 오로지 이러한 차별에 해당하는지 여부가 판단되어야 하는 '불리한 대우'만이 합리적 근거가 있는지 여부에 따른 구분이 가능한 것이다.

한편 헌법재판소는 형사법 영역에서 원칙적으로 법정형(형벌)의 종류와 범위에 관한 결정은 입법자에게 광범위한 입법재량이나 형성의 자유가 인정되어야 한다고 본다. 하지만 "**형벌체계의 균형성**" 원칙으로 부르기도 하는 평등원칙은 여전히 적용되어야 한다고 하면서 "형벌체계의 균형성 및 평등원칙의 내용은 죄질과 보호법익 등이 유사한 범죄가 합리적인 범위 내에서 비슷한 법정형으로 처벌되어야 한다"는 것이라고 설시하였다.[2] 범죄에 대한 법정형을 규정할 때도 평등원칙이 적용되어야 하는데

2 헌재 2006. 6. 29. 2006헌가7 참조.

이 경우에는 '형벌체계의 균형성원칙'이라는 이름이 붙는 것이다. 균형성이라는 이름의 평등은 경제질서와 관련하여 국민경제의 성장과 안정성에서도 요구된다(헌법 제119조 제2항). 또한 헌법은 "균등하게 교육을 받을 권리"를 보장함으로써(헌법 제31조 제1항) 교육영역에서도 평등을 요구하면서 '균등'이라는 이름으로 부른다. 그 밖에도 헌법은 선거운동과 관련하여 "균등한 기회"의 보장을 요구함으로써(헌법 제116조 제1항) 평등의 이념을 선거의 영역에서도 구체화하고 있다. 기회나 삶의 질과 관련된 균등함은 헌법 전문에서도 강조되는 가치이기도 하다.

Ⅱ. 평등심사의 구조

비교를 본질로 하는 평등의 성격상 이러한 평등을 기준으로 심사하는 평등심사는 ① 비교의 대상과 ② 비교대상에 대한 대우에서 확인할 수 있는 '본질적 차이' 및 '합리적 이유'와 관련된 다음의 5단계의 구조로 이루어진다.

1. 1단계 – 비교대상의 구성

상대적 평등의 핵심은 비교대상 간의 본질적 차이 유무, 다시 말해 서로 비교되는 대상 사이에 본질적 차이가 존재하는지 여부이므로 평등심사의 첫 번째 단계는 **어떤 대상과 어떤 대상이 비교되어야 하는지, 비교대상을 구성(설정)**하는 것이다. 비교의 대상을 설정하여 무엇이 비교될 것인지를 확정하는 것이 평등심사의 가장 첫 번째 단계에 해당한다. 예를 들어 남성에게만 병역의무를 부과하는 입법에 대하여 평등의 관점에서 심사할 때 맨 먼저 해야 할 일은 비교대상으로 병역의무가 부과되는 집단인 남성과 병역의무가 부과되지 않는 집단인 여성을 설정하는 것이다. 따라서 애초에 비교대상이 제시되지 않거나 비교대상은 제시되었지만 처음부터 비교될 수 없는 대상 간의 비교가 문제됨으로써 비교 자체가 문제되지 않는 평등(평등권 또는 평등원칙)에 관한 주장은 평등심사의 대상이 될 수 없다. 이를테면 막연하게 현재 자신이 차별받고 있다고 생각된다는 주장이나 전혀 비교될 수 없는 대상을 끌어들여 차별받고 있다는 주장은 평등의 관점에서 판단될 필요가 없다. 헌법재판소도 평등심사에서 첫 번째 단계는 비교대상의 설정임을 분명히 하고 있다. "평등원칙의 위반을 인정하기 위해서는 우선 법적용에 관련하여 상호 배타적인 '두 개의 비교집단'을 일정한 기준에 따라서 구분할 수 있어야 한다."[3]

2. 2단계 – 비교대상의 비교: 본질적 차이 유무의 확인

평등심사를 위하여 비교대상이 구성되었다면 다음으로 그러한 비교대상 간에 **본질적 차이**(difference)**가 존재하는지 여부**, 다시 말해 비교대상이 본질적 차이가 없는 동일한 대상인지 아니면 본질적 차이가 있는 상이한 대상인지를 확인해야 한다. 비교대상 간에 존재하는 '본질적' 차이는 비교대상 간의 세부적 차이를 빠짐없이 상세하게 확인한 후 그것을 전체적이고 종합적으로 평가하여 비교대상의 차이를 최종적으로 결정할 수 있는 차이를 의미한다. 따라서 세부적으로 보면 여러 가지 미세한 차이가 있어도 특정한 관점에서 전체적이고 종합적으로 보면 본질적 차이가 없는 비교대상이 존재할 수 있다. 남성과 여성이 세부적으로 보면 다양한 차이를

3 헌재 2003. 12. 18. 2002헌마593, 판례집 15-2하, 637, 652쪽; 2012. 3. 29. 2010헌바100, 판례집 24-1상, 414, 422쪽; 2019. 4. 11. 2018헌마221, 판례집 31-1, 547, 562쪽.

보이는 상이한 대상이 되기도 하지만 병역의무의 관점에서 전체적이고 종합적으로 보았을 때 기본적으로 본질적 차이가 없는 동일한 비교대상이 될 수도 있는 이유가 여기에 있다. 결국 비교대상의 본질적 차이가 존재하는지 여부는 경험적으로 확인될 수 있는 객관적으로 명백한 사실이 아니라 관점에 따라 달라지는 주관적이고 상대적인 것으로 합리적 근거로 정당화될 필요도 있다.

3. 3단계 – 비교대상에 대한 대우의 비교

비교대상에 대한 비교가 끝나면 **비교대상에 대한 각각의 대우**(처우/취급, treatment)를 비교해야만 한다. 비교대상에 대해서는 본질적 차이가 없는 동등한(identical) 대우를 할 수도 있고, 본질적 차이가 있는 차등적(differential) 대우를 할 수도 있다. 비교대상에 대한 대우의 차이를 확인할 때도 그 차이가 전체적이고 종합적으로 평가했을 때 본질적인지 여부에 대한 판단이 이루어져야 한다. 비교대상에 대한 대우에서도 세부적으로 보면 미세한 차이가 존재한다고 해도 전체적이고 종합적으로 보았을 때 본질적 차이가 없으면 동등한 대우로 평가되어야 한다. 이를테면 정규직 근로자의 임금과 비교하여 비정규직 근로자의 임금이 세부적으로 살펴보았을 때 미세한 차이를 보여도 그것만으로 비교대상의 임금에서 본질적 차이가 있다고 단정할 수는 없다. 또한 범죄에 대한 형벌의 경우에도 단지 형량이 다소 다르다는 이유만으로 비교대상이 되는 범죄행위에 대한 법적 평가에서 본질적 차이가 있다고 단정할 수 없는 것이다.

4. 4단계 – 비교대상과 그에 대한 대우의 비교

① 비교대상 간의 본질적 차이 유무 및 ② 비교대상에 대한 대우 간의 본

질적 차이 유무가 확인되었다면 다시 양자를 비교해야만 한다. **비교대상 간의 본질적 차이 유무와 비교대상에 대한 대우 간의 본질적 차이 유무가 일치한 경우**는 최종적으로 평등에 부합한다. 다시 말해 ① 비교대상 간에 본질적 차이가 없고 비교대상에 대한 대우에서도 본질적 차이가 없는 경우(같은 것을 같게 대우한 경우), 또는 ② 비교대상 간에 본질적 차이가 있고 비교대상에 대한 대우에서도 본질적 차이가 있는 경우(다른 것을 다르게 대우한 경우)에는 '확정적으로' 평등하다는 평가를 내리면 된다(**확정적 평등**). 병역의무를 감당할 수 있는 체격이나 체력에서 남성과 여성이 본질적 차이를 보이지 않는다면 남성과 여성 모두에게 동등하게 병역의무를 부과하는 것이 평등한 것이고, 남성이 여성보다 우월한 본질적 차이를 보인다면 남성에게만 차등적으로 병역의무를 부과하는 것이 평등한 것이다. 따라서 남성에게만 병역의무를 부과하고 있는 현행법이 헌법이 요구하는 평등원칙에 부합하려면 병역의무를 감당하는 데 필요한 체격이나 체력에서 남성이 여성보다 우월한 본질적 차이가 존재해야만 한다.

한편 **비교대상 간의 본질적 차이 유무와 비교대상에 대한 대우 간의 본질적 차이 유무가 불일치하는 경우**는 '잠정적으로' 차별에 해당한다. 그러니까 ① 비교대상 간에는 본질적 차이가 없는데도 비교대상에 대한 대우에는 본질적 차이가 있는 경우(같은 것을 다르게 대우한 경우), 또는 ② 비교대상 간에는 본질적 차이가 있는데도 비교대상에 대한 대우에는 본질적 차이가 없는 경우(다른 것을 같게 대우한 경우)에 잠정적으로 차별이라는 평가를 내리게 된다(**잠정적 차별**). 병역의무에서 필수적으로 요구되는 체격이나 체력에서 남성과 여성이 본질적 차이를 보여주지 않는데도 남성에게만 차등적으로 병역의무를 부과하거나 본질적 차이를 보여주는데도 남성과 여성에게 모두 동등하게 병역의무를 부과하면 잠정적으로 차별에 해당한다는 평가를 받게 된다. 이 경우에는 이를 정당화할 수 있는 합리적 근거(이유)가 있는지 여부에 대한 판단의 단계로 이동하여야 한다.

5. 5단계 – 비교대상에 대한 불리한 대우의 합리성

본질적 차이가 없는 동일한 비교대상에 대하여 차등적으로 대우하거나 본질적 차이가 있는 상이한 비교대상에 대하여 동등하게 대우하는 것(같은 것을 다르게 대우하거나 다른 것을 같게 대우하는 것)은 당사자에게 '**불리한 대우**(unfavourable treatment)'를 의미한다. 이러한 불리한 대우는 **합리적 근거(이유)**를 제시하여 정당화되어야만 평등에 부합한다. 합리적 근거로 정당화된 불리한 대우도 확정적으로 평등하다는 평가를 받게 된다(**확정적 평등**). 반면에 불리한 대우가 합리적 근거로 정당화되지 못하면 확정적으로 차별에 해당하게 된다(**확정적 차별**). 만약 병역의무를 이행하는 데 필수적으로 요구되는 체격이나 체력에서 남성과 여성을 비교하여 본질적 차이가 없다는 판단이 내려졌는데도 불구하고 남성에게만 차등적으로 병역의무를 부과하면서 이를 정당화할 수 있는 합리적 근거가 제시될 수 있다면 확정적으로 평등하다는 평가를 받게 되는 반면에 합리적 근거가 제시되지 못하면 확정적으로 차별에 해당하는 것이다.

비교대상	비교대상의 대우	1차적 판단	합리적 근거	2차적 판단
본질적 차이 유	본질적 차이 유	확정적 평등	불필요	불필요
본질적 차이 무	본질적 차이 무	확정적 평등	불필요	불필요
본질적 차이 유	본질적 차이 무	잠정적 차별	합리적 근거 유	확정적 평등
본질적 차이 무	본질적 차이 유	잠정적 차별	합리적 근거 유	확정적 평등
본질적 차이 유	본질적 차이 무	잠정적 차별	합리적 근거 무	확정적 차별
본질적 차이 무	본질적 차이 유	잠정적 차별	합리적 근거 무	확정적 차별

Ⅲ. 평등심사의 기준

1. 엄격한 심사척도와 완화된 심사척도

헌법재판소는 평등심사의 척도로서 ① '엄격한 심사척도'와 ② '완화된 심사척도'를 구분한다.

> 평등위반 여부를 심사함에 있어 **엄격한 심사척도**에 의할 것인지, **완화된 심사척도**에 의할 것인지는 입법자에게 인정되는 **입법형성권의 정도**에 따라 달라지게 될 것이다. 먼저 헌법에서 특별히 평등을 요구하고 있는 경우 엄격한 심사척도가 적용될 수 있다. 헌법이 스스로 차별의 근거로 삼아서는 아니 되는 기준을 제시하거나 차별을 특히 금지하고 있는 영역을 제시하고 있다면 그러한 기준을 근거로 한 차별이나 그러한 영역에서의 차별에 대하여 엄격하게 심사하는 것이 정당화된다. 다음으로 차별적 취급으로 인하여 관련 기본권에 대한 중대한 제한을 초래하게 된다면 입법형성권은 축소되어 보다 엄격한 심사척도가 적용되어야 할 것이다.[4]

평등을 구체화하는 입법자에게 부여된 입법형성권에 따라 심사척도가 엄격해지기도 하고 완화되기도 한다는 것인데 여기서 엄격한 심사척도는 '비례성 원칙'을 의미하고, 완화된 심사척도는 '자의금지원칙'을 의미한다.

> 엄격한 심사를 한다는 것은 **자의금지원칙**에 따른 심사, 즉 합리적 이유

4 헌재 1999. 12. 23. 98헌마363, 판례집 11-2, 770, 787쪽.

의 유무를 심사하는 것에 그치지 아니하고 **비례성 원칙**에 따른 심사, 즉 차별취급의 목적과 수단 간에 엄격한 비례관계가 성립하는지를 기준으로 심사를 행함을 의미한다.[5]

중요한 것은 비례성 원칙이라는 엄격한 심사척도가 적용되어야 하는 경우를 열거하고 있다는 점이다. 엄격한 심사척도인 비례성 원칙이 적용되는 경우는 ① 헌법이 명시적으로 평등을 명령하였거나 차별을 금지하는 경우, 그리고 ② 차별로 인한 기본권 제한의 정도가 중대한 경우이다. 이를테면 헌법은 차별금지사유를 열거함으로써 성별, 종교, 사회적 신분에 따른 차별을 명시적으로 금지하고 있으므로(헌법 제11조 제1항) 성별, 종교, 사회적 신분에 따른 차별의 경우에 엄격한 심사척도인 비례성 원칙이 적용되어야 한다. 또한 헌법은 고용영역에서 여성에 대한 부당한 차별을 금지하고 있으므로(헌법 제32조 제4항) 여성에 대한 고용차별의 경우에도 엄격한 심사척도인 비례성 원칙이 적용되어야 한다. 같은 이유에서 헌법재판소는 '제대군인 가산점제도'에 관한 결정에서 성별에 따른 고용영역에서의 차별로 보면서 엄격한 심사척도인 비례성 원칙을 적용하여 위헌결정을 내렸다. 하지만 헌법에 열거된 차별금지사유나 차별금지영역에 대해서만 엄격한 심사를 해야만 되는지는 의문이다. 어차피 일반적으로 평등이 요구됨으로써(헌법 제11조 제1항) 모든 차별금지사유와 모든 차별금지영역에 대해서 포괄적으로 차별이 금지된다고 보아야 하기 때문이다. 헌법에 차별금지사유나 차별금지영역이 명시되어 있다고 해도 그것은 그러한 사유나 영역에 대해서만 한정적으로 차별을 금지하고 있는 것이 아니라 단지 차별이 금지되는 사유나 영역의 일부를 예시하고 있는데 지나지 않기 때문이다.

5 헌재 1999. 12. 23. 98헌바33, 판례집 11-2, 732, 749쪽.

평등은 여러 번 강조하지만 상대적 평등을 의미하므로 동등한 대우도 차등적 대우도 모두 요구하고 있기 때문에 평등에 관한 권리를 의미하는 **'평등권'은 보호법익을 갖지 않는다**(자세한 내용은 제3장 참조). 평등권은 모든 국가기관, 특히 입법부도 구속하지만 이러한 구속력이 실질적으로 작동할 수 없는 이유가 여기에 있다. 굳이 평등권에 보호법익이 있다고 하면 그것은 비교대상의 본질적 차이 유무에 부합하지 않는(같은 것을 다르게 대우하거나 다른 것을 같게 대우하는) 불리한 대우를 받을 때 이를 정당화할 수 있는 합리적 이유를 요구할 수 있는 논증부담과 관련된 **'절차적' 보호법익**이다. 하지만 이처럼 불리한 대우를 받는 사람(차별피해자)이 아니라 불리한 대우를 하는 사람(차별행위자)에게 논증의 부담을 지우는 절차적 보호법익은 실체적 보호법익과 구분되고 엄격한 의미의 보호법익에 해당하지 않는다. 따라서 일정한 실체적 보호법익을 전제로 그에 대한 제약행위와의 관계에서 비례성을 요구하는 비례성 원칙은 처음부터 구조적으로 실체적 보호법익이 없어 그에 대한 제약행위를 상정할 수 없는 평등권에는 적용될 수 없다(자세한 내용은 제9장 참조). 만약 평등심사에 비례성 원칙이 적용된다면 평등권의 문제는 모두 보호법익을 가지면서 평등권의 대상이 되는 자유권의 문제로 전환되어야 하기 때문에 평등권이 가지는 독자적인 의미를 상실할 수도 있다. 결론적으로 **실체적 보호법익이 없는 평등권에는 비례성 원칙이 적용될 수 없다**고 보는 것이 타당하다. 물론 절차적 보호법익만을 가지는 평등권이 여전히 주관적 권리가 될 수 있는 이유는 동등한 대우나 차등적 대우에 관한 실체적 보호법익이 미리 결정되어 있지는 않더라도 비교대상의 본질적 차이가 존재하는지 여부에 따라 상대적으로 결정되는 실체적 보호법익이 예정되어 있기 때문이다.

평등심사는 우선 비교대상 간의 본질적 차이 유무와 비교대상에 대한 대우 간의 본질적 차이 유무가 서로 일치하는(부합하는) 경우에 **본질적 차이의 유무와 관련된 판단의 과정에서 합리적 근거**가 제시될 수 있는지를 심사하는 것이 핵심이다. 그리고 비교대상 간의 본질적 차이 유무와 비교대상에 대한 대우 간의 본질적 차이 유무가 불일치하는 경우에 이러한 **불리한 대우를 정당화할 수 있는 합리적 근거**가 제시될 수 있는지를 심사하는 것이 평등심사의 핵심이 된다. 이처럼 평등심사의 핵심은 합리적 근거가 제시되어 허용되는 정당한 행위에 해당하는지 여부를 판단하는 '합리성심사' 또는 합리적 근거가 제시되지 못하여 금지되는 부당한 행위에 해당하는지 여부를 판단하는 '자의금지심사'가 되어야 한다.

2. 심사기준과 심사강도

평등심사에서 ① 심사의 기준과 ② 심사의 강도는 구분될 필요가 있다. 심사의 기준을 얼마나 촘촘하고 밀도 있게 적용할 것인지와 관련된 심사의 강도는 심사의 결과에 영향을 미칠 수 있다는 점에서 넓은 의미의 심사기준에 포함될 여지가 없는 것은 아니다. 하지만 어떠한 심사기준을 적용할지의 문제와 선택한 심사기준을 어떠한 강도(밀도)로 적용할지의 문제는 구별되어야 한다. 사실 헌법재판소가 평등심사의 척도로 적용하고 있는 엄격한 심사척도와 완화된 심사척도도 선해하면 일종의 심사강도로 이해될 수 있다. 입법자에게 부여된 형성권의 정도에 따라 심사강도는 달리 정할 수 있기 때문이다. 아무튼 헌법이 보장하는 평등(평등권 또는 평등원칙)에 부합하는지 여부를 판단하는 심사기준과 이러한 심사기준을 적용하는 밀도에 관한 심사강도는 구분될 필요가 있다는 점은 분명하다.

[주요쟁점]

1. 비교대상 간의 본질적 차이가 존재하는지 여부에 대한 판단은 어떠한 가치도 개입되지 않는 경험적 판단(확인)인지 아니면 일정한 가치가 개입될 수밖에 없는 규

범적 판단(평가)인가?

2. 평등심사에서 심사대상에 따라 심사기준이 달라지는지 여부

3. 평등심사의 기준과 강도는 구분되는지 여부

4. 평등권은 보호법익을 포함하는가, 포함한다면 그 보호법익은 무엇인가?

[읽을거리]

김주환. 〈일반적 평등원칙의 심사 모형〉. 《세계헌법연구》(세계헌법학회 한국학회) 제19권, 제2호(2013): 173-201쪽.

김해원. 〈일반적 평등원칙의 심사구조와 심사강도〉. 《공법학연구》(한국비교공법학회) 제14권, 제2호(2013): 175-225쪽.

손상식. 〈평등권에 대한 자의성 심사의 개선방안〉. 《세계헌법연구》(세계헌법학회 한국학회) 제26권, 제1호(2020): 93-125쪽.

이재희. 〈미국헌법의 평등보장 체계에 대한 비교법적 검토—한국헌법에의 시사점〉. 《저스티스》(한국법학원) 통권 제154호(2016): 58-95쪽.

이준일, 〈평등심사의 구조와 단계—성차별 관련 헌법재판소 결정에 대한 분석을 중심으로〉. 《헌법학연구》(한국헌법학회) 제29권 제4호(2023), 93-130쪽.

______. 〈차별판단의 쟁점들〉. 《유럽헌법연구》(유럽헌법학회) 제37호(2021): 305-341쪽.

______. 〈상대적 평등으로서 평등의 의미—헌법재판소의 판례에 대한 비판을 중심으로〉. 《공법연구》(한국공법학회) 제48집, 제2호(2019): 131-155쪽.

장영수. 〈헌법상 평등원칙과 평등권의 실현구조〉. 《고려법학》(고려대학교 법학연구원) 제36호(2001): 85-118쪽.

장영철. 〈기본권체계 내에서 평등권의 기능에 관한 연구—헌법재판소결정에 나타난 평등권과 개별기본권의 상호관계를 중심으로〉. 《공법연구》(한국공법학회) 제34집, 제4호, 제1권(2006): 193-220쪽. 85-118쪽.

정주백. 〈상대적 평등설의 허구성〉. 《헌법학연구》(한국헌법학회) 제19권, 제2호(2013): 153-181쪽.

정태호. 〈헌법재판소 평등권 심사기준의 재정립 필요성〉. 《헌법학연구》(한국헌법학회) 제19권, 제3호(2013): 79-124쪽.

한수웅. 〈엄격한 기준에 의한 평등원칙 위반여부의 심사—헌법재판소 '제대군인 가산점 결정'(헌재 1999. 12. 23. 98헌마363)에 대한 판례평석을 겸하여〉. 《법학연구》(홍익대학교 법학연구소) 제6집(2005): 149-185쪽.

제7장

헌법의 원칙 넷, 명확성 원칙

법규범이 '이현령 비현령(耳懸鈴 鼻懸鈴)'으로 불리는 고무줄이나 엿가락 같은 잣대가 될 수는 없다. 해석하고 적용하는 사람에 따라 자의적으로 늘어났다 줄어들었다 하는 법규범은 애초에 판단기준이라고 말할 수도 없다. 적용되는 대상이나 상황에 따라 널뛰듯 적용범위가 심하게 변동하는 법규범은 도대체 법규범이라고 말할 수 있겠는가? 법규범으로 표현하고자 하는 의미는 누가 보아도, 어떤 상황에서도 동일한 내용을 포함해야만 그것을 객관적이고 공정한 판단기준이라고 평가할 수 있다. 어차피 말과 글은 사용되는 상황에 따라, 그리고 사용하는 사람에 따라 이미 사용 당시부터 여러 가지 의미로 사용될 수 있으므로 법규범에서 사용되는 문언(표현)은 얼마든지 다의적일 수 있다. 또한 법규범의 문언은 그것이 사용된 뒤 나중에 이것을 해석하고 적용하는 사람마다, 그리고 그것이 적용되는 구체적인 사안에 따라 전혀 다른 의미로 이해될 수 있는 여지도 충분히 있다. 많은 사람이 동의할 수 있는 이러저러한 해석방법을 동원하여 개별적이고 구체적인 사안에서 법규범의 문언이 의미하는 내용을 일의적으로, 그러니까 하나의 의미로 확정할 수 있다면 그것으로 충분하다고 말할 수도 있다. 그렇지만 적어도 일반적이고 평균적인 보통사람의 관점에서 법규범의 의미가 이해될 수 있을 정도로 명확한 문언을 사용할 필요는 있다. 법규범에서 사용되는 문언의 의미가 명확하게 이해되지 않는다면 먼저 일반적이고 평균적인 보통사람의 관점에서도 그러한지 살펴볼 필요가 있다. 만약 그런 보통사람의 관점에서 일의적으로 이해되는 법규범의 문언이 여전히 이해되지 않는 사람이 있다면 그 사람은 일단 보통사람의 범주에 벗어나는 것으로 평가할 수밖에는 없다.

I. 내용

명확성 원칙은 법규정(법조항)에서 사용된 문언(표현/용어)의 의미가 일의적으로 확정될 수 있도록 요구하는 원칙을 말한다. 법규정의 문언이 담고 있는 의미가 지나치게 광범위하여 모호하면 그 법규정의 효력은 유지될 수 없다(void for vagueness). 문언으로 표현된 '법규정'이 의미하는 내용은 '법규범'이다. 만약 특정한 법규정이 의미하는 내용이 서로 다른 법규범이거나 심지어 충돌하는 법규범이라면 해당 법규정은 객관적 기준이 될 수 없다. 법규정이 객관적 기준으로 작동할 수 있으려면 반드시 단일한 법규범을 표현해야만 한다. 물론 평등원칙에 따라 본질적 차이가 없는 동일한 비교대상은 동등하게 취급되어야 하기 때문에 법규정은 본질적 차이가 없는 동일한 비교대상이 동등하게 취급되도록 어느 정도 일반성과 추상성을 가진 문언을 사용할 수밖에 없다. 법규정은 규율하고자 하는 모든 개별적인 대상을 일일이 세부적이고 상세하게 기술하는 문언만을 사용할 수는 없는 것이다. 그것은 현실적으로 가능하지도 않을뿐더러 가능하다고 하더라도 그렇게 하다 보면 법규정을 담은 법전은 무한대로 확장될 수밖에 없다. 법규정은 평등원칙에 따른 일반성의 원칙을 준수하면서도 동시에 명확성 원칙에 의하여 요구되는 내용을 이행하는 문언을 사용해야만 한다. 법규정은 일반적인 문언을 사용하되 규율되는 대상의 범위를 명확하게 확정하는 문언을 사용하여야 한다.

II. 판단기준

1. 일정 정도 다의성의 불가피성

법규정은 오로지 그 의미를 상세하게 기술하거나 세부적으로 서술하는 문언만을 사용할 필요는 없다. 일정 정도 의미의 범위가 광범위한 **다의적인 문언의 사용은 불가피한 측면**도 있다. 따라서 법규정에서 사용된 문언의 의미가 단지 다의적이라는 이유만으로 명확성 원칙을 위반하였다고 단정할 수는 없다. 예를 들어 법규정에서 음란,[1] 비방,[2] 모욕[3]과 같이 의미의 범위가 상당히 넓은 문언을 사용했다고 해서 섣불리 명확성 원칙에 대한 위반을 확정할 수 없다. 오히려 이미 언급한 대로 평등원칙에 따라 법규정은 일반성을 가진 문언을 사용할 수밖에 없다. 법규정을 제정하거나 개정하는 입법작용은 법규정을 집행하는 집행작용과 달리 개별적이고 구체적인 '처분'이 아니라 일반적이고 추상적인 법규범의 정립이기 때문이다. 권력분립원칙에 따라 입법권과 집행권은 기본적으로 분점되어 행사되어야 하므로 집행권의 행사에 해당하는 개별적이고 구체적인 처분의 성격을 가지는 법규정의 입법은 집행권을 침해하게 된다. 범죄와 형벌에

1 예를 들어 '음란한 물건'의 판매금지가 문제된 헌재 2013. 8. 29. 2011헌바176 참조.

2 예를 들어 선거에서 사실을 적시한 '상대방후보의 비방'이 문제된 헌재 2012. 2. 23. 2010헌바480 참조.

3 예를 들어 형법상 '모욕죄'가 문제된 2020. 12. 23. 2017헌바456등 참조.

관한 법규정의 경우에도 마찬가지다. “처벌법규의 구성요건이 명확하여야 한다고 하더라도 입법권자가 모든 구성요건을 단순한 의미의 서술적인 개념에 의하여 규정하여야 한다는 것은 아니다.”[4]

2. 법규정의 성격에 따른 명확성의 정도 차이

법규정에 대해서 요구되는 명확성의 정도는 일률적으로 정해질 수 없고, 문제된 법규정의 성격과 역사적, 사회적, 법체계적 맥락에 달라질 수밖에 없다. “명확성 원칙은 모든 법률에 있어서 동일한 정도로 요구되는 것은 아니고, 개개의 법률이나 법조항의 성격에 따라 요구되는 정도에 차이가 있을 수 있으며, 각각의 구성요건의 특수성과 그러한 법률이 제정되게 된 배경이나 상황에 따라 달라질 수 있다.”[5] 하지만 대체로 법규정은 그 효력이 미치는 사람에게 불이익을 발생시키는 경우(**부담적/침익적 법규정**)에 그 효력이 미치는 사람에게 이익을 부여하는 경우(**수혜적/수익적 법규정**)보다 요구되는 명확성의 정도가 더 크다. “일반론으로는 어떠한 규정이 부담적 성격을 가지는 경우에는 수익적 성격을 가지는 경우에 비하여 명확성 원칙이 더욱 엄격하게 요구되고, 특히 죄형법정주의가 지배하는 형사관련 법률에서는 명확성의 정도가 강화되어 더 엄격한 기준이 적용된다고 할 수 있다.”[6] 물론 법규정을 통하여 그 효력이 미치는 사람들에게 이익이 되는 경우에도 법규정에서 사용된 문언의 의미는 명확할수록 바람직하다. 하지만 일정 정도의 다의성이나 모호성은 불가피하다는 점에서 법규정을 통하여 그 효력이 미치는 사람들에게 불이익이 되는 법규정보다는 덜 엄격한 명확성의 정도가 요구된다. 대표적으로 법규정이 그 효

4 예를 들어 헌재 2021. 6. 24. 2020헌마651, 판례집 33-1, 763, 773쪽.

5 예를 들어 헌재 2014. 8. 28. 2011헌바32등, 판례집 26-2상, 242, 254쪽.

6 예를 들어 헌재 2016. 7. 28. 2014헌바421, 판례집 28-2상, 60, 67쪽.

력이 미치는 사람들에게 불이익을 주는 경우로는 '형벌'과 '조세'를 들 수 있다. 이에 따라 형벌과 관련된 '죄형법정주의' 및 조세와 관련된 '조세법정주의'에 포함된 명확성 원칙에서 요구되는 명확성의 정도는 상대적으로 엄격하다.

3. 법관의 보충적 해석의 필요성

법규정의 일반적이고 추상적인 문언은 법규정을 해석하거나 적용하는 과정에서 개별적이고 구체적인 의미가 밝혀진다. 따라서 법규정을 해석하여 적용하는 법관이 오랫동안 정립된 **법해석의 규칙(방법)**을 활용하여 일의적 의미가 확인될 수 있다면 명확성 원칙에 위반되지 않는다. 대표적인 법해석의 규칙으로는 ① 법문언의 사전적(의미론적/구문론적) 의미에 따라 해석하는 문법적 해석규칙, ② 법규범의 문언을 논리적 맥락에 따라 해석하는 논리적 해석규칙, ③ 법문언이 시간적으로 처음에 사용된 의미나 법문언의 역사적 의미변천을 고려하여 해석하는 역사적 해석규칙, ④ 법문언의 체계적 위치에 따라 해석하는 체계적 해석규칙, ⑤ 법문언을 사용하여 애초에 입법자가 표현하고자 했던 주관적 목적(주관적 목적론적 해석)이나 입법자에 의하여 법문언이 사용되어 표현됨으로써 나중에 일반인들에게 가지게 되는 객관적 목적(객관적 목적론적 해석)을 고려하여 해석하는 목적론적 해석규칙, ⑥ 문제된 법문언에 대한 다른 나라의 해석례를 참고하여 해석하는 비교법적 해석규칙 등이 있다(상세한 내용은 제1장 참조). 이와 같은 **해석규칙을 활용하여 법규정의 의미를 보충하는 해석(보충적 해석)**을 통하여 법관이 법규정의 다의적이거나 가치평가적인 의미를 구체적인 사안에서 일의적으로 파악할 수 있도록 만들 수만 있다면 해당 법규정은 명확성 원칙에 위배되지 않는다. "법규범의 문언은 어느 정도 가치개념을 포함한 일반적·규범적 개념을 사용하지 않을 수 없으므로, 법관의 보충적인 가치판단을 통해서 그 의미 내용을 확인할 수 있고, 그러한 보충적 해석이 해석자의 개인적인 취향에 따라 좌우될 가능성이 없다면 명확성 원칙에 반한다고 할 수 없다."[7]

4. 건전한 상식과 통상적인 법감정을 가진 일반인

법규정의 다의적이거나 가치평가적인 의미를 일의적으로 파악하는 것이 가능하도록 만들 때 여전히 특정한 사람에게는 그 의미가 다의적이거나 모호할 수 있는데 그렇다면 어떠한 사람을 기준으로 일의적 파악이 가능해야 하는가? 결국 **일반적이고 평균적인 보통사람**이 기준이 되어야 할 텐데 이러한 사람을 대체로 '건전한 상식과 통상적인 법감정을 가진 사람'으로 표현한다. 물론 '건전한 상식과 통상적인 법감정'이 무엇인지에 대한 의문은 여전히 남는다. 심지어 건전한 상식과 통상적 법감정이 무엇을 의미하는지에 따라 일반적이고 평균적인 대다수의 사람이 아니라 소수의 특별한 지식과 경험을 전문가로 한정될 여지가 없는 것도 아니다. 따라서 기본적으로 건전한 상식과 통상적인 법감정을 가진 사람은 대다수의 일반적이고 평균적인 사람들로 이해되어 이들에 의하여 일의적으로 파악될 수 있는 정도의 명확성을 충족하면 해당 법규정은 명확성 원칙을 준수했다고 평가할 수 있어야 한다. 다만 대다수의 일반적이고 평균적인 사람들이 집단적으로 건전한 상식과 통상적인 법감정에서 벗어나려고 할 때 특별한 지식과 경험을 가진 소수의 전문가에 의하여 교정될 필요도 있다. 건전한 상식과 통상적인 법감정을 가진 사람은 대다수의 일반적이고 평균적인 보통사람과 더불어 소수의 특별한 지식과 경험을 가진 전문가의 협업이 이루어지는 **법해석의 공동체**로 이해될 필요가 있다. 헌법재

7 예를 들어 헌재 2014. 3. 27. 2012헌바29, 판례집 26-1상, 435, 443쪽.

판소도 일관되게 "건전한 상식과 통상적인 법감정을 가진 사람으로 하여금 그 적용대상자가 누구이며 구체적으로 어떠한 행위가 금지되고 있는지 충분히 알 수 있도록 규정되어 있다면 죄형법정주의의 명확성의 원칙에 위배되지 않는다"고 설시하고 있다.[8]

5. 전체적이고 종합적인 판단

특정한 법규정의 명확성 원칙 위반 여부가 문제되었을 때 해당 법규정뿐만 아니라 관련된 법규정 및 해당 법규정을 포함하고 있는 입법(법률/행정입법/헌법기관 자율법규) **전체를 종합적으로** 검토하여 판단하여야 한다. 이러한 전체적, 종합적 검토는 문제된 법규정 및 이와 관련된 법규정에 대한 유기적이고 체계적이며 입체적인 검토를 필수적인 요소로 한다. 또한 문제가 된 법규정과 상관없이 일반적이고 추상적으로가 아니라 문제가 된 법규정의 성격과 배경, 그리고 역사를 고려해서 개별적이고 구체적으로만 전체적, 종합적 검토가 가능하다. 특히 죄형법정주의에서 도출되는 명확성 원칙과 관련하여 "처벌규정에 대한 예측가능성 유무를 판단할 때는 당해 특정 조항 하나만을 가지고 판단할 것이 아니고, 법률조항의 문언, 입법목적, 입법연혁, 체계적 구조 등을 종합적으로 고려하여 관련 법조항 전체를 종합 판단하여야 하며, 각 대상 법률의 성질에 따라 구체적·개별적으로 검토하여야 한다."[9]

8 예를 들어 헌재 2011. 6. 30. 2009헌바199, 판례집 23-1하, 337, 347쪽.

9 예를 들어 헌재 2009. 2. 26. 2005헌마94등, 판례집 21-1상, 1, 10쪽.

Ⅲ. 법규정의 불명확성과 헌법합치적 법률해석

1. 헌법합치적 법률해석의 필요성

법규정의 불명확성은 법규정의 다의성을 뜻한다. 법규정의 의미가 다의적이면서 합헌적 해석가능성과 위헌적 해석가능성이 공존할 때 합헌적 해석가능성을 선택하도록 요청하는 법리가 '헌법합치적(합헌적) 법률해석'의 법리다. 이와 같은 헌법합치적 법률해석을 해야 하는 근본적인 이유는 법률이 '**민주적 정당성**'을 가진 의회에 의하여 제정되기 때문이라는 데 있다. 국민의 선거로 선출되어 민주적 정당성을 가지고 그 결정이 국민의 결정으로 간주되는 의회가 제정한 법률은 잠정적으로 합헌이라는 추정을 받는다. 만약 특정한 법률에 위헌적 해석가능성이 포함되어 있다는 이유만으로 해당 법률을 위헌으로 결정하면 그 법률은 효력을 상실하게 된다. 법률의 효력을 상실시키는 법률의 폐지는 소극적 의미의 입법에 해당하는데 입법권은 원칙적으로 민주적 정당성을 가진 의회의 권한에 속한다. 따라서 법률의 위헌성을 판단해야 하는 사법부로서 헌법재판소는 '**권력분립원칙**'에 따라 입법부인 의회를 존중할 수밖에 없다. '**법적 안정성**'이라는 법의 이념을 고려할 때도 헌법합치적 법률해석을 통하여 법규범의 합헌적 해석가능성을 살리고 위헌적 해석가능성을 배제하여 법률의 효력을 유지시킬 필요도 있다. 더욱이 헌법을 최고법으로 하는 '**법체계의 통일성**'이라는 측면에서도 법규범의 합헌적 해석가능성은 살리면서 위헌적 해석가능성은 제거함으로써 헌법을 정점으로 하는 법체계의 일관성(무모순성)이나 정합성을 강화하는 것이 바람직하다.

2. 헌법합치적 법률해석의 방법

의미의 폭이 광범위한 다의적이거나 가치평가적인 법규정에 대한 합헌적 해석가능성과 위헌적 해석가능성이 동시에 존재할 때 합헌적 해석가능성을 부각시키는 조건을 부가하거나 위헌적 해석가능성을 강조하는 조건을 부가하는 결정을 내릴 수 있다. 이와 같은 조건부 결정을 '변형결정'이라고 부른다(상세한 설명은 제20장 참조). 변형결정은 ① 합헌적 해석가능성을 부각하는 조건을 부가하는 '**한정합헌결정**'과 ② 위헌적 해석가능성을 강조하는 조건을 부가하는 결정을 '**한정위헌결정**'으로 구분된다. 대체로 '이렇게 해석하는 한 합헌' 또는 '저렇게 해석하는 위헌'이라는 주문의 형식으로 변형결정이 내려진다. 주문의 형식은 달라도 주문의 내용은 합헌적 해석가능성은 살리면서 위헌적 해석가능성은 제거한다는 점에서 공통적이다. 합헌결정과 위헌결정으로 구분되는 단순결정과 대비되는 변형결정에는 그 밖에도 '헌법불합치결정'이 포함된다. 헌법불합치결정은 기본적으로 법률의 위헌성을 인정하면서 기한을 정하여 법률의 효력을 일시적으로 유지시키면서도 입법자에게 법률개정을 촉구하는 결정을 의미한다. 이러한 유형의 변형결정은 법규범의 다의성을 전제로 합헌적 해석가능성과 위헌적 해석가능성이 동시에 존재하는 것은 아니기 때문에 헌법합치적 법률해석의 방법으로 분류될 수는 없다.

[읽을거리]

문재완. 〈위헌심사기준으로 과도한 광범성의 원칙〉. 《헌법학연구》(한국헌법학회) 제21권, 제3호(2015): 295-330쪽.

박진완. 〈헌법해석과 법률해석의 관계—법질서 통일성의 측면에서 헌법해석과 법률해석의 분리불가능성〉. 《법학논고》(경북대학교 법학연구원) 제45집(2014): 1-38쪽.

성기용. 〈명확성 원칙에 관한 소고—헌법재판소 99헌마480 결정을 중심으로〉. 《법학논집》(이화여자대학교 법학연구소) 제16권, 제2호(2011): 1-23쪽.

오영신. 〈헌법합치적 법률해석과 형벌법규—형법상 모욕죄의 해석적용을 중심으로〉. 《헌법학연구》(한국헌법학회) 제24권, 제2호(2018): 39-80쪽.

윤재왕. 〈권력분립과 언어—명확성 원칙, 의미로 그리고 규범적 화용론〉. 《강원법학》(강원대학교 비교법연구소) 제44권(2015): 427-476쪽.

이준일. 〈징벌적 손해배상제도를 도입한 언론중재법의 위헌성 여부〉. 《언론과 법》(한국언론법학회) 제20권, 제3호(2021): 189-221쪽.

______. 〈헌법재판소가 이해하는 명확성 원칙의 비판적 재구성〉. 《헌법학연구》(한국헌법학회) 제7권, 제1호(2001): 267-306쪽.

정남철. 〈명확성 원칙의 판단기준과 사법심사의 한계〉. 《법조》(법조협회) 제624호(2008): 109-136쪽.

표명환. 〈헌법재판소의 명확성 원칙의 적용에 관한 고찰〉. 《법과 정책연구》(한국법정책학회) 제20집, 제4호(2020): 31-53쪽.

허완중. 〈법형성이 아닌 법발견(법해석)인 합헌적 법률해석〉. 《사법》(사법발전재단) 통권 제41호(2017): 557-592쪽

제8장

헌법의 원칙 다섯, 불소급원칙과 신뢰보호원칙

법규범이 객관적 판단기준이 되려면 그 효력은 그 법규범이 제정되거나 개정된 날로부터 발생해야 한다. 법규범이 제정되거나 개정된 시점 이전으로 그 효력이 시간적으로 거슬러 올라가(소급하여) 발생하면 갑자기 없던 법규범이 생김으로써 아무런 법적 문제도 없었던 상황이 느닷없이 법적 문제가 있는 것으로 판단될 수 있다. 새로운 법규범의 갑작스런 출현으로 그동안 아무런 법적 문제도 없이 지내던 상황이 지속될 것에 대한 기대나 신뢰가 순식간에 산산조각날 수 있는 것이다. 법규범은 본래 사회적 질서와 평화를 가져다주는 순기능을 수행해야 하는데 과거로 소급적으로 적용되는 법규범은 오히려 사회적 불안과 혼란을 초래하는 역기능을 발휘하게 된다. 전혀 법규범이 존재하지 않았거나 오래된 법규범이 있었어도 그러한 상황이 매우 정의롭지 못했을 가능성을 배제할 수는 없다. 정의롭지 못한 상황에 대한 기대나 신뢰는 당연히 깨뜨리는 것이 다소의 사회적 무질서를 가져다줄 수는 있어도 오히려 정의로울 수도 있다. 구법질서에 대한 신뢰의 보호와 신법질서를 통한 정의의 구현 가운데 어떠한 가치를 선택할 것인가? 쉽지 않은 일이지만 신뢰의 가치와 정의의 가치를 서로 비교할 수밖에 없다. 신뢰의 가치가 상대적으로 더 크고 중대하다면 소급입법을 허용할 수 없을 것이고, 정의의 가치가 상대적으로 더 크고 중대하다면 소급입법을 허용할 수 있을 것이다. 법은 질서를 유지하는 수단이지만 정의를 실현하는 수단이기도 하므로 어느 한 가지도 포기할 수는 없다. 법은 늘 '정의로운 질서'이어야만 한다.

I. 소급입법의 개념과 유형

소급입법이란 새롭게 제정되거나 개정되는 법규범의 효력이 과거로 소급적으로 발생하도록 규정하는 것을 의미한다. 소급입법은 흔히 ① **진정소급입법**과 ② **부진정소급입법**으로 구분된다. '진정소급입법'은 과거에 시작하여 이미 과거에 종료된 법률관계나 사실관계에 법규범의 효력이 소급적으로 발생하는 입법을 뜻한다. 반면에 '부진정소급입법'은 과거에 시작하였으나 새로운 입법 당시까지 아직 종료되지 않은 채 계속 진행되고 있는 법률관계나 사실관계에 법규범의 효력이 소급적으로 발생하는 입법을 말한다. 소급입법을 인정하면 '법적 안정성'에 문제가 발생한다. 흔히 '법질서'나 '법적 평화'로도 불리는 법적 안정성은 법규범을 통하여 법공동체의 질서가 유지됨으로써 사회적 혼란이 방지된 안정된 상태를 의미하고, 이와 같은 상태는 새로운 법규범의 소급적 적용을 통하여 깨질 수 있기 때문이다. 특히 이미 종료되어 완성된 법률관계나 사실관계에 소급적으로 효력을 발생시키는 진정소급입법은 사회적 혼란을 가중시킬 것이 분명하다. 다만 기존의 법질서가 완전히 정착된 상태가 아니어서 공동체구성원들이 법질서의 변화를 예상할 수 있었거나 비록 완전히 정착된 법질서라고 하더라도 그것이 극도로(extremely) 정의롭지 못한 경우, 또는 극도로 정의롭지 못할 정도는 아니지만 완전히 정착된 법질서에 일정한 변화를 준다고 해도 그로 인한 피해가 적은 경우에는 법적 안정성의 가치는 일정 정도 후퇴시킬 수 있다. 법적 안정성은 어떠한 경우에도 포기할 수 없는 절대적 가치라기보다 그보다 우월한 다른 가치가 긴급하게 요구될 때까지만 보호되어야 하는 상대적이고 잠정적인 가치이기 때문이다. 사실 법규범은 법적 혼란을 방지하는 법적 안정성의 이념과 함께 올바른 법적 질서를 실현하는 정의의 이념도 함께 추구해야 한다. 법적 혼란이 없는 법적 질서나 평화도 중요하지만 **법적 질서나 평화는 내용적으로 정의로운 것이어야** 하기 때문이다. 정의로운 법적 질서나 평화는 법규범이 추구해야 할 이상적 목표다.

[판례] 진정소급입법과 부진정소급입법의 구분: 헌재 1989. 3. 17. 88헌마1

과거의 사실관계 또는 법률관계를 규율하기 위한 소급입법의 태양에는 **이미 과거에 완성된** 사실 또는 법률관계를 규율의 대상으로 하는 이른바 진정소급효의 입법과 이미 과거에 시작하였으나 **아직 완성되지 아니하고 진행과정에 있는** 사실 또는 법률관계를 규율의 대상으로 하는 이른바 부진정소급효의 입법을 상정할 수 있다고 할 것이다. 전자의 경우에는 입법권자의 입법형성권보다도 당사자가 구법질서에 기대했던 신뢰보호의 견지에서 그리고 법적 안정성을 도모하기 위해 특단의 사정이 없는 한 구법에 의하여 이미 얻은 자격 또는 권리를 새 입법을 하는 마당에 그대로 존중할 의무가 있다고 할 것이나, 후자의 경우에는 구법질서에 대하여 기대했던 당사자의 신뢰보호보다는 광범위한 입법권자의 입법형성권을 경시해서는 안 될 일이므로 특단의 사정이 없는 한 새 입법을 하면서 구법관계 내지 구법상의 기대이익을 존중하여야 할 의무가 발생하지는 않는다고 할 것이다.

Ⅱ. 불소급원칙의 적용

입법의 소급효를 금지하는 **'불소급원칙(소급입법금지원칙)'은 현행 헌법이 명시**하고 있다. 그 만큼 중요한 사안이기 때문이다. 우선 '**형벌**'과 관련하여 "모든 국민은 행위 시 법률에 의하여 범죄를 구성하지 아니하는 행위로 소추되지 아니하며"(헌법 제13조 제1항)라는 문구를 통해 행위 당시에는 존재하지 않던 형사법을 새롭게 제정하여 소급적으로 적용함으로써 그 행위를 범죄로 규정하고 처벌하는 것을 금지한다. 또한 '**참정권**' 및 '**재산권**'과 관련하여 "모든 국민은 소급입법에 의하여 참정권의 제한을 받거나 재산권을 박탈당하지 아니한다"(같은 조 제2항)는 문구를 통해 소급입법에 의한 참정권의 제한이나 재산권의 박탈을 금지하고 있다. 소급입법에 의한 재산권의 박탈은 주로 '**조세**'와 관련된 입법에서 문제가 되기 때문에 조세와 관련된 불소급원칙을 '소급과세금지원칙'으로 부르면서 구분하기도 한다. 이에 따라 조세법의 영역에서 "새로운 입법으로 과거에 소급하여 과세하거나 또는 이미 납세의무가 존재하는 경우에도 소급하여 중과세하도록 하는 것은 헌법 제13조 제2항에 위반된다"고 할 수 있다.[1]

이러한 불소급원칙은 **원칙적으로 '진정소급입법'에 대해서만 적용**된다. 진정소급입법의 경우에도 예외적으로 불소급원칙이 적용되지 않을 수도 있다. "진정소급입법은 개인의 신뢰보호와 법적 안정성을 내용으로 하는 법치국가원리에 의하여 특단의 사정이 없는 한 헌법적으로 허용되지 아니하는 것이 원칙이고, 다만 일반적으로 국민이 소급입법을 예상할 수 있었거나 법적 상태가 불확실하고 혼란스러워 보호할 만한 신뢰의 이익이

---

1 헌재 1995. 3. 23. 93헌바18 참조.

적은 경우와 소급입법에 의한 당사자의 손실이 없거나 아주 경미한 경우, 그리고 신뢰보호의 요청에 우선하는 심히 중대한 공익상의 사유가 소급입법을 정당화하는 경우 등에는 예외적으로 진정소급입법이 허용된다"고 할 것이다.[2] 정리하면 진정소급입법에 대해서는 원칙적으로 불소급원칙이 적용되어 진정소급입법은 허용되지 않는 것이 원칙이지만 예외적으로 불소급원칙이 적용되지 않아 진정소급입법이 허용되는 예외가 인정된다. 헌법재판소는 ① 5·18광주민주화운동 전후에 벌어진 헌정질서파괴범죄의 공소시효정지, ② 일제강점기 친일반민족행위자의 재산귀속이나 ③ 해방 직후 재조선 일본인의 재산귀속 등에 대해서 중대한 공익상의 사유가 소급입법을 정당화하는 예외적 경우로 인정하였다(아래 [판례] 참조). 매우 예외적이기는 하지만 진정소급입법의 경우에도 불소급원칙의 예외가 인정되어 소급입법이 허용될 수 있다는 확고한 입장을 확인할 수 있다.

[판례] 헌정질서파괴범죄의 공소시효정지: 1996. 2. 16. 96헌가2

이 법률조항은 1979.12.12.과 1980.5.18.을 전후하여 발생한 헌정질서파괴범죄행위에 대하여 당해 범죄행위의 종료일부터 1993.2.24.까지 **국가의 소추권행사에 장애사유가 존재**하였다고 하여 그 기간은 공소시효의 진행이 정지된 것으로 보도록 규정하고 있다. (…) 이 사건 반란행위 및 내란행위자들은 우리 헌법질서의 근간을 이루고 있는 자유민주적 기본질서를 파괴하였고, 그로 인하여 우리의 민주주의가 장기간 후퇴한 것은 말할 것도 없고, 많은 국민의 그 생명과 신체가 침해되었으며, 전 국민의 자유가 장기간 억압되는 등 국민에게 끼친 고통과 해악이 너무도 심대하여 공소시효의 완성으로 인한 이익은 단순한 법률적 차원의 이익이고, 헌법상 보장된

---

2 헌재 1999. 7. 22. 97헌바76; 2011. 3. 31. 2008헌바141(친일반민족행위 사건); 2021. 1. 28. 2018헌바88(재조선 일본인 재산 사건) 참조.

기본권적 법익에 속하지 않는 반면, 집권과정에서 헌정질서파괴범죄를 범한 자들을 응징하여 정의를 회복하여 왜곡된 우리 헌정사의 흐름을 바로 잡아야 할 뿐만 아니라, 앞으로는 우리 헌정사에 다시는 그와 같은 불행한 사태가 반복되지 않도록 자유민주적 기본질서의 확립을 위한 헌정사적 이정표를 마련하여야 할 **공익적 필요는 매우 중대**한 반면, 이 사건 반란행위자들 및 내란행위자들의 군사반란죄나 내란죄의 공소시효완성으로 인한 법적 지위에 대한 **신뢰이익이 보호받을 가치가 별로 크지 않다는** 점에서, 이 법률조항은 위 행위자들의 신뢰이익이나 법적 안정성을 물리치고도 남을 만큼 **월등히 중대한 공익**을 추구하고 있다고 평가할 수 있어, 이 법률조항이 위 행위자들의 공소시효완성에 따르는 법적 지위를 소급적으로 박탈하고, 그들에 대한 형사소추를 가능하게 하는 결과를 초래하여 그 합헌성 인정에 있어서 엄격한 심사기준이 적용되어야 한다고 하더라도, 이 법률조항은 헌법적으로 정당화된다고 할 것이다.

[판례] 친일반민족행위자의 재산귀속: 헌재 2011. 3. 31. 2008헌바141

종래의 일제 과거사 청산의 작업들이 그 역사적 소임을 충분히 달성하지 못하였다는 사회적인 공감대가 형성됨에 따라 친일재산귀속법의 제정 필요성이 제기되었다. 그 결과 제17대 국회에서 169명의 여·야 의원이 2005. 2. 24. 일본 제국주의 식민통치에 적극적으로 협력하고 우리 민족을 탄압한 반민족행위자의 재산을 국가의 소유로 함으로써 **정의를 구현하고 민족정기를 바로 세우기 위하여** 친일재산귀속법의 초안을 발의하였고, (…) 2005. 12. 8. 친일재산귀속법이 (…) 통과되었다. 그 후 친일재산귀속법은 2005. 12. 29. 공포되고 시행되었다. (…) 친일재산이 비록 친일행위의 대가로 취득된 재산이라고 하더라도 이는 그 당시의 재산법 관련법제에 의하여 확정적으로 취득된 재산이라 할 것이다. 따라서 현 시점에서 친일재산을 국가로 귀속시키는 행위는 **진정소급입법**으로서의 성격을 갖는다. (…)

하지만 소급입법을 예상할 수 있었던 예외적인 사안이고 진정소급입법을 통해 침해되는 법적 신뢰는 심각하다고 볼 수 없는 데 반해 이를 통해 달성되는 **공익적 중대성은 압도적**이라고 할 수 있으므로 진정소급입법이 허용되는 경우에 해당한다. 그러므로 이 사건 귀속조항이 진정소급입법이라는 이유만으로 위헌이라 할 수 없다.

[판례] 재조선 일본인의 재산귀속: 헌재 2021. 1. 28. 2018헌바88

일본국 패망 후 태평양 미국육군사령부 최고지휘관인 맥아더는 북위 38도선 이남의 조선지역에 군정실시기관으로서 **재조선미국육군사령부군정청**(이하 '미군정청'이라 한다)을 창설하고, 1945. 9. 7. 태평양 미국육군사령부 포고 제1호(이하 '포고 제1호'라 한다) 제6조를 통하여 포고, 법령, 규약, 고시 또는 조례의 제정권한이 미군정청에 속함을 선언하였다. (…) 이 사건 법령들은 1945. 9. 25., 1945. 12. 6. 각 **군정장관의 명의로 공포된 것으로 법령**(Ordinance)의 형식을 가졌지만, 각 '패전국 정부 등의 재산권 행사 등의 금지에 관한 사항', '재산권 이전 조치에 관한 사항'과 같이 오늘날 법률로 제정되어야 할 입법사항을 규율하고 있으므로 법률로서의 효력을 가진다고 볼 수 있다. (…) 이 사건 무효조항은 "본 법령에 설명한 종류의 거래로서 1945년 8월 9일 이후에 성립된 것은 본 일로 전부 무효로 한다."고 규정하고 있고, 이 사건 귀속조항은 "1945년 8월 9일 이후 일본 (…) 국민 (…) 이 직접 간접으로 혹은 전부 또는 일부를 소유 또는 관리하는 금, 은, 백금, 통화, 증권, 은행계정, 채권, 유가증권 또는 본 군정청의 관할 내에 존재하는 기타 전 종류의 재산 및 그 수입에 대한 소유권은 1945년 9월 25일부로 조선군정청이 취득하고 조선군정청이 그 재산 전부를 소유한다."고 규정하고 있다. (…) 이 사건 법령들은 1945. 9. 25., 1945. 12. 6. 각 공포되었음에도 이 사건 무효조항은 1945. 8. 9.을 기준으로 하여 **일본인 소유의 재산에 대한 거래를 전부 무효**로 하고 있고, 이 사건 귀속조항은 이 사건 무효조항의 적용대상이 되는 일본인 재산을 1945. 9. 25.로 **소급하여 전부 미군정청의 소유**가 되도록 정하고 있어서, 진정소급입법으로서의 성격을 갖는다. (…) 1945. 8. 9. 이후 남한 내에 미군정이 수립되고 이 사건 법령들이 제정·공포됨으로써 일본인이 소유·관리하던 재산에 대한 동결 및 귀속조치가 이루어지기까지 **법적 상태는 매우 불확실하고 혼란**스러웠으므로, 당시 재조선 일본인과 한국인들이 일본의 패망과 미군정의 수립에도 불구하고 일본인이 소유·관리하던 재산의 자유로운 처분이나 거래가 가능할 것이라고 신뢰하였다 하더라도 그러한 신뢰가 헌법적으로 보호할 만한 가치가 있는 신뢰라고 보기는 어렵다. (…) 불법적인 한일병합조약으로 인해 조선을 침탈하는 과정에서 일본인들이 조선에 진출하여 축적한 재산을 보전하고 이양한다는 공익은, 한반도 내의 사유재산을 자유롭게 처분하고 일본 본토로 철수하고자 하였던 재조선 일본인이나 일본의 패망 직후 일본인으로부터 재산을 매수한 사람들에 대한 **신뢰보호의 요청보다 훨씬 더 중대**하다.

한편 부진정소급입법에 대해서는 원칙적으로 불소급원칙이 적용되지 않는다. **부진정소급입법은 원칙적으로 허용된다**는 뜻이다. 소급입법을 금지하는 이유는 법적 안정성을 고려한다는 데 있기 때문에 특별히 법적 안정성을 고려할 필요가 없는 경우에는 소급입법을 허용해도 되기 때문이다. 부진정소급입법의 경우에는 아직 종료되지 않아 얼마든지 변화의 가능성이 예상되는 사실관계나 법률관계를 대상으로 하기 때문에 법적 안정성에 대한 고려가 상대적으로 떨어진다고 볼 수 있다. 다만 부진정소급입법에 대해서 원칙적으로 적용되지 않는 불소급원칙은 **'신뢰보호원칙'에 의한 제한**을 받는다. 부진정소급입법의 경우에는 비록 과거에 시작되었을지라도 새로운 법규범이 등장할 시점에도 아직까지 종료되지 않은 사실관계나 법률관계가 문제된다. 따라서 이전의 구법질서로 규율을 받던 법적 상태가 불안정하고 그러한 법적 상태에 대한 신뢰의 이익은 경미하여 그 신뢰가 훼손됨으로써 발생할 수 있는 손해는 적을 것으로 예상된다. 이것은 종래의 구법질서에 의하여 규율되던 법적 상태가 상당히 안정적이고 그러한 법적 상태에 대한 신뢰의 이익도 상당히 중대하여 그 신뢰가 훼손되면 상당한 손해가 발생할 것으로 판단되면 부진정소급입법은 예외적으로 허용될 수 없다는 의미다. 아무리 아직 종료되지 않은 부진정소급입법의 경우라도 특별히 법적 안정성을 고려해야 할 필요가 있는 경우가 존재하는 것이다.

Ⅲ. 부진정소급입법과 신뢰보호원칙

법규범의 내용에 관한 변동을 예상할 수 있는 부진정소급입법에 대해서는 원칙적으로 불소급원칙이 적용되지 않기 때문에 과거에 시작되었으나 입법 당시까지 아직 종료되지 않은 법률관계나 사실관계에 소급적으로 효력을 발생시키는 법규범의 정립은 원칙적으로 허용된다. 다만 부진정소급입법에 대하여 형성된 정당한 신뢰를 파괴하는 경우에는 예외적으로 불소급원칙이 적용되어 부진정소급입법이 허용되지 않는다. 부진정소급입법의 경우에는 '**신뢰보호원칙**'이 추가적으로 적용됨으로써 소급입법의 허용으로 인한 이익보다 소급입법의 금지로 인한 이익이 큰 경우에는 불소급원칙이 적용되는 것이다. '신뢰보호원칙'에 따르면 기존의 구법으로 형성된 정당한 신뢰는 이를 파괴해도 될 만큼 중대한 공익적 목적이 제시되지 않는 한 계속적으로 보호받아야 한다. 따라서 신뢰보호원칙에서 중요한 것은 "신뢰보호의 필요성과 개정 법률로 달성하려는 공익을 비교형량하여 종합적으로 판단"하는 것이다.[3] 특히 변화하는 현실을 반영하여 탄력적이고 신축적인 제도의 운영이 필요한 조세법의 영역에서는 특별한 사정이 없는 한 신뢰보호원칙이 적용되기가 어렵다. "조세법의 영역에 있어서는 국가가 조세재정·정책을 탄력적·합리적으로 운용할 필요성이 매우 큰 만큼 조세에 관한 법규·제도는 신축적으로 변할 수밖에 없다는 점에서 특별한 사정이 없는 한 현재의 세법이 변함없이 유지되리라는 납세자의 기대나 신뢰는 보호될 수 없다."[4]

[판례] 신뢰보호원칙

헌법상 **법치국가의 원칙**으로부터 신뢰보호의 원리가 도출된다. 법률의 개정시 구법질서에 대한 당사자의 신뢰가 합리적이고도 정당하며 법률의 개정으로 야기되는 당사자의 손해가 극심하여 새로운 입법으로 달성하고자 하는 공익적 목적이 그러한 당사자의 신뢰의 파괴를 정당화할 수 없다면 그러한 새 입법은 신뢰보호의 원칙상 허용될 수 없다. 이러한 신뢰보호원칙의 위배여부를 판단하기 위하여는 한편으로는 침해받은 이익의 보호가치, 침해의 중한 정도, 신뢰가 손상된 정도, 신뢰침해의 방법 등과 다른 한편으로는 새 입법을 통해 실현하고자 하는 공익적 목적을 종합적으로 비교·형량하여야 한다. (헌재 1995. 6. 29. 94헌바39)

[읽을거리]

강태수. 〈헌법상 개별적 소급입법금지원칙의 예외에 관한 고찰〉. 《경희법학》(경희법학연구소) 제53권, 제3호(2018): 2-41쪽.

김동률. 〈체제범죄의 형법적 청산에 있어 형벌불소급원칙의 극복원리〉. 《형사정책》(한국형사정책학회) 제25권, 제2호(2013): 153-177쪽.

3 헌재 1995. 10. 26. 94헌바12; 2022. 10. 27. 2019헌바44 참조.

4 헌재 2014. 2. 27. 2012헌바424; 2022. 7. 21. 2019헌바410 참조.

김상겸. 〈공소시효의 배제와 연장에 관한 헌법적 고찰〉. 《헌법학연구》(한국헌법학회) 제12권, 제3호(2006): 339-361쪽.

김승환. 〈독일과 한국의 헌법판례에 비추어 보는 법률불소급의 원칙〉. 《헌법학연구》(한국헌법학회) 제13권, 제3호(2007): 317-351쪽.

김현철. 〈'특정재산범죄수익 등의 환수 및 피해구제에 관한 법률안'의 몇 가지 헌법적 쟁점〉. 《법학논총》(전남대학교 법학연구소) 제41권, 제2호(2021): 33-55쪽.

이부하. 〈헌법상 신뢰보호원칙에 대한 고찰—신뢰보호원칙의 성립요건과 다른 원칙과의 관계를 중심으로〉. 《한양법학회》(한양법학회) 제21권, 제4집(2010): 147-170쪽.

이용욱. 〈공소시효제도에 대한 헌법재판소의 결정에 관한 연구—법학방법론의 측면에서〉. 《법철학연구》(한국법철학회) 제10권, 제1호(2007): 405-426쪽.

이준일. 〈불소급원칙과 신뢰보호원칙〉. 《세계헌법연구》(세계헌법학회 한국학회) 제27권, 제1호(2021): 115-139쪽.

최호동·정주백. 〈진정소급입법 금지원칙의 예외—친일재산귀속법상 귀속조항에 관한 헌재의 합헌판단에 대한 비판〉. 《법학연구》(충남대학교 법학연구소) 제24권, 제1호(2013): 155-192쪽.

한수웅. 〈기본권과 신뢰보호원칙의 관계—과잉금지원칙을 적용하여 신뢰보호원칙의 위반여부를 판단하는 헌법재판소결정에 대한 판례평석을 겸하여〉. 《인권과 정의》(대한변호사협회) 통권 제407호(2010): 27-49쪽.

홍완식. 〈헌법재판소의 결정을 통해 본 입법의 원칙〉. 《헌법학연구》(한국헌법학회) 제15권, 제4호(2009): 487-520쪽.

제9장

기본권의 유형과 기본권 제한

헌법에 의하여 보장된 권리를 뜻하는 '기본권'은 객관적 법규범(법질서)의 성격도 갖지만 우선적으로 주관적 권리(지위)의 성격을 가진다. 이러한 기본권은 전체적으로 볼 때 다양한 기능을 가지며 개별적 기본권을 하나하나 살펴보면 개별적 기본권마다도 다양한 기능을 포함할 수 있다. 국가를 상대로 주장할 수 있는 기본권은 그 기능에 따라 국가에 대하여 아무것도 안 해야 하는 소극적 행위(부작위)를 요구할 수도 있고, 무엇이든지 해야 하는 적극적 행위(작위/급부)를 요구할 수도 있다. 헌법은 헌법적 권리인 기본권뿐만 아니라 다른 헌법적 가치나 이익도 보장하므로 기본권은 언제든지 다른 기본권과 서로 충돌할 수도 있고, 다른 헌법적 가치나 이익과도 서로 충돌할 수도 있다. 권리나 가치 또는 이익의 충돌은 그러한 권리나 가치 또는 이익의 실현을 서로 제한함으로써만 해소될 수 있다. 기본권도 상충하는 다른 기본권이나 다른 헌법적 가치 또는 이익을 보장하기 위하여 불가피하게 제한될 수밖에 없다. 기본권의 효력을 발생시키기 위하여 필수적으로 충족해야 하는 기본권의 구성요건이 모두 다 충족되었다고 해도 그 기본권을 확정적으로 주장할 수 없는 이유가 여기에 있다. 기본권의 기능은 다양하지만 단순화시켜 보면 기본권은 국가에 대해서 아무것도 하지 않아 주기를 요구하거나 어떤 것을 꼭 해주도록 요구하는 권리다. 따라서 기본권은 국가가 하지 않았으면 싶은 무언가를 함으로써 또는 반드시 해야 될 것을 전혀 하지 않거나 불충분하게 함으로써 제한된다. 당연히 기본권의 제한은 무제한적으로 가해질 수 없고, 헌법적 한계를 준수하는 범위 내에서만 허용된다. 어떤 기본권에 대해서도 다른 기본권이나 헌법적 가치 또는 이익을 실현한다는 명목으로 일방적인 희생을 강요할 수는 없다.

I. 방어권과 급부권의 구분

헌법적 권리는 거기에 포함된 세부적인 기능에 따라 ① 자유권, ② 평등권, ③ 사회권, ④ 보호권, ⑤ 절차권으로 상세하게 분류할 수도 있다(자세한 내용은 제3장 참조). 그렇지만 헌법적 권리인 기본권에 대한 제한과 관련하여 기본권의 보호법익을 좀 더 추상화하면 기본권의 유형은 상대방인 **국가에 대해서 요구할 수 있는 행위의 양태**에 따라 크게 ① 방어권과 ② 급부권으로 구분될 필요가 있다. 급부권은 다시 ① 보호권, ② 절차권, ③ 사회권 또는 ① 규범적 급부권과 ② 사실적 급부권으로 분류될 수 있지만 기본권의 제한과 관련해서는 큰 의미가 있지는 않다. 평등권이 기본권의 제한에서 큰 의미를 갖지 못하는 이유는 아래에서 다시 설명하기로 한다. 따라서 기본권의 제한에서는 방어권과 급부권의 구분이 결정적인 역할을 수행한다. 기본권의 제한에 대해서 본격적으로 논의하기 전에 방어권의 급부권을 구분하는 중요한 차이점을 정리해 보기로 한다.

1. 방어권

방어권은 국가에 대해서 아무것도 하지 않는 소극적 행위로서 '부작위'를 요구할 수 있는 권리를 의미한다. 애초에 아무것도 하지 않고 있다면 계속해서 그러한 상태로 있을 것(부작위의 유지)을 요구하고, 무언가를 하고 있다면 그것을 중지하고 더 이상 하지 않기(작위의 중지)를 요구하는 권리가 방어권이다. 그렇다면 방어권은 국가가 무엇을 하지 않도록 요구하거나 어떤 행위를 중단하도록 요구할 수 있는 권리일까? 헌법이 보장하는 '자유'는 국가의 공격에 의해서 침해될 수 있는데 이러한 **공격행위의 부작위나 중지**를 요구할 수 있는 권리가 방어권이다. 방어권은 처음부터 자유에 대한 공격이 될 수 있는 어떠한 행위도 하지 않는 부작위를 요구하거나 만약 그러한 행위가 시작되면 그것을 중지(중단)해 주도록 요구하는 주관적 지위다. 방어권은 그 전제가 되는 자유와 묶어서 통상 '자유권'으로 불리기도 한다.

2. 급부권

(1) 보호권 급부권은 국가에 대해서 적극적 행위인 '작위' 또는 '급부'를 요구할 수 있는 권리를 뜻하는데 대표적인 급부권으로서 보호권이 요구하는 적극적 행위는 자신의 **기본권을 보호해 주는 입법**이다. 헌법에 의하여 보장된 자유는 기본적으로 국가에 의해서 침해될 수도 있지만 '사인인 제3자'(타인)에 의해서도 침해될 수 있다. 따라서 국가는 헌법이 보장하는 자유가 사인인 제3자에 의하여 침해되지 않도록 보호하는 입법을 마련해야 할 의무(기본권보호의무)를 부담하고, 자유의 주체는 국가에 대해서 자신의 기본권에 대한 사인인 제3자의 침해로부터 보호하는 입법을 요구할 수 있는 권리(보호권)가 보장되어야 한다. 이러한 '보호권'은 헌법적 권리로서 구체적으로 국가에 대해서 기본권을 침해하는 사인인 제3자의 행

위를 범죄행위로 규정하여 그에 부합하는 형벌을 부과하는 '형사입법'을 요구할 수 있는 권리를 의미한다. 이처럼 보호권은 적극적 행위(작위)에 해당하는 **형사입법을 요구하는 급부권**에 해당한다.

(2) 절차권 한편 자유의 실현을 위하여 일정한 조직이나 절차가 필수적으로 제공되어야 하는 경우에 자유의 주체는 국가에 대해서 그러한 **조직이나 절차에 관한 입법**을 요구할 수 있는 권리가 보장되어야 한다. 이러한 헌법적 권리를 '절차권'으로 부를 수 있는데 절차권은 네 가지 유형으로 구분할 수 있다(제3장 참조). 첫째, 학문의 자유를 실현하기 위한 대학이나 언론의 자유를 실현하기 위한 언론사처럼 특정한 자유의 실현을 위하여 필수적으로 일정한 조직(기관)이 필요한 경우에 이러한 '조직에 관한 입법'을 요구할 수 있는 권리가 절차권에 해당한다. 둘째, 재판절차와 같이 자유의 보장에 필수적인 '절차에 관한 입법'을 요구할 수 있는 권리도 절차권에 포함된다. 셋째, 가족법이나 재산법처럼 '사법질서를 형성하는 절차와 관련된 입법'을 요구할 수 있는 권리 역시 절차권의 한 유형을 이룬다. 마지막 넷째, 선거권과 같이 '국가의사를 형성하는 절차와 관련된 입법'을 요구할 수 있는 권리도 절차권의 중요한 요소가 된다. 절차권도 적극적 행위에 해당하는 **절차입법을 요구하는 급부권**이다. 따라서 보호권과 절차권은 급부의 내용이 동일하게 입법이라는 점에서 '규범적' 급부권으로 부르기도 한다.

(3) 사회권 사회권은 국가에 대해서 현물이나 현금 또는 서비스 등과 같은 **현실적 급부를 요구할 수 있는 권리**를 의미한다. 다만 국가가 제공해야 하는 현실적 급부도 반드시 입법의 형식을 가져야 한다. 사회권에 상응하는 국가의 의무는 사회보장이나 사회복지에 관한 헌법적 의무다. 헌법은 일반적 사회권에 해당하는 '인간다운 생활을 할 권리'(헌법 제34조 제1항)

를 보장하면서(자세한 내용은 제3장 참조) 그에 상응하는 국가의 의무를 "사회보장·사회복지의 증진에 노력할 의무"로 부과하고 있기 때문이다(같은 조 제2항). 국가는 사회보장이나 사회복지에 관한 헌법적 의무를 입법의 형식으로 실현해야만 한다. 다만 입법의 형식에 담기는 실질적 내용이 사회보장이나 사회복지에 해당하는 현실적 급부일 뿐이다. 따라서 사회권은 입법의 형식으로 현실적 급부를 적극적으로 요구하는 급부권에 해당한다. 다만 입법의 내용이 현실적인 급부라는 점에서 보호권이나 절차권과 달리 '사실적' 급부권으로 불리기도 한다.

Ⅱ. 방어권과 급부권에 대한 제한

1. 방어권에 대한 제한

방어권의 보호법익은 아무것도 하지 않는 부작위의 형태를 가지기 때문에 **방어권에 대한 제한은 무엇인가를 하는 '작위'의 형태**를 나타낸다. 방어권의 전제가 되는 자유는 ① '행위의 자유'와 행위 외의 자유, 즉 ② '상태의 자유'로 구분되기 때문에(자세한 내용은 제3장 참조) 자유에 대한 제한은 행위의 자유에 대한 제한과 상태의 자유에 대한 제한으로 구분할 수 있다.

우선 행위의 자유는 특정한 행위를 할 수 있는 '적극적 자유'와 하지 않을 수 있는 '소극적 자유'를 포함하므로 ① 행위에 관한 적극적 자유(적극적 행위의 자유)에 대한 작위 형태의 제한은 **특정한 행위의 '금지(규제)'**를 내용으로 하는 입법으로, ② 행위에 관한 소극적 자유에 대한 작위 형태의 제한은 **특정한 행위를 '명령(강제)'**하는 내용으로 하는 입법으로 구체화된다. 흡연할 수 있는 자유를 제한하는 흡연금지에 관한 입법,[1] 안전벨트

없이 운전할 수 있는 자유를 제한하는 안전벨트착용강제에 관한 입법이[2] 대표적이다.

다음으로 상태의 자유는 특정한 인격적 상태를 유지할 수 있는 '적극적 자유'와 유지하지 않을 수 있는 '소극적 자유'를 포함하기 때문에 ① 상태에 관한 적극적 자유에 대한 제한은 **특정한 상태를 유지할 수 없도록 '간섭'**하는 내용의 입법으로, ② 상태에 관한 소극적 자유에 대한 제한은 **특정한 상태를 계속해서 유지하도록 '개입'**하는 내용의 입법으로 구체화된다. 대표적인 예로는 자신의 신상에 관한 정보가 공개되지 않도록 유지할 수 있는 자유를 제한하는 신상공개제도에 관한 입법,[3] 임신의 상태를 더 이상 유지하지 않고 중단하기 위하여 낙태할 수 있는 자유를 제한하는 낙태죄에 관한 입법[4]을 들 수 있다.

마지막으로 상태의 자유 가운데 '법적 상태'의 자유는 특정한 '법적 지위'가 보장되는 법적 상태에서 보장된 주관적 지위를 의미하므로 법적 상태의 자유에 대한 제한은 기본적으로 ① **특정한 법적 지위를 부분적으로 또는 전면적으로 박탈**하는 내용의 입법으로 구체화된다. 대표적으로 재산권이나 참정권은 법적 지위에 관한 자유로 재산이나 정치참여와 관련된

---

1 헌재 2004. 8. 26. 2003헌마457, 판례집 16-2상, 355, 360쪽: "흡연자들이 자유롭게 흡연할 권리를 흡연권이라고 한다면, 이러한 흡연권은 인간의 존엄과 행복추구권을 규정한 헌법 제10조와 사생활의 자유를 규정한 헌법 제17조에 의하여 뒷받침된다."

2 헌재 2003. 10. 30. 2002헌마518, 판례집 15-2하, 185, 200쪽: "좌석안전띠를 매지 않을 자유는 헌법 제10조의 행복추구권에서 나오는 일반적 행동자유권의 보호영역에 속한다."

3 헌재 2003. 6. 26. 2002헌가14, 판례집 15-1, 624, 641쪽: "신상공개제도는 국가가 개인의 신상에 관한 사항 및 청소년의 성매수 등에 관한 범죄의 내용을 대중에게 공개함으로써 개인의 일반적 인격권을 제한하며, 한편 사생활의 비밀에 해당하는 사항을 국가가 일방적으로 공개하는 것이므로, 이는 일반적 인격권과 사생활의 비밀의 자유를 제한하는 것이라 할 것이다."

4 헌재 2019. 4. 11. 2017헌바127, 판례집 31-1, 404, 417쪽: "자기결정권에는 여성이 그의 존엄한 인격권을 바탕으로 하여 자율적으로 자신의 생활영역을 형성해 나갈 수 있는 권리가 포함되고, 여기에는 임신한 여성이 자신의 신체를 임신상태로 유지하여 출산할 것인지 여부에 대하여 결정할 수 있는 권리가 포함되어 있다."

법적 지위를 부분적으로나 전면적으로 박탈하는 입법은 재산권이나 참정권에 대한 제한에 해당한다. 물론 법적 지위와 관련된 자유의 경우에도 적극적 자유뿐만 아니라 소극적 자유를 포함하기 때문에 특정한 법적 지위가 보장된 법적 상태를 유지하지 않을 수 있는 소극적 자유를 제한하기 위하여 ② **특정한 법적 지위의 부분적 또는 전면적 포기를 금지**하는 내용의 입법도 가능하다. 만약 각종 선거에서 투표율을 제고하기 위하여 반복적으로 투표에 참여하지 않는 사람들의 투표를 의무화하는 입법이 이루어진다면 그러한 입법에 해당할 것이다.

2. 급부권에 대한 제한과 입법부작위

급부권은 작위나 급부를 요구할 수 있는 권리이므로 급부권에 대한 제한은 '부작위'의 형태로 구체화된다. 이러한 부작위는 대체로 '입법부작위'를 의미한다. 입법부작위는 ① 진정한 의미의 입법부작위를 의미하는 **진정입법부작위**와 ② 진정한 의미의 입법부작위는 아니지만 입법부작위의 외관을 가지는 **부진정입법부작위**로 구분하는 것이 일반적이다. 여기서 '진정입법부작위'는 입법의무가 부과되어 있음에도 불구하고 전혀 입법을 하지 않은 입법부작위를 의미하는 반면에 '부진정입법부작위'는 입법의무가 있기 때문에 입법을 하기는 했으나 그러한 입법이 불완전하거나 불충분하여 발생하는 입법의 결함으로 인한 입법부작위를 뜻한다. 오로지 진정입법부작위만이 '공권력의 불행사'로 인한 기본권침해를 이유로 헌법소원(소극적 헌법소원)을 청구할 수 있는 대상이 된다(제11장 참조). 이 경우에 진정입법부작위는 기본권을 침해하는 행위의 완료(완성) 시점을 특정할 수 없으므로 청구기간이 적용되지 않는다. 부진정입법부작위는 적어도 입법의무를 이행하는 입법은 있기 때문에 '공권력의 행사'로 인한 기본권침해를 이유로 헌법소원(적극적 헌법소원)을 청구할 수 있을 뿐이다.

이때 부진정입법부작위는 진정입법부작위와 달리 기본권을 침해하는 행위의 완료 시점을 특정할 수 있기 때문에 청구기간이 적용된다.

3. 평등권의 경우

평등권의 전제가 되는 평등은 '상대적 평등'을 의미하므로 평등권에 근거하여 본질적 차이가 없는 동일한 비교대상에 해당하면 동등한 대우를 요구할 수 있고, 본질적 차이가 있는 상이한 비교대상에 해당하면 차등적 대우를 요구할 수 있다(자세한 내용은 제6장 참조). 따라서 평등권의 주체가 주장할 수 있는 동등한 대우나 차등적 대우는 평등권 자체에서 결정되어 있는 것이 아니라 비교대상 사이에 본질적 차이가 존재하는지 여부에 따라, 정확히 말하면 비교대상 사이에 본질적 차이가 있거나 없는지에 관한 합리적 이유의 존재 여부에 따라 상대적으로 결정된다. 이처럼 평등권은 실체적 보호법익이 결정되어 있지 않아 사실상 존재하지 않는다고 볼 수 있기 때문에 주관적 권리로 주장할 수 있는지에 대한 의문이 제기될 수 있다. 하지만 비교대상의 본질적 차이가 존재하는지 여부에 따라 상대적으로 결정되기는 하지만 적어도 비교대상의 **본질적 차이가 존재하는지 여부에 부합하는 대우를 요구할 수 있는 주관적 지위**이기 때문에 평등권은 단순한 객관적 규범에 지나지 않는 것이 아니라 여전히 주관적 권리에 해당한다(자세한 내용은 제3장 참조). 더욱이 본질적 차이가 없는 동일한 비교대상임에도 차등적 대우를 받거나 본질적 차이가 있는 상이한 비교대상인데도 동등한 대우를 받으면 이러한 **불리한 대우를 정당화할 수 있는 합리적 이유(근거)를 제시하도록 요구할 수 있는 권리**도 평등권에 근거하여 주장할 수 있다.

결국 ① 비교대상 간의 본질적 차이가 존재하는지 여부와 ② 거기에 부합하지 않는 '불리한 대우'가 존재하는지 여부에 따라 평등권의 주체가 주장할 수 있는 보호법익으로서 동등한 대우나 차등적 대우가 상대적으로 결정될 수 있기 때문에 평등권의 실체적 보호법익은 존재하지 않는다. 따라서 **평등권에 대한 제한도 처음부터 불가능**하다. 다만 평등권은 불리한 대우를 하는 사람(행위자)에게 이를 정당화할 수 있는 합리적 이유의 제시를 요구할 수 있는 권리를 불리한 대우를 받는 사람(피해자)에게 보장함으로써 논증부담에 관한 **절차적 보호법익**을 보장한다. 따라서 불리한 대우를 정당화하는 합리적 이유를 제시해야 하는 논증부담을 조금이라도 불리한 대우를 받은 피해자에게 분담시키거나 전환하는 행위는 평등권에 포함된 절차적 보호법익을 제한하는 행위가 된다. 하지만 이러한 절차적 보호법익에 대한 제한은 실체적 보호법익에 대한 제한과 본질적으로 다르기 때문에 기본권의 제한으로 이해될 수는 없다. 논증부담(입증책임)의 전환과 관련된 절차적 보호법익의 제한은 기본권의 제한에서처럼 충돌하는 권리나 이익의 조화나 균형이 문제되지 않고, 불리한 대우를 하는 사람에게 원칙적으로 논증부담을 부과하는 **규칙과 그에 대한 예외의 설정**에 관한 문제이기 때문이다.

III. 방어권과 급부권에 대한 제한의 정당화

1. 과잉금지원칙

작위의 형태로 이루어지는 방어권에 대한 제한의 경우에 '제한의 측면에서' **과도한 제한을 금지**하는 '과잉금지원칙'이 적용된다(자세한 내용은 제5장 참조). 국가의 부작위를 요구할 수 있는 방어권은 국가의 작위로 제한되는데 국가의 작위가 과도하게 확장되는 것을 금지해야만 방어권을 최대한 보장할 수 있기 때문이다. 과잉금지원칙은 비례성 원칙을 구체화하는 원칙이므로 비례성 원칙의 네 가지 부분원칙을 모두 포함한다. 따라서 ① 목적의 정당성 원칙, ② 수단의 적합성 원칙, ③ 피해의 최소성 원칙, ④ 법익의 균형성 원칙에 따라 방어권에 대한 제한이 과도한지 여부가 판단되어야 한다. 이러한 네 가지 부분원칙은 반드시 일정한 순서에 따라 적용될 필요는 없을 것으로 보이고, 경험적 판단이 이루어지는 수단의 적합성이나 피해의 최소성이 규범적(평가적) 판단이 이루어지는 법익의 균형성보다 우선적으로 고려될 필요는 없다. 오히려 법익의 균형성은 규범적 측면에서 서로 충돌하는 법익의 비중을 판단해야 하므로 과잉금지원칙에 따른 판단에서 가장 핵심적인 역할을 수행할 수밖에 없다.

2. 과소금지원칙

급부권에 대한 제한은 부작위의 형태로 이루어지므로 이 경우에 제한되는 '보호영역의 측면에서' 부작위로 인한 제한으로 급부권의 **보호영역이 과도하게 축소되는 것을 금지**하는 '과소금지원칙'이 적용된다(자세한 내용은 제5장 참조). 물론 과소금지원칙도 비례성 원칙을 구체화하는 원칙이기 때문에 비례성 원칙의 네 가지 부분원칙을 모두 포함한다. 다만 과소금지원칙의 경우에는 급부권에 대한 제한이 부작위 형태로 이루어지므로 부작위에 의한 목적실현의 정도나 이로 인한 피해발생의 정도를 확인하기가 쉽지 않아 수단의 적합성 원칙이나 피해의 최소성 원칙은 제대로 작동하기가 어렵다. 따라서 급부권에 대한 제한의 정도가 과도한지를 판단하기 위하여 과소금지원칙을 적용할 때 법익의 균형성 원칙이 가장 중요하게 작동할 수밖에 없다.

3. 방어권과 급부권을 모두 포함하는 기본권의 경우

헌법이 명시적으로 보장하는 개별적 기본권으로서 학문의 자유나 언론의 자유는 기본적으로 행위의 자유를 전제로 방어권의 기능을 포함하지만 기본권의 실현을 위하여 필요한 특정한 조직에 관한 입법을 요구할 수 있는 급부권의 기능도 포함한다. 따라서 특정한 개별적 기본권에 방어권과 급부권이 모두 포함된 경우에 방어권에 대한 제한이 문제되면 과잉금지원칙이 적용되어야 하고, 급부권에 대한 제한이 문제되면 과소금지원칙이 적용되어야 한다. 다양한 기본권의 기능을 포함하는 개별적 기본권에 대한 제한에서 오로지 과잉금지원칙이나 과소금지원칙만이 적용되어야 한다는 주장은 개별적 기본권에 포함된 다양한 기능을 인식하지 못한 오해에서 비롯된 것일 뿐이다.

4. 기본권 충돌의 경우

서로 다른 기본권 주체가 각각 주장하는 기본권의 보호영역이 중첩되어 기본권이 서로 조금씩 제한될 수밖에 없는 기본권 충돌의 상황은 빈번하게 발생한다. 이를테면 태아의 생명권과 임신부의 임신·출산에 관한 자기결정권이 충돌하는 낙태의 경우에 서로 충돌하는 기본권을 제한할 수밖에 없다. 태아의 생명권을 보호하기 위하여 임신부의 임신·출산에 관한 자기결정권을 제한할 수밖에 없고, 임신부의 임신·출산에 관한 자기결정권을 보호하기 위하여 태아의 생명권을 제한할 수밖에 없는 것이다. 언론의 자유와 인격권이 서로 충돌하는 경우나 근로자의 노동3권과 사용자의 직업(영업)의 자유가 서로 충돌하는 경우에도 상충하는 기본권은 제한이 불가피하다. 이 경우에 **'제한되는 기본권'의 측면에서는 과잉금지원칙**이 적용되어야 하고, **'보호되어야 하는 기본권'의 측면에서는 과소금지원칙**이 적용되어야 한다. 이처럼 기본권 충돌의 경우에 서로 충돌하는 기본권의 제한과 보호를 위하여 적용되는 과잉금지원칙과 과소금지원칙은 동전의 양면처럼 작동한다고 볼 수 있다.

다만 기본권 충돌이 발생하면 상충하는 기본권 중 **어떤 기본권을 중심으로 보는지에 따라** 일방의 기본권(A기본권)을 보호하기 위한 목적에서 다른 기본권(B기본권)을 제한한다고 말할 수도 있지만 반대로 다른 기본권(B기본권)을 보호하기 위한 목적에서 일방의 기본권(A기본권)을 제한한다고 볼 수도 있는 여지도 있다. 따라서 상충하는 기본권 가운데 어떤 기본권을 중심으로 보는지에 따라, 그리고 그 기본권이 **제한의 목적인지 제한의 대상인지에 따라** 과잉금지원칙이나 과소금지원칙 가운데 하나가 적용될 수 있다. 제한의 목적이 되는 기본권의 경우에는 보호권이 문제되지만 제한의 대상이 되는 기본권의 경우에는 방어권이 문제되기 때문이다. 예를 들어 언론의 자유에 근거한 언론보도 행위로 명예권과 같은 인격권이 침해될 가능성이 있는 기본권 충돌의 상황에서 언론의 자유를 중심으로 언론의 자유를 보호하기 위한 목적에서 인격권을 제한한다고 보면 제한되는 대상인 인격권의 관점에서는 과잉금지원칙이 적용되어야 하고, 제한하는 목적으로서 보호되어야 하는 목적이 되는 언론자유의 관점에서는 과소금지원칙이 적용되어야 한다. 반면에 동일한 기본권 충돌의 상황이라고 하더라도 인격권을 중심으로 인격권을 보호하기 위한 목적에서 언론의 자유를 제한한다고 보면 제한되는 대상인 언론자유의 측면에서는 과잉금지원칙이 적용되어야 하고, 제한하는 목적으로서 보호되어야 하는 목적이 되는 인격권의 측면에서는 과소금지원칙이 적용되어야 한다. 이처럼 기본권 충돌의 상황에서는 보는 입장에 따라 상충하는 기본권이 제한된다면 과잉금지원칙이 적용되어야 하고, 상충하는 기본권이 보호되어야 한다면 과소금지원칙이 적용되어야 한다. 기본권 충돌에 의한 기본권 제한이 아닌 경우에 기본권에 대한 제한은 공익적 목적이나 헌법적 가치를 실현하기 위한 것이므로 오로지 문제가 되는 기본권의 보호법익에 따라서 방어권에 대한 제한의 경우에는 과잉금지원칙이, 급부권에 대한 제한의 경우에는 과소금지원칙이 적용되어야 한다.

5. 평등권의 경우

평등권은 그 전제가 되는 평등을 상대적 평등으로 이해하는 한 기본적으로 보호법익을 포함하지 않기 때문에 평등권에 대한 제한은 불가능하고, **평등권에 대한 제한의 정당화도 불필요**하다. 따라서 애초에 평등권 침해 여부를 심사할 때 과잉금지원칙이나 과소금지원칙이 적용될 여지가 없다. 평등권을 침해하는 차별에 해당하는지 여부를 심사하기 위해서는 먼저 ① 비교대상을 설정한 뒤에(평등심사 1단계) 비교대상 사이에 '본질적 차이'가 존재하는지 여부를 확인하고(평등심사 2단계), ② 비교대상에 대한 각각의 대우에 '본질적 차이가' 존재하는지 여부를 확인하여(평등심사 3단계) 앞서 확인한 '본질적 차이 유무에 부합하는 대우'(같은 것은 같게, 다른 것은 다르게)가 비교대상에 대하여 이루어졌는지를 확인할 필요가 있다(평등심사 4단계). 그리고 만약 비교대상 간의 본질적 차이 유무에 부합하지 않는 '불리한 대우'가 이루어졌다면 ③ 이러한 불리한 대우를 정당화할 수 있는 '합리적 이유'가 존재하는지 여부를 판단하여 평등권을 침해하는 차별에 해당하는지 여부를 판단하면 된다(평등심사 5단계, 이상 평등심사의 단계에 대한 상세한 내용은 제6장 참조). 따라서 헌법재판소의 입장처럼 평등심사에서 입법자에게 부여된 입법형성권의 정도의 따라 **엄격한 심사척도(비례성 원칙)와 완화된 심사척도(자의금지원칙)를 구분**하여 적용하는 것은 타당하지 않다. 평등권의 경우에는 과잉금지원칙과 과소금지원칙으로 구체화되는 비례성 원칙이 평등의 본질상 적용될 수 없기 때문이다. 평등권과 관련된 사안에서 과잉금지원칙이나 과소금지원칙이 적용될 수 있다는 것은 실제로는 평등의 대상이 되는 권리가 방어권뿐만 아니라 급부권도 해당할 수 있기 때문일 뿐이다. 하지만 과잉금지원칙이나 과소금지원칙을 적용하면 평등의 대상이 되는 방어권이나 급부권과 관련된 사안으로 전환되고, 더 이상 평등권과 관련된 사안은 문제되지 않는다. 물론 헌법재판소의 입장에서 잘 드러나 있듯이 입법자에게 부여된 재량이나 형성의 자유가 인정될 수 있는 범위에 따라 심사기준(척도)이 아니라 **심사강도를 다르게 적용할 수는 있다**고 본다. 따라서 헌법재판소가 심사기준으로 이해하는 엄격한 심사척도와 완화된 심사척도는 오히려 심사강도로 이해하는 것이 합리적이다.

한편 평등권에 포함된 절차적 보호법익을 제한하는 경우에, 즉 불리한 대우를 정당화해야 할 논증부담을 불리한 대우를 하는 사람이 아니라 불리한 대우를 받는 사람(피해자)에게로 전환시키는 경우에 이것은 기본권 제한의 정당화와 다른 논증과정이 필요하다. 기본권 제한의 경우에 기본권과 공익 혹은 기본권과 기본권이 충돌하기 때문에 여기서 상충하는 이익이나 가치와 같은 '원칙'의 조화와 균형을 실현하는 것이 중요하다. 반면에 평등심사와 관련된 **논증부담(입증책임)의 전환**에서는 원칙적으로 불리한 대우를 하는 사람에게 논증부담을 부과하는 '규칙'에 대하여 논증부담의 일부라도 불리한 대우를 받는 사람에게 부담시키는 예외를 인정하기 위하여 이를 정당화하는 합리적 이유가 제시되어야 한다. 헌법적 권리나 가치(이익)와 같은 원칙(principle)은 일방적 실현이나 배제가 아니라 상호적 조화와 균형을 추구하는 규범이지만 그 결과로 도출된 규칙(rule)은 합리적인 범위 안에서 예외가 인정되지 않는 한 반드시 준수되어야 하는 규범이기 때문이다.

[읽을거리]

강일신. 〈과잉금지원칙의 논증방식—침해최소성·법익 균형성 심사를 중심으로〉.

《법학연구》(충남대학교 법학연구소) 제30권, 제1호(2019): 191-223쪽.
계희열. 〈기본권의 제한〉.《안암법학》(안암법학회) 제2호(1994): 64-90쪽.
김대환. 〈우리나라 헌법상 과잉금지원칙—특히 본질적 내용 침해금지원칙과 의 관계를 포함하여〉.《공법학연구》(한국비교공법학회) 제6권, 제3호(2005): 191-224쪽.
김일환. 〈기본권의 제한과 침해의 구별필요성에 관한 고찰〉.《공법연구》(한국공법학회) 제27집, 제2호(1999): 317-333쪽.
김해원. 〈유럽에서 기본권 제한의 문제〉.《유럽헌법연구》(유럽헌법학회) 제3호(2008): 397-443쪽.
이부하. 〈국가의 기본권보호의무와 과소보호금지원칙〉.《법학연구》(인하대학교 법학연구소) 제17집, 제2호(2014): 39-64쪽.
이재홍. 〈헌법 제37조 제2항에 규정된 '자유와 권리의 제한'의 해석론—인과 관계, 기본권상대방, 그리고 착시제한〉.《저스티스》(한국법학원) 통권 제182-1호(2021): 79-108쪽.
이준일. 〈방어권과 급부권의 구분과 결합—재판을 받을 권리와 참정권을 중심으로〉.《유럽헌법연구》(유럽헌법학회) 제41호(2023): 201-240쪽.
______. 〈기본권의 기능과 제한 및 정당화의 세 가지 유형〉.《공법연구》(한국공법학회) 제29집, 제1호(2000): 101-121쪽.
전정환. 〈기본권 제한의 한계로서의 과잉금지원칙—독일연방헌법재판소 판례를 중심으로〉.《원광법학》(원광대학교 법학연구소) 제29권, 제2호(2013): 119-142쪽.
표명환. 〈독일기본법상의 기본권 제한의 구조와 체계에 관한 고찰—우리 헌법가의 비교를 중심으로〉.《공법학연구》(한국비교공법학회) 제14권, 제4호(2013): 31-58쪽.
한수웅. 〈헌법 제37조 제2항의 과잉금지원칙의 의미와 적용범위〉.《저스티스》(한국법학원) 통권 제95호(2006): 5-28쪽.

제10장

기본권의 충돌

다른 모든 권리가 서로 충돌할 수 있는 것처럼 헌법이 보장하는 권리도 서로 충돌할 수 있다. 헌법에 의하여 보장된 여러 권리가 동시에 실현될 수 없는 상황이 존재하기 때문이다. 대체로 어떤 사람은 이 헌법적 권리를 주장하는 반면에 다른 사람은 저 헌법적 권리를 주장하는 상황이 벌어졌는데 서로 주장하는 권리의 영역이 공존할 수 없는 경우에 권리의 충돌이 발생한다. 비가 올 때 비좁은 공간에서 모든 사람이 각자 자신이 원하는 크기의 우산을 들고 있으면 우산이 서로 부딪힐 수밖에 없는 것과 같다. 헌법적 권리인 기본권의 충돌은 각각의 기본권이 보장하는 영역을 조금씩 양보하는 방향으로 조정됨으로써 해결될 수 있다. 비가 오는 비좁은 공간에서는 사람들마다 평소에 자신이 원하는 대로 쓰던 우산보다 작은 우산을 들어야 서로 부딪히지 않을 수 있는 것과 매한가지다. 일방적으로 양보하거나 관철되는 기본권이 존재할 여지도 없는 것은 아니다. 상황에 따라서는 일정한 권리가 일방적으로 물러나야 할 수도 있고, 일정한 권리를 일방적으로 실현시켜야 할 수도 있다. 앰뷸런스나 소방차 같은 응급차가 달려오면 운전을 멈추고 길을 비켜 주어야 하는 것과 같다. 결국은 구체적인 상황에서 상충하는 기본권의 중요성을 꼼꼼하게 살필 수밖에 없다. 비를 맞으면 감기에 걸릴 확률이 높은 아동이나 노인, 환자와 같은 사람들에게 세밀하게 신경을 써서 좀 더 큰 우산을 쓸 수 있도록 배려하는 것처럼 말이다. 구체적인 상황에 따라 상대적으로 더 중요한 권리는 더 많이 실현되어야 하고, 상대적으로 덜 중요한 권리는 조금 덜 실현되어야 하기 때문이다.

I. 개념

기본권의 충돌(collision)은 서로 다른 주체의 기본권이 그 보호영역에서 중첩되어 하나의 기본권을 보장하기 위해서는 반드시 다른 기본권이 제한될 수밖에 없는 상황을 의미한다. 실제로는 일방의 기본권 행사로 다른 일방의 기본권이 제한되거나 침해되는 상황에서 기본권 충돌이 발생한다. 따라서 현실적으로 기본권 충돌은 일방이 표현의 자유를 행사함으로써 다른 일방의 인격권이 제한되거나 침해되는 상황처럼 사인(타인)에 의하여 기본권이 제한되거나 침해되는 상황을 뜻한다. 이러한 맥락에서 기본권 충돌은 **기본권에 대한 제한**(restriction)**의 특수한 형태**다. 기본권은 주로 국가안보, 질서유지, 공공복리와 같은 공익적 목적을 위하여 제한되는데(헌법 제37조 제2항) 다른 기본권의 보장을 위하여 제한될 수도 있다. 따라서 헌법이 특정한 기본권을 보장하는 것은 헌법이 직접 그와 함께 보장된 다른 기본권에 대한 제한의 가능성을 암묵적으로 열어두는 것을 의미한다. 즉 헌법에 의하여 보장된 기본권은 다른 **기본권에 대한 제한의 묵시적인 헌법적 근거**로 작동하며 법률을 매개로 기본권 제한 여부가 결정되지 않기 때문에 헌법에 의한 직접적인 기본권 제한을 뜻하게 된다.

II. 기본권보호의무와 보호권

기본권 충돌의 상황에서 오로지 한쪽의 기본권만을 보장하기 위하여 다른 한쪽의 기본권이 침해되도록 내버려둘 수는 없다. 입법자는 사인인 제3자의 기본권 침해행위로부터 기본권의 주체를 보호하는 입법을 정립해야만 하는 헌법적 의무로 '기본권보호의무'를 부담한다. 이러한 국가의 기본권보호의무에 상응하여 헌법에 의하여 보장된 **자신의 기본권을 타인이 침해하지 않도록 보호해주도록 요구할 수 있는 헌법적 권리**로서 '보호권'을 인정할 필요도 있다. 기본권보호의무에 상응하는 기본권보호권이 인정되는 경우에만 헌법소원청구가 인정되어 권리구제가 가능하기 때문이다. 기본권보호의무와 그에 상응하는 기본권보호권에 따라 국가는 사인인 제3자의 기본권침해행위를 범죄행위로 규정하여 금지하고 이를 위반할 때 형벌을 부과하는 '형사입법'을 마련해야 할 헌법적 의무를 부여받으며, 국민은 그에 상응하는 헌법적 권리를 향유한다(제3장 참조). 사인인 제3자에 의하여 침해되는 기본권의 보호법익으로는 주로 생명이나 신체적 완전성(integrity)이 문제된다. 이에 따라 헌법이 보장하는 개별적 권리로서 생명권이나 신체적 완전성에 관한 권리(신체불훼손권)는 국가의 침해로부터 방어할 수 있는 '방어권'뿐만 아니라 사인인 제3자의 침해로부터 국가의 보호를 요구할 수 있는 '보호권'도 포함한다. 기본권을 보호해주도록 요구할 수 있는 보호권이나 기본권보호의무에 관한 별도의 추가적인 규정이 없이도 자유권에 대한 헌법적 보장만으로 보호권이나 기본권보호의무를 도출할 수 있는 것이다. 물론 기본권을 확인하고 보장해야 할 국가의 '기본권보장의무'(헌법 제10조 제2문)로부터 의회의 기본권보호의무를 도출하기도 한다. 하지만 국가의 기본권보장의무는 의회의 기본권보호의무에 관한 간접적 근거는 될 수 있지만 직접적 근거는 사인인 제3자에 의해서도 침해될 수 있는 개별적 자유권이 되어야 한다. 헌법재판소도 국가의 기본권보장의무로부터 의회의 기본권보호의무를 도출하면서 이러한 의무를 이행하였는지 여부를 심사하는 기준으로 '과소금지원칙'을 제시한다.

[판례] 기본권보호의무와 과소금지원칙: 헌재 2009. 2. 26. 2005헌마764

기본권 보호의무란 기본권적 법익을 기본권 주체인 사인에 의한 위법한 침해 또는 침해의 위험으로부터 보호하여야 하는 국가의 의무를 말하며, 주로 사인인 제3자에 의한 개인의 생명이나 신체의 훼손에서 문제되는데, 이는 타인에 의하여 개인의 신체나 생명 등 법익이 국가의 보호의무 없이는 무력화될 정도의 상황에서만 적용될 수 있다. (…) 국가가 국민의 생명·신체의 안전에 대한 보호의무를 다하지 않았는지 여부를 헌법재판소가 심사할 때에는 국가가 이를 보호하기 위하여 적어도 적절하고 효율적인 최소한의 보호조치를 취하였는가 하는 이른바 '**과소보호금지원칙**'의 위반 여부를 기준으로 삼아, 국민의 생명·신체의 안전을 보호하기 위한 조치가 필요한 상황인데도 국가가 아무런 보호조치를 취하지 않았든지 아니면 취한 조치가 법익을 보호하기에 전적으로 부적합하거나 매우 불충분한 것임이 명백한 경우에 한하여 국가의 보호의무의 위반을 확인하여야 하는 것이다.

이처럼 타인의 기본권을 침해하는 행위는 형사입법에 의하여 형벌이 부과되는 범죄행위로 규율됨으로써 법적으로 금지된다. 따라서 형사입법에서 금지하지 않는 행위는 그것이 비록 타인이 기본권을 일정 정도 제한하는 행위라고 하더라도 법적으로 금지되지 않는다. 형사입법은 타인의 기본권을 침해하는 행위로서 법적으로 금지되는 행위가 무엇인지를 규정함과 동시에 타인의 기본권을 제한하여 그 사람에게 다소 불편을 주는 행위라고 하더라도 법적으로 허용되는 행위가 무엇인지도 규정한다.

법적으로 금지되지 않는 행위는 법적으로 허용된다는 뜻이다. 따라서 기본권 보호의무와 그에 상응하는 보호권에 따라 기본권이 다른 사람에 의하여 침해되지 않도록 보호하는 형사입법은 기본권 충돌의 상황을 국민의 대표인 의회가 국민을 대표하여 합리적으로 조정한 뒤 제시하는 행위의 기준이 된다. 헌법으로부터 입법권을 부여받은 의회는 기본권이 충돌할 수 있는 상황을 가능한 한 빠짐없이 예상하여 상충하는 기본권을 합리적으로 조정한 뒤에 타인의 기본권을 침해하여 금지되는 행위가 무엇인지를 명확하게 규정하여야 한다. 그럼으로써 국민은 기본권이 충돌할 수 있는 상황에서 무슨 행동이 법적으로 금지되고, 무슨 행동은 다른 사람의 기본권을 다소 제한하더라도 법적으로 허용되는지를 분명하게 확인할 수 있게 된다.

Ⅲ. 기본권의 대사인적 효력(제3자효)

1. 민사재판과 기본권의 대사인적 효력

타인의 기본권을 침해하는 행위는 법적으로 금지되어 형벌이 부과될 수 있는 범죄행위에 해당하지 않더라도 타인에게 인격적, 재산적 피해를 발생시킬 수 있다. 따라서 사인인 제3자에 의한 기본권침해로 손해를 입은 사람은 **불법행위로 인한 손해의 배상**을 청구하는 민사재판을 제기할 수 있어야 한다. 예를 들어 종립학교에서 학생에게 채플과 같은 종교교육을 강요하여 종교의 자유를 침해하면 피해자인 학생은 학교의 불법행위로 인한 손해배상을 청구할 수 있다.[1] 또한 계약의 내용이 당사자 일방의 기본권을 침해하는 경우에도 그 당사자는 **계약의 효력을 다투는 민사재판**을 청구할 수 있어야 한다. 이를테면 연예기획사와 전속계약을 체결하는 가수 연습생은 해당 계약의 내용에 자신의 기본권을 침해하는 사항이 포함되어 있으면 계약의 무효를 확인하는 소송을 제기할 수 있다.[2] 이러한 민사재판을 담당하는 법관(민사법관)은 일차적으로 민사법을 적용해야 하지만 민사법의 신의성실원칙이나 권리남용금지원칙과 같은 일반조항을 해석하는 과정에서 반드시 기본권을 존중하는 판결을 내려야 한다. 이처럼 기본권이 사인인 제3자에 대하여 미치는 효력(기본권의 대사인적 효력/제3자효)은 법관의 '기본권존중의무'를 매개로 발생하게 된다. 기본권의 대사인적 효력에 대해서는 대체로 '간접효력설'이 주장되는데 이러한 간접효력설은 법관의 기본권존중의무를 이론적으로 명확하게 규명해 준다. 법관이 직접적으로(일차적으로)는 민사법을 적용해야 하지만 그 과정에서 기본권을 존중하여 민사법을 해석하는 방식을 통하여 간접적으로(이차적으로) 기본권을 적용함으로써 기본권의 효력이 사인 간에도 발생하게 되기 때문이다. 대법원도 기본권의 대사인적 효력과 관련해서는 간접효력설의 입장을 취하고 있다.

---

1 대법원은 종립학교가 고등학교 평준화정책에 따라 강제로 배정된 학생들을 상대로 특정한 종교의 교리를 전파하는 종파적인 종교행사와 종교과목 수업을 실시하면서 참가 거부가 사실상 불가능한 분위기를 조성하고 대체과목을 개설하지 않는 등 신앙을 갖지 않거나 학교와 다른 신앙을 가진 학생의 기본권을 고려하지 않은 것은 우리 사회의 건전한 상식과 법감정에 비추어 용인될 수 있는 한계를 벗어나 학생의 종교에 관한 인격적 법익을 침해하는 위법한 행위에 해당하고, 그로 인하여 인격적 법익을 침해받는 학생이 있을 수 있다는 사실을 충분히 예견할 수 있고 그러한 침해를 회피하는 것도 가능하므로 과실 역시 인정되어 불법행위에 해당한다고 보았다. 대법원 2010. 4. 22. 선고 2008다38288 판결 참조.

2 법원은 연예인이 소속 연예기획사를 상대로 전속계약의 효력정지가처분을 신청한 사안에서 장기간의 계약기간과 과다한 손해배상액 예정 조항 등을 주된 내용으로 하는 전속계약은 연예기획사가 우월한 지위를 이용하여 부당한 지배력을 행사하고 소속 연예인들에게는 지나친 반대급부나 부당한 부담을 지워 그 경제적 자유와 기본권을 과도하게 침해하는 것으로 보았다. 따라서 이러한 계약은 선량한 풍속 기타 사회질서에 위반한 사항을 내용으로 하는 법률행위로서 그 계약 내용의 전부 또는 일부가 무효이거나 합리적 존속기간의 도과를 이유로 그 효력이 소멸되었다고 볼 여지가 있다고 볼 수 있어 가처분신청을 일부 인용하는 판결을 내렸다. 또한 본안소송에서 권리관계의 다툼이 최종적으로 가려지기 전까지 신청 연예

[판례] 기본권의 대사인적 효력에 관한 간접효력설: 대법원 2010. 4. 22. 2008다38288

헌법상의 기본권은 제1차적으로 개인의 자유로운 영역을 공권력의 침해로부터 보호하기 위한 방어적 권리이지만 다른 한편으로 헌법의 기본적인 결단인 객관적인 가치질서를 구체화한 것으로서, 사법(私法)을 포함한 모든 법영역에 그 영향을 미치는 것이므로 사인간의 사적인 법률관계도 헌법상의 기본권 규정에 적합하게 규율되어야 한다. 다만 기본권규정은 그 성질상 사법관계에 직접 적용될 수 있는 예외적인 것을 제외하고는 사법상의 일반원칙을 규정한 민법 제2조, 제103조, 제750조, 제751조 등의 내용을 형성하고 그 해석기준이 되어 **간접적으로** 사법관계에 효력을 미치게 된다. 종교의 자유라는 기본권의 침해와 관련한 불법행위의 성립 여부도 위와 같은 일반규정을 통하여 사법상으로 보호되는 종교에 관한 인격적 법익침해 등의 형태로 구체화되어 논하여져야 한다.

2. 기본권의 대사인적 효력에 포함된 세 가지 측면

하지만 법관의 기본권존중의무에 상응하는 당사자(피해자)의 권리를 추가적으로 인정할 수 있다면 재판을 받는 당사자는 법관에게 '**기본권을 존중하는 판결을 요구할 수 있는 권리**'를 가지게 된다. 법관의 기본권존중의무라는 헌법적 의무에 상응하여 당사자의 기본권존중요구권이라는 헌법적 권리가 발생하게 되는 것이다. 민사재판을 받는 당사자가 담당 법관에게 기본권을 존중하는 판결을 요구할 수 있는 권리는 바로 위에서 설명한 국가의 '기본권보호의무'와 그에 상응하는 국민의 '보호권'을 원용하

인들이 독자적인 연예활동을 할 수 있도록 하는 임시의 지위를 정할 보전의 필요성도 소명되기 때문에 연예기획사에 대하여 본안판단 시까지 신청 연예인들의 의사에 반하는 연예활동에 관한 제3자와의 계약 교섭·체결행위를 금지하고, 시장지배력을 이용하여 신청 연예인들의 독자적 연예활동을 방해하는 행위를 금지한다고 판결하였다. 서울중앙지방법원 2009. 10. 27. 선고 2009카합2869 판결 참조.

여 인정될 수 있다. 사인인 제3자의 기본권침해로부터 기본권을 보호하는 입법을 입법부(의회)에 대하여 요구할 수 있는 국민의 보호권을 준용하여 사인인 제3자의 기본권침해로부터 기본권을 보호하는 재판을 법관에게 요구할 수 있는 당사자의 권리도 인정될 수 있기 때문이다.

간접효력설에 따른 법관의 기본권존중의무(국가의 의무), 그리고 기본권보호의무와 보호권을 원용하여 당사자의 기본권존중요구권(국민의 권리)이 인정될 수 있다면 그에 상응하여 타인의 기본권을 침해한 사인인 제3자(가해자)와 자신의 기본권을 침해당한 피해자의 관계에서도 기본권의 효력이 발생함으로써(국민 상호간의 권리와 의무) 직접효력설에 의하여 주장되는 내용도 규명될 수 있다. 이처럼 기본권의 대사인적 효력은 ① 간접효력설에 따라 규명될 수 있는 **법관의 기본권존중의무(헌법적 의무)**의 측면뿐만 아니라 ② 기본권보호의무와 보호권을 원용하여 규명될 수 있는 **법관에게 기본권의 존중을 요구할 수 있는 권리(헌법적 권리)**의 측면, 그리고 ③ 이와 같은 법관의 헌법적 의무와 당사자의 헌법적 권리에 따라 인정될 수 있는 **기본권침해의 당사자인 사인 상호간의 헌법적 권리와 의무**의 측면과 같은 세 가지 측면으로 구성된다고 보는 것이 합리적이다. 직접효력설이 예외적으로 적용된다고 보기도 하는 노동3권의 경우에도 이 기본권의 일차적 수범자는 국가라는 점에서 기본권의 대사인적 효력과 관련된 세 가지 측면을 모두 고려할 필요가 있다.

3. 기본권보호의무와 기본권의 대사인적 효력의 차이

국가의 기본권보호의무와 그에 상응하는 국민의 보호권은 입법자, 특히 '**의회**'(국회)에 대하여 요구되지만 기본권의 대사인적 효력(제3자효)은 사법부의 구성원인 '**법관**'에 대하여 요구된다. 따라서 ① 기본권보호의무와 보호권은 의회가 정립하는 '**입법**'의 형태로 구현되는 반면에 기본권의 대

구분	기본권보호의무 및 보호권	기본권의 대사인적 효력(제3자효)
대상	입법부(의회)	사법부(법관)
영역	입법(법률)	사법(재판)
세부영역	형사입법	민사재판
범위	능동적/추상적	수동적/구체적

사인적 효력은 '**재판(사법)**'으로 형태로 구현된다는 점에서 차이가 있다. 또한 ② 입법부인 의회에 대해서 요구되는 기본권보호의무는 사인인 제3자의 기본권침해행위를 범죄행위로 규정하여 형벌을 부과하는 '**형사입법**'의 형태로 구체화되지만 사법부인 법관에 대해서는 요구되는 기본권의 대사인적 효력은 사인인 제3자의 기본권침해행위를 불법행위로 판단하여 손해배상을 부과하는 '**민사재판**'의 형태로 구체화된다는 점에서도 차이를 보인다.

일반화시켜 보면 기본권보호의무는 입법자가 능동적으로 예상할 수 있는 모든 기본권 충돌의 상황을 전제로 사인에 의한 과도한 기본권 제한을 기본권 침해행위로서 범죄화하는 입법을 제시하도록 요구한다. 이와 비교할 때 기본권의 대사인적 효력은 법관이 수동적으로 사인 간에 발생한 구체적인 기본권 충돌의 상황에서 사인에 의한 과도한 기본권 제한을 기본권 침해행위로서 불법행위에 해당한다고 판단하여 손해배상책임을 부과하는 판결을 제시하도록 요구한다. 다만 기본권의 대사인적 효력을 이론적으로 구성하면서 기본권보호의무에 포함될 수 있는 보호권을 원용하여 법관에게 기본권을 존중하도록 요구할 수 있는 권리를 구성함으로써 사인 간의 기본권 충돌에 관한 두 가지 법리가 서로 연결될 수 있을 뿐이다. 기본권을 확인하고 보장해야 하는 의무(기본권보장의무: 헌법 제10조 제2문)를 국가에 대해서 부과하는 헌법의 요청은 입법부의 경우에는 기본권보호의무와 보호권의 법리로, 사법부의 경우에는 기본권의 대사인적 효력의 법리로 구현된다.

Ⅳ. 기본권으로서 불법행위로 인한 손해배상청구권의 보장

기본권의 충돌상황에서 타인의 기본권침해로 손해를 입을 사람에게 인정되는 **손해배상청구권은 기본권으로 보장**될 필요도 있다. 불법행위로 인한 손해배상청구권은 일종의 채권으로서 '재산권'에 해당한다. 그렇다면 손해배상청구권을 기본권으로 보장하는 것은 재산권에 대한 기본권적 보장을 의미할 수 있다. 헌법은 모든 재산권을 일반적으로 기본권으로서 보장하고 있지만(헌법 제23조 제1항) 재산권에 해당하는 손해배상청구권을 특별히 구별하여 기본권으로 보장할 필요도 있는 것이다. 현행 헌법은 기본권이 충돌할 수 있는 상황 가운데 유일하게 타인이 언론·출판의 자유를 행사하여 자신의 **명예나 권리를 침해당한 사람에게 손해배상청구권**을 기본권으로 보장하고 있을 뿐이다(헌법 제21조 제4항). 여기서 이를 확장하여 사인간의 기본권 충돌로 발생할 수 있는 모든 기본권침해로 인한 피해에 대해서 일반적으로 손해배상청구권이 기본권으로 보장된다고 해석할 필요가 있다. 사인의 불법행위로 인한 손해배상청구권은 고의나 과실에 의한 위법행위로 손해가 발생한다는 점에서 국가의 불법행위로 인한 국가배상청구권(헌법 제29조 제1항)과 본질적으로 동일한 성격을 가진다. 다만 불법행위의 주체가 공무원인 국가배상청구권과 달리 불법행위의 주체가 사인인 제3자라는 점에서 손해배상청구권은 차이를 보일 뿐이다. 그렇다면 사인의 불법행위로 인한 손해배상청구권도 기본권으로 보장된다고 볼 수 있는 중요한 헌법적 근거는 국가배상청구권에 대한 기본권적 보장이다.

국가배상청구권을 기본권으로 보장하는 것도 손해배상청구권의 기본권적 보장과 마찬가지로 우선은 일종의 재산권에 대한 기본권적 보장으로 자유권에 대한 보장을 뜻한다. 하지만 국가배상청구권은 일반적으로 '청구권적 기본권'의 하나로 이해된다. 여기서 청구권적 기본권의 의미는 국가에 대하여 국가배상청구절차에 관한 입법을 요구할 수 있는 '절차적 기본권(절차권)'으로 이해될 필요가 있다(제3장 참조). 따라서 손해배상청구권에 대한 기본권적 보장도 국가에 대하여 **손해배상절차에 관한 입법을 요구할 수 있는 절차적 기본권(절차권)**을 보장하는 것으로 이해될 필요성이 있다. 자유의 주체가 자신의 자유에 대한 국가의 침해에 대해서는 '방어권'을 가지고 자유에 대한 제3자의 침해에 대해서는 '보호권'을 가지는 것처럼 국가의 불법행위로 인한 손해의 배상을 청구할 수 있는 권리와 함께 사인인 제3자의 불법행위로 인한 손해의 배상을 청구할 수 있는 권리도 '절차권'으로 보장받는 것이다. 물론 기본권으로 보장된 손해배상청구권에 포함된 재산권의 보장으로서 방어권의 의미가 완전히 배제될 수는 없다. 따라서 타인의 기본권침해로 피해를 받은 사람은 침해된 기본권에 포함된 방어권과 함께 기본권침해로 발생하는 손해배상청구권이 기본권으로 보장됨으로써 거기에 포함된 방어권도 보장받는다.

결론적으로 기본권으로 보장되는 손해배상청구권은 ① 재산(재산적 가치가 있는 대상)에 대한 법적 지위와 관련된 '자유'와 ② 이러한 법적 지위를 박탈하는 국가의 공격행위를 방어할 수 있는 '방어권' 및 ③ 이러한 법적 지위를 박탈하는 사인인 제3자의 공격행위로부터 권리구제를 받을 수 있는 절차에 관한 입법을 요구할 수 있는 '절차권'이라는 세 가지 주관적 지위를 보호법익으로 포함한다.

[읽을거리]

김대환. 〈사법질서에서의 기본권의 효력〉. 《헌법학연구》(한국헌법학회) 제16권, 제4호(2010): 117-163쪽.

김일환. 〈우리나라 헌법상 ‘기본권의 대사인적 효력’ 논의의 비판적 고찰〉. 《헌법학연구》(한국헌법학회) 제6권, 제2호(2000): 69-86쪽.

김희정. 〈사실적시 명예훼손죄 합헌 결정에 대한 평석〉. 《헌법학연구》(한국헌법학회) 제27권, 제3호(2021): 105-133쪽.

방승주. 〈사법질서에 있어서 국가의 기본권보호의무〉. 《공법학연구》(한국비교공법학회) 제7권, 제5호(2006): 47-83쪽.

윤진수. 〈보통법 국가에서의 기본권의 수평효〉. 《법학연구》(연세대학교 법학연구원) 제27권, 제3호(2017): 159-208쪽.

이준일. 〈기본권으로서 보호권과 기본권의 제3자효〉. 《저스티스》(한국법학원) 통권 제65호(2002): 65-86쪽.

장영수. 〈기본권의 대사인적 효력과 기본권의 충돌〉. 《고려법학》(고려대학교 법학연구소) 제38호(2002): 105-128쪽.

한수웅. 〈헌재 2004. 8. 26. 2003헌마457 결정(금연구역지정 사건)에 대한 판례평석—기본권의 충돌과 그 해결방안을 중심으로〉. 《헌법논총》(헌법재판소) 제22집(2011): 357-446쪽.

허완중. 〈기본권의 대사인적 효력과 기본권보호의무 그리고 기본권 충돌의 관계〉. 《헌법논총》(헌법재판소) 제25집(2014): 1-59쪽.

홍성방. 〈기본권의 충돌과 경합〉. 《안암법학》(안암법학회) 제9호(1999): 1-20쪽.

제11장 기본권의 침해와 권리구제

헌법적 권리인 기본권도 언제든지 침해될 수 있고, 다른 법적 권리가 침해되었을 때와 마찬가지로 기본권이 침해되면 당연히 피해자는 권리구제를 받을 수 있어야 한다. 법적으로 보장된 권리는 침해되었을 때 법으로 정해진 법적 절차에 따라 구제받을 수 있어야만 법적으로 관철될 수 있는 실효적인 권리가 되기 때문이다. 기본권은 기본적으로 '국가'에 의해서 침해될 수 있지만 '사인'(타인)에 의해서 침해될 수도 있다. 국가에 의한 기본권침해는 국가작용의 유형에 따라 다시 입법권이나 집행권 또는 사법권에 의한 기본권침해로 분류할 수 있다. 기본권의 확실한 보장을 위해서는 기본권에 대한 침해의 주체와 유형에 따라 효과적인 권리구제의 절차가 마련될 필요가 있다. 기본권은 헌법에 의하여 보장된 권리이므로 헌법을 해석하고 적용하는 헌법재판소가 담당하는 헌법재판은 기본권침해에 대한 가장 효과적인 권리구제절차가 될 수 있다. 기본권을 침해하는 사인의 행위는 손해배상책임의 원인이 되는 불법행위에 해당하므로 법원의 민사재판을 통해서도 권리구제가 가능하다. 다만 민사재판을 통한 권리구제는 재판을 담당하는 법관이 기본권을 적극적으로 고려하여 재판하는 경우에만 가능해지므로 법관의 자발적 기본권존중을 기대하는 것과 함께 법관이 기본권을 존중하여 판결하도록 제도적으로 강제할 필요도 있다. 더욱이 사인에 의한 기본권침해는 입법을 통한 권리구제도 가능하다. 기본권에 대한 사인의 침해행위를 법적으로 금지하고 이러한 금지의무를 위반하면 법적 제재를 가함으로써 사인에 의한 기본권침해를 예방하는 것이다.

I. 제한과 침해, 그리고 제약

헌법은 기본권의 '**제한**'(restriction)은 허용하지만 기본권의 '**침해**'(infringement)는 금지한다. 헌법적 관점에서 기본권의 제한은 '합헌적' 행위이지만 기본권의 침해는 '위헌적' 행위에 해당하는 것이다. 기본권의 침해는 헌법이 보장한 권리를 침해함으로써 동시에 헌법에 대한 침해(violation)를 의미하게 된다. 다만 기본권에 대한 위헌적 침해에 해당하는지 아니면 합헌적 제한에 해당하는지는 반드시 일정한 심사과정을 거쳐서만 확인이 가능하다. 이처럼 기본권에 대한 제한과 침해로 구분되기 이전에 기본권이 보호하는 법익의 영역을 축소시키는 모든 형태의 행위를 상정하여 기본권의 '**제약**'이라는 중립적 개념으로 지칭할 필요가 있다. 기본권을 제약하는 행위는 헌법적 원칙과 기준에 따른 일정한 심사과정을 거쳐 기본권의 제한에 해당할 수 있고, 기본권의 침해에 해당할 수도 있는 것이다.

Ⅱ. 국가에 의한 기본권침해와 권리구제

1. 위헌법률심판을 통한 권리구제

입법권을 가진 국회가 제정하거나 개정한 위헌적 '법률'에 의하여 기본권을 침해당한 주체는 '위헌법률심판'의 절차를 통하여 권리구제를 받을 수 있다. 다만 헌법재판소의 위헌법률심판은 위헌의 의심이 있는 법률이 적용되는 법원의 재판이 실제로 진행되고 있음을 전제로 해서만 가능하다. 오로지 개별적이고 구체적인 재판에서 적용되는 특정한 법률의 위헌 여부가 문제된 경우에만 당사자(원고 또는 피고)는 해당 재판을 담당하는 법원에 위헌법률심판의 제청을 '신청'하고, 법관의 위헌법률심판 '제청'에 의하여 해당 법률이 헌법재판소에 의하여 위헌으로 결정되면 권리구제를 받을 수 있는 것이다. **위헌법률심판의 권한**은 헌법재판소에 속하고, **위헌법률심판 제청의 권한**은 법원에 속한다. 재판을 받는 당사자, 특히 기본권을 침해당한 피해자는 **위헌법률심판 제청신청의 권한**을 갖는다. 법률에 대한 위헌제청은 당사자의 신청이 없이 법관의 직권으로도 가능하다. 재판을 담당하는 법관은 현재 자신이 진행하는 재판에 적용되는 법률에 대하여 스스로 위헌의 의심을 가질 수 있기 때문이다. 여기서 법률의 합헌성에 관한 판단권이 일부분 법관에게도 인정됨을 확인할 수 있다. 당사자의 신청 여부와 상관없이 법관에 의하여 위헌제청이 된 법률은 헌법재판소의 결정이 있을 때까지 **적용이 중지**된다. 이와 같은 위헌제청이 된 법률의 적용중지는 임시적이고 잠정적인 권리구제의 효과를 발휘한다. 헌법재판소의 심리를 거쳐 위헌으로 결정된 법률은 원칙적으로 '결정이 있은 날'로부터 효력을 상실한다(장래효). 다만 예외적으로 위헌제청의 계기가 된 당해사건이나 동종사건 또는 유사사건에 대해서는 '결정이 있기 전까지' 소급적으로 효력을 상실하기도 한다(소급효). 또한 형벌과 관련된 법률의 경우에는 원칙적으로 소급적 효력상실이 이루어진다. 법률의 장래적인 또는 소급적인 **효력상실**은 위헌적 법률에 의한 기본권침해로부터 최종적이고 확정적인 권리구제가 이루어졌음을 의미한다. 위헌법률심판의 대상은 오로지 법률이기 때문에 법률이 아닌 다른 형태의 입법은 대상이 되지 못하고, 입법의무가 있는데 입법을 하지 않은 입법부작위도 대상이 되지 못한다. 불완전하거나 불충분한 입법을 의미하는 부진정입법부작위만이 위헌법률심판의 대상이 될 수 있다.

2. 헌법소원심판을 통한 권리구제

공권력에 의하여 기본권을 침해당한 주체는 헌법소원심판의 절차를 통하여 권리구제를 받을 수 있다. 공권력의 ① 적극적인 '**행사**'뿐만 아니라 ② 소극적인 '**불행사**'로 인하여 기본권을 침해당한 경우에도 헌법소원심판의 절차를 통한 권리구제가 가능하다. 기본권을 침해할 수 있는 공권력에는 원칙적으로 ① 입법권, ② 집행권(행정권), ③ 사법권이 모두 포함될 수 있다. 다만 집행권의 행사인 처분에 의한 기본권침해의 경우에 우선 행정심판이나 행정소송과 같은 행정쟁송제도를 통하여 권리구제를 받아야 하고, 현행 법률은 명시적으로 사법(재판)을 헌법소원심판의 대상에서 배제하고 있다(헌법재판소법 제68조 제1항). 따라서 헌법소원심판의 절차를 통한 권리구제는 현실적으로 입법(법률/법규명령/국제법규)에 의한 기본권침해에 집중될 수밖에 없다.

여기서 입법은 국회의 **법률**뿐만 아니라 행정부의 **행정입법**(시행령/시행규칙), **긴급입법**(긴급명령/긴급재정·경제명령)도 포함하고, 국회의 동의를 얻은 **조약**이나 국제법규 및 지방자치단체의 **조례**도 포함한다. 공권력의 행사(작위)뿐만 아니라 공권력의 불행사(부작위)도 헌법소원심판의 대상이 되기 때문에 법률을 포함한 적극적 입법뿐만 아니라 소극적 입법으로서

입법부작위도 헌법소원심판의 대상이 될 수 있다. 위헌법률심판의 대상이 되지 않는 입법부작위는 헌법소원심판의 대상으로 삼을 수 있는 것이다. 입법부작위는 ① 입법의무가 있으나 전혀 입법을 하지 않은 '진정입법부작위'와 ② 입법의무를 이행하기 위하여 입법은 하였으나 불완전하거나 불충분한 입법에 그친 '부진정입법부작위'로 구분된다(제9장 참조). 중요한 것은 진정입법부작위만 공권력의 불행사로 인한 **소극적 헌법소원심판**의 대상이 되고, 부진정입법부작위는 공권력의 행사로 인한 **적극적 헌법소원심판**의 대상이 될 수 있을 뿐이라는 점이다. 공권력의 불행사로 인한 소극적 헌법소원심판은 공권력이 존재하지 않아 공권력의 완료시점을 특정할 수 없으므로 청구기간이 적용되지 않음으로써 진정입법부작위에 대한 헌법소원심판은 청구기간이 적용되지 않는다.

한편 집행작용에 속하는 대통령의 '**통치행위**'도 비록 '고도의 정치적인 행위'이지만 헌법의 통제 아래 있기 때문에 헌법소원심판의 대상이 된다. 또한 '**권력적 사실행위**'도 법적 의무의 부과 없이 사실상 이행된 행위라고 하더라도 기본적으로 당사자가 명령·복종의 권력관계에 놓여 있어서 사실상 강제된 행위에 해당하기 때문에 헌법소원심판의 대상이 된다. 헌법재판소는 행정기관의 사실행위를 ① 권력적 사실행위와 ② 비권력적 사실행위로 구분한다. "행정청의 사실행위는 경고, 권고, 시사와 같은 정보제공 행위나 단순한 행정지도와 같이 대외적 구속력이 없는 '비권력적 사실행위'와 행정청이 우월적 지위에서 일방적으로 강제하는 '권력적 사실행위'로 나눌 수" 있다.[1] 권력적 사실행위와 비권력적 사실행위를 구분하는 기준과 관련하여 "당해 행정주체와 상대방과의 관계, 그 사실행위에 대한 상대방의 의사, 관여정도, 태도, 그 사실행위의 목적, 경위, 법령에 의한 명령, 강제수단의 발동가부 등 그 행위가 행하여질 당시의 구체

1 헌재 2020. 1. 14. 2019헌마1421 참조.

적 사정을 종합적으로 고려하여 개별적으로 판단하여야 한다"는 것이 헌법재판소의 일관된 입장이다.[2] 이처럼 비권력적 사실행위와 구분되는 권력적 사실행위는 기본권을 침해할 수 있기 때문에 헌법소원심판의 대상이 된다.

행정처분은 기본적으로 행정소송의 대상이 되기 때문에 행정처분의 취소를 구하는 행정소송을 제기하였으나 청구기각의 판결이 확정되어 법원의 소송절차에 의해서는 더 이상 다툴 수 없게 되었을 때 그 행정처분을 '**원행정처분**'이라고 부르는데 이러한 원행정처분은 원칙적으로 헌법소원심판의 대상이 될 수 없다. 왜냐하면 원행정처분에 대한 헌법소원심판을 허용하면 원행정처분에 대한 법원의 확정판결에 부여된 기판력에 어긋나고, 처분의 위헌성에 대한 최종적인 판단권을 대법원에 부여한 헌법규정(헌법 제107조 제2항)이나 원칙적으로 법원의 재판을 헌법소원심판의 대상에서 배제한 헌법재판소법 규정(같은 법 제68조 제1항)의 취지에도 어긋나기 때문이다.[3] 다만 법원의 재판이 헌법재판소가 위헌으로 결정하여 그 효력을 전부 또는 일부 상실하거나 위헌으로 확인된 법률을 적용함으로써 국민의 기본권을 침해한 경우에는 그 재판은 헌법소원심판의 대상이 되고, 그 재판(행정소송)이 취소된 경우에는 그 대상이 된 원행정처분에 대한 헌법소원심판의 청구도 허용된다.[4] 이처럼 원행정처분에 대한 헌법소원은 예외적으로 법원의 재판이 헌법소원의 대상이 되어 취소된 경우로 한정된다.

그 밖에도 법원의 '재판'은 원칙적으로 헌법소원심판의 대상이 될 수 없지만 예외적으로 헌법재판소의 위헌결정(변형결정 포함)과 배치되는 법원의 재판은 헌법소원의 대상이 될 수 있다. 검사가 수사를 완료한 뒤에

2 헌재 1994. 5. 6. 89헌마35; 2012. 10. 25. 2011헌마429 참조.

3 헌재 1998. 5. 28. 91헌마98등 참조.

4 헌재 1997. 12. 24. 96헌마172등 참조.

충분한 범죄혐의가 없거나(혐의 없음) 범죄의 구성요건에 해당하지 않거나(죄가 안됨) 적법한 공소제기를 할 수 없는(공소권 없음) 경우에 공소를 제기하지 않는 처분을 할 수 있는데 이러한 처분을 **검사의 불기소처분**이라 한다. 이러한 불기소처분은 원칙적으로 불복제도인 '재정신청'이 허용되지 않는 경우에만 헌법소원심판의 대상이 될 수 있다. 재정신청은 범죄피해자인 고소인이 고소를 한 경우에(예외적으로 고발인이 고발을 한 경우에) 허용되므로 고소를 하지 않은 범죄피해자는 검사의 불기소처분에 대하여 헌법소원심판을 청구할 수 있다. 범죄피해자의 고소가 아니라 제3자의 신고나 고발인의 고발로 수사가 개시되어 검사의 불기소처분이 내려지면 범죄피해자에게는 재정신청이 아니라 헌법소원청구가 더욱 효과적인 권리구제절차가 될 수 있기 때문이다. 재정신청이 허용되는 검사의 불기소처분은 항고를 거쳐 관할 고등법원에 재정신청을 하여 권리구제를 받을 수 있다(아래 [법령] 참조). 따라서 이와 같은 권리구제절차를 거치지 않고 불기소처분을 대상으로 헌법소원심판을 청구하면 보충성요건을 흠결하여 부적법한 청구로 각하된다.[5] 그리고 검사의 불기소처분에 불복하여 재정신청절차를 통하여 법원의 재판을 받게 되면 그 재판이 위헌으로 결정된 법령을 적용하여 예외적으로 헌법소원심판의 대상이 됨으로써 그 재판 자체가 취소되는 경우에만 그 불기소처분이 헌법소원심판의 대상이 될 수 있을 뿐이다. 한편 공소의 제기를 하는 데 충분한 혐의가 있고 소송조건도 구비되어 있지만 검사가 여러 가지 사항을 고려하여 공소를 제기하지 않는 '**기소유예처분**'은 넓은 의미의 불기소처분에 포함된다. 이러한 기소유예처분이 헌법소원심판의 대상에 포함되는 이유를 헌법재판소는 다음과 같이 설명한다. "불기소처분을 하여야 할 사인인데도 범죄의 충분한 혐의가 있다고 보아 기소유예처분을 하면, 차라리 공소제기

---

5 헌재 2016. 8. 30. 2016헌마664; 2022. 8. 23. 2022헌마1108 참조.

되어 헌법 제27조 소정의 재판을 받을 권리의 행사에 의하여 무죄판결을 받아 완전히 범죄의 혐의를 벗고 그 혐의 사실에 대해서는 수사당국으로 하여금 앞으로 재론 못하게 하는 길만 막아버리는 결과가 되어 공소를 제기한 것보다 더 불리할 수 있다."[6] 범죄피의자의 입장에서는 기소유예 처분을 받아 기소되지 않는 것보다 차라리 기소되어 무죄판결을 받는 편이 범죄혐의를 완전히 벗을 수 있어 유리하다는 뜻이다.

[법령[검사의 불기소처분에 대한 재정신청제도: 형사소송법 제260조(재정신청)

① 고소권자로서 고소를 한 자(〈형법〉 제123조부터 제126조까지의 죄에 대하여는 고발을 한 자를 포함한다. 이하 이 조에서 같다)는 검사로부터 공소를 제기하지 아니한다는 통지를 받은 때에는 그 검사 소속의 지방검찰청 소재지를 관할하는 **고등법원**(이하 "관할 고등법원"이라 한다)**에 그 당부에 관한 재정을 신청**할 수 있다. 다만, 〈형법〉 제126조의 죄에 대하여는 피공표자의 명시한 의사에 반하여 재정을 신청할 수 없다.

② 제1항에 따른 재정신청을 하려면 〈검찰청법〉 제10조에 따른 항고를 거쳐야 한다. 다만, 다음 각 호의 어느 하나에 해당하는 경우에는 그러하지 아니하다.

1. 항고 이후 재기수사가 이루어진 다음에 다시 공소를 제기하지 아니한다는 통지를 받은 경우
2. 항고 신청 후 항고에 대한 처분이 행하여지지 아니하고 3개월이 경과한 경우
3. 검사가 공소시효 만료일 30일 전까지 공소를 제기하지 아니하는 경우

---

6 헌재 1989. 10. 27. 89헌마56; 2023. 2. 23. 2020헌마1739 참조.

[법령] 검사의 불기소처분에 대한 항고제도: 검찰청법 제10조(항고 및 재항고)

① 검사의 불기소처분에 불복하는 고소인이나 고발인은 그 검사가 속한 지방검찰청 또는 지청을 거쳐 서면으로 관할 고등검찰청 검사장에게 **항고**할 수 있다. 이 경우 해당 지방검찰청 또는 지청의 검사는 항고가 이유 있다고 인정하면 그 처분을 경정(更正)하여야 한다.

③ 제1항에 따라 항고를 한 자[〈형사소송법〉 제260조에 따라 재정신청(裁定申請)을 할 수 있는 자는 제외한다. 이하 이 조에서 같다]는 그 항고를 기각하는 처분에 불복하거나 항고를 한 날부터 항고에 대한 처분이 이루어지지 아니하고 3개월이 지났을 때에는 그 검사가 속한 고등검찰청을 거쳐 서면으로 검찰총장에게 **재항고**할 수 있다. 이 경우 해당 고등검찰청의 검사는 재항고가 이유 있다고 인정하면 그 처분을 경정하여야 한다.

입법	법률	위헌법률심판	헌법소원심판
	행정입법	×	헌법소원심판
	긴급입법	×	헌법소원심판
	조약/국제법규	×	헌법소원심판
	조례	×	헌법소원심판
	입법부작위	×	헌법소원심판
집행	처분	행정소송	
	통치행위	×	헌법소원심판
	권력적 사실행위	×	헌법소원심판
	원행정처분	×	예외적 헌법소원심판
	불기소처분	항고, 재항고, 재정신청	예외적 헌법소원심판
사법	재판	심급제도	예외적 헌법소원심판

3. 국가인권위원회를 통한 권리구제

인권에 해당하는 헌법적 권리를 침해당한 사람은 국가인권위원회에 진정하여 권리구제를 받을 수 있다. 다만 〈국가인권위원회법〉은 침해될 수 있는 헌법적 권리의 범위를 **헌법 제10조에서 제22조의 권리**로 한정한다(같은 법 제30조 제1항 제1호). 또한 헌법적 권리를 침해하는 주체도 국기기관, 지방자치단체, 각급 학교, 공직유관기관, 구금·보호시설로 한정하면서 국회의 입법(법률), 법원과 헌법재판소의 재판을 진정의 대상에서 제외하고 있다. 따라서 주로 경찰에 의하여 또는 군대, 교도소나 구치소 등 구금시설, 아동, 노인, 장애인, 외국인 등을 보호하는 시설에서 헌법적 권리를 침해당하면 국가인권위원회를 통하여 권리구제를 받을 수 있다.

III. 사인에 의한 기본권침해와 권리구제

1. 기본권보호입법에 통한 권리구제

기본권 충돌과 관련하여 살펴본 것처럼 다른 사람의 기본권을 침해하는 사인(제3자)의 행위는 입법자에 의하여, 특히 의회의 법률로써 '범죄행위'로 규정되어 형벌이 부과되어야 한다(자세한 내용은 제10장 참조). 다른 사람을 살해하여 생명권을 침해하거나 다른 사람의 신체에 상해를 입혀 신체적 완전성에 관한 권리를 침해하거나 다른 사람의 재산을 훔쳐 재산권을 박탈하는 행위가 법률에 의하여 형벌이 부과되는 범죄행위로 규정되는 것이다. 이처럼 기본권은 '형사입법'을 통하여 사인인 제3자에 의해서 침해되는 상황으로부터 보호된다. 형사입법에 의한 권리구제는 형벌의 범죄예방효과를 인정하는 것을 전제로 하는 '사전예방적' 권리구제의 방법이다. 더욱이 형벌의 범죄예방효과가 발생하지 않아 실제로 타인의 기본권을 침해하는 범죄행위가 발생한 경우에는 그러한 행위에 대하여 형벌을 부과함으로써 가해자를 응징하는 '사후회복적' 권리구제의 방법이 될 수도 있다. 따라서 형사입법의 범죄예방효과가 실제로 나타나지 않는 경우, 형사입법을 집행하거나 적용하는 수사나 기소 또는 재판이 불충분하여 다른 사람의 기본권을 침해한 범죄행위가 기소되지 않거나 무죄로 판결되면 사인인 제3자의 기본권침해행위로 피해를 입은 사람은 권리구제를 받을 수 없게 된다.

2. 손해배상청구권의 기본권적 보장을 통한 권리구제

기본권 충돌의 상황에서 자신의 기본권을 행사하여 다른 사람의 기본권을 침해함으로써 피해를 입힌 사인인 제3자에게는 '불법행위'로 인한 손해배상책임이 부과될 필요가 있다. 다만 앞서 언급한 대로 현행 헌법은 사인인 제3자가 언론·출판의 자유를 행사함으로써 명예나 권리를 침해당한 피해자에게만 **불법행위로 인한 손해배상청구권**을 기본권으로 인정하고 있을 뿐이다(헌법 제21조 제4항). 따라서 사인인 제3자의 기본권행사로 자신의 기본권을 침해당한 모든 사람에게 손해배상청구권을 기본권으로 보장할 필요가 있다(제10장 참조). 기본권을 침해한 사인인 제3자에게 피해를 입은 기본권 주체에 대한 불법행위로 인한 손해배상책임을 인정하는 것은 '사후회복적' 권리구제의 방법에 해당한다. 헌법은 사인인 제3자가 행한 모든 유형의 기본권침해에 대해서 일반적으로 불법행위로 인한 **손해배상청구권을 기본권으로 보장**한다는 일반적 규정을 두고 있지 않다. 하지만 적어도 언론·출판의 자유에 의한 명예나 권리의 침해에 대해서 손해배상청구권을 기본권으로 인정하고 있다는 점, 국가에 의한 기본권침해에 대하여 '국가배상청구권'을 기본권으로 인정하고 있다는 점(헌법 제29조 제1항) 등을 고려할 때 사인에 의한 기본권침해에 대해서도 일반적으로 손해배상청구권을 기본권으로 인정하고 있는 것으로 확장해서 해석할 수 있는 여지가 있다. 그렇다면 사인에 의하여 기본권을 침해당한 주체는 불법행위로 인한 손해배상청구권이라는 '재산권'을 기본권으로 보장받는 동시에 이러한 특수한 형태의 재산권을 실현하기 위하여 필수적으로 요구되는 손해배상절차에 관한 입법을 요구할 수 있는 '절차권'도 기본권으로 보장받게 된다.

3. 기본권존중판결을 통한 권리구제

사인인 제3자가 다른 사람의 기본권을 침해한 경우에 법률에 따라 불법행위로 인한 손해배상책임이 인정된다고 해도 구체적으로 민사재판을 통하여 법관에 의해서 불법행위로 인정되어야만 손해배상책임이 부과될 수 있다. 개별적이고 구체적인 사안에서 불법행위에 의한 손해배상책임을 인정할지 여부를 판단하는 민사재판이 진행되어도 법관이 기본권을 존중하여 판결하는 경우에만 다른 사람의 기본권을 침해한 가해자의 손해배상책임이 인정될 수 있는 것이다. 여기서 민사법관에게 불법행위로 인한 손해배상책임을 인정하는 재판에서 피해자(원고)의 기본권을 존중해야 할 '헌법적 의무'와 함께 당사자에게 이에 상응하는 '헌법적 권리'가 인정될 필요가 있다. 사인인 제3자에 의하여 기본권을 침해당한 피해자는 불법행위로 인한 손해배상을 청구하는 민사재판에서 법관에게 자신의 기본권을 존중하여 판결해 주도록 요구할 수 있는 헌법적 권리가 인정되어야 한다. 이와 같은 헌법적 권리는 사인인 제3자의 기본권침해행위를 범죄행위로 규정하고 형벌을 부과하는 입법을 통하여 기본권을 보호해야 할 의회의 헌법적 의무(기본권보호의무)와 그에 상응하는 헌법적 권리(보호권)를 원용하여 인정될 수 있다. 더욱이 불법행위로 인한 손해배상청구소송에서 담당 법관이 기본권을 존중하도록 요구할 수 있는 헌법적 권리가 실제로 관철되기 위해서는 재판에 대한 헌법소원(재판소원)이 인정되어야 하는데 현행 〈헌법재판소법〉은 헌법소원의 대상에 재판을 배제하고 있다(같은 법 제68조 제1항). 따라서 법관이 자율적으로 기본권을 존중하는 판결을 하면 바람직하겠지만 그렇지 않은 경우를 대비하여 법원의 재판에 대한 헌법소원제도를 도입할 필요성도 있다고 보인다(상세한 설명은 제20장 참조).

4. 국가인권위원회를 통한 권리구제

평등권을 침해하는 '차별(discrimination)'을 당한 피해자는 차별행위자(가해자)가 개인이나 학교 또는 기업 등 사인인 경우에 국가인권위원회에 진정함으로써 권리구제를 받을 수 있다. 〈국가인권위원회법〉은 **차별금지사유**로 성별, 종교, 장애, 나이, 사회적 신분 등 19가지를 열거하고 있다(같은 법 제2조 제3호). 또한 **차별금지영역**으로는 고용, 거래, 교육 및 성희롱이 열거되어 있는데 직접차별이나 간접차별과 함께 차별의 한 유형으로 볼 수 있는 성희롱이 차별의 한 영역으로 언급된 점이 특이하다. 국가에 의한 차별의 경우에도 권리구제가 가능하지만 사인에 의한 차별의 경우에 권리구제가 가능하다는 점에 주목할 필요가 있다. 일반적 차별금지법으로 이해되는 〈국가인권위원회법〉은 조직법이나 절차법으로 볼 수 있기 때문에 실체법으로서 독자적인 일반적(포괄적) 차별금지법이 제정될 필요가 있다. 현재 개별적 차별금지법으로는 ① 장애인차별금지법(〈장애인차별금지 및 권리구제 등에 관한 법률〉), ② 성차별금지법(〈남녀고용평등 및 일·가정 양립 지원에 관한 법률〉), ③ 연령차별금지법(〈고용상 연령차별금지 및 고령자고용촉진에 관한 법률〉), ④ 비정규직차별금지법(〈기간제 및 단시간근로자 보호 등에 관한 법률〉)이 제정되어 있다. 장애인차별금지법을 제외하면 차별금지영역은 주로 고용영역으로 한정된다. 개별적 차별금지사유에 따라 규율하는 차별금지법은 여러 가지 차별금지사유가 함께 작동하는 중복차별을 해결하기 어렵다는 점에서도 일반적 차별금지법의 제정이 요구된다.

[읽을거리]

성중탁. 〈사실행위에 대한 사법적 통제 경향 및 그 개선방안—권력적 사실행위와 비권력적 사실행위에 대한 헌법재판소 판례검토를 중심으로〉. 《행정판례연구》(한국행정판례연구회) 제19권, 제1호(2014): 313-354쪽.

손상식. 〈행정처분에 대한 헌법재판소의 취소가능성〉. 《저스티스》(한국법학원) 통권 제161호(2017): 76-122쪽.

이노홍. 〈헌법소원의 대상으로서 공권력의 행사와 행정청의 행위—헌재 결정을 중심으로〉. 《세계헌법연구》(세계헌법학회 한국학회) 제17권, 제2호(2011): 503-530쪽.

이준일. 〈인공지능과 헌법—인공지능의 위험에 대한 헌법적 권리 차원의 대응〉. 《헌법학연구》(한국헌법학회) 제28권, 제2호(2022): 347-383쪽.

______. 〈평등법 제정의 의의와 국가인권위원회의 역할〉. 《인권연구》(한국인권학회/인권법학회) 제4권, 제2호(2021): 87-124쪽.

전종익. 〈원행정처분에 대한 헌법소원—헌재 2010. 4. 29. 2003헌마283 임원취임 승인취소 처분 등 사건을 중심으로〉. 《헌법학연구》(한국헌법학회) 제16권, 제4호(2010): 207-236쪽.

정남철. 〈항고소송과 헌법소원의 대상—공법소송 대상의 재구성을 위한 시론을 중심으로〉. 《법조》(법조협회) 제68권, 제2호(2019): 7-34쪽.

______. 〈행정입법부작위에 대한 사법적 통제〉. 《저스티스》(한국법학원) 통권 제110호(2009): 194-217쪽.

홍일선. 〈입법부작위 헌법소원심판의 적법요건 연구〉. 《강원법학》(강원대학교 비교법학연구소) 제57권(2019): 185-216쪽.

제12장

일반적 행동자유권과 개별적 행동자유권

인간이 인간답게 살도록 하려면 자신이 원하는 대로, 자신의 마음대로, 자신의 생각대로 자유롭게 행동할 수 있는 권리가 보장되어야 한다. 어떠한 행동을 하든지 말든지 그것은 오로지 본인의 자유로운 의지와 선택, 결정에 따라서만 이루어져야 한다. 특정한 행위를 하라고 강제하는 것, 그리고 특정한 행위를 하지 말라고 규제하는 것은 자유에 대한 억압을 의미한다. 강제나 규제에 관한 아무런 의무도 부과하지 않은 채 어떠한 행동도 자기 마음대로 하거나 하지 않을 수 있도록 내버려 두는 것이 자유의 본질이다. 어떠한 형태로든 행동의 자유를 억압받지 않을 때 비로소 인간은 독립적인 존재로서 존엄해진다. 무엇을 반드시 해야 하고 무엇을 절대로 하지 말아야 하는 식으로 온통 행위의 의무로 가득 차서 도대체 숨조차 쉴 수 없을 만큼 행동의 자유가 억압받는 인간을 존엄한 존재라고 말할 수는 없다. 본인이 하고 싶은 행동을 할 수 있는 자유, 본인이 하기 싫거나 하고 싶지 않은 행동을 하지 않을 수 있는 자유, 근본적으로 어떤 행동이든지간에 그것을 하든지 하지 않든지 본인의 뜻과 의지대로 결정할 수 있는 자유의 보장은 인간이 존엄한 존재가 되기 위한 필수적 조건이다. 물론 다른 사람과 공존해야 하는 공동체 안에서 모든 자유는 무제한의 자유가 아니므로 행동의 자유도 제한이 필요하다. 다른 사람의 자유를 침해하거나 공동체의 이익을 훼손한다면 그러한 자유는 제한될 수밖에 없다. 자유는 공동체 안에서 다른 사람과 공존할 수 있는 범위 안에서만 인정될 수 있을 뿐이다. 인간은 고립된 개인이 아니라 공동체 속에서 다른 사람과 더불어 살면서 존엄해질 필요도 있다.

I. 행동의 자유

자유는 기본적으로 '행동'의 자유다. 인간에게 보장되어야 할 행동의 자유는 ① 특정한 행위를 할 수 있는 '적극적 자유'와 ② 특정한 행위를 하지 않을 수 있는 '소극적 자유'를 포괄한다. 엄밀하게 말하면 자유의 본질은 특정한 행위에 관한 적극적 자유와 소극적 자유 가운데 어느 하나를 자신이 원하는 대로 선택(choice)할 수 있는 데 있다. 어떠한 행위이든 상관없이 특정한 행위를 하거나 또는 하지 않는 것을 **자신의 의지(뜻/생각/마음)에 따라 스스로 결정**(self-determination)할 수 있다는 점에 자유의 본질이 있는 것이다.

II. 일반적 행동자유권

1. 의미와 필요성

행동의 자유에 관한 일반적 권리를 '일반적 행동자유권'으로 부른다. "일반적 행동자유권에는 적극적으로 자유롭게 행동을 하는 것은 물론 소극적으로 하지 않을 자유, 즉 부작위의 자유도 포함되며", 일반적 행동자유권은 "포괄적인 의미의 자유권으로서 일반조항적인 성격을 가진다."[1] 사람은 먹고, 마시고, 웃고, 화내고, 슬퍼하고, 산책하고, 운전하는 등으로 다양한 형태의 행동을 할 수 있는데 인간이 할 수 있는 모든 개별적이고 구체적인 행동의 자유를 포괄하여 전반적으로 보장하는 것이 일반적 행동자유권이다. 어떤 행동이든 상관없이 행동의 자유는 언제든지 국가에 의하여 공격당할 수 있으므로 이에 대항하여 자유에 대한 공격을 처음부터 하지 않도록(공격행위의 부작위), 또는 시작된 공격을 중지하도록 요구할 수 있는 '방어권'이 보장되어야 한다(자세한 내용은 제3장 참조). 행동의 자유는 이에 대한 국가의 외부적 공격에 대항할 수 있는 방어권과 결합하여 행동의 '자유권'이 된다. 따라서 일반적 행동자유권은 **일반적 행동의 자유와 방어권이 결합된 주관적 지위**를 뜻한다.

개별적 행동자유권을 일일이 나열하는 것은 가능하지도 않을 뿐만 아니라, 설령 가능하다고 해도 그것만으로 충분하지 않고 추가적으로 일반적 행동자유권이 인정될 필요가 있다. 개별적 행동자유권은 기본권의 체계상 하나의 독립된 자유권으로 인정될 수 있을 만큼 일반성과 추상성을 가져야 하기 때문이다. 따라서 독립된 자유권으로 인정될 수 있을 만큼의 일반성과 추상성을 갖지는 않지만 여전히 헌법이 보장하는 자유권으로 인정될 필요가 있는 경우에는 일반적 행동자유권을 근거로 삼아 헌법적 권리로 인정되어야만 한다. 예를 들어 "위험한 생활방식으로 살아갈" 자유권이나 "좌석 안전띠를 매지 않을" 자유권,[2] "소변검사에 필요한 자신의 소변을 제출하는 일을 하지 않을" 자유권,[3] "위험한 스포츠를 즐길"

1 헌재 2003. 10. 30. 2002헌마518, 판례집 15-2하, 185, 199쪽 참조.

2 헌재 2003. 10. 30. 2002헌마518, 판례집 15-2하, 185, 200쪽 참조.

3 헌재 2006. 7. 27. 2005헌마277, 판례집 18-2, 280, 286쪽 참조.

자유권,[4] "서울광장을 통행할" 자유권,[5] "공원 탐방객이 자연공원지역을 마음대로 출입할" 자유권,[6] "원하는 장소에서 흡연할" 자유권,[7] "이륜자동차(오토바이)로 자동차전용도로를 주행할" 자유권,[8] "잠수용 스쿠버장비를 이용하여 바다에서 수산자원을 포획하거나 채취할" 자유권,[9] "카메라 등으로 타인의 신체를 몰래 촬영할" 자유권,[10] "전동킥보드를 속도제한 없이 탈 수 있는" 자유권,[11] "운전 중 휴대전화를 사용할" 자유권,[12] "환각물질을 섭취하거나 흡입할" 자유권,[13] "못된 장난을 할" 자유권[14] 등이 헌법에 명시되지 않은 자유권으로서 일반적 행동자유권을 근거로 주장될 수 있다. 따라서 일반적 행동자유권을 주장한다고 해서 행동과 관련된 자유권 전체를 포괄적으로 주장하는 것은 아니다. 일반적 행동자유권을 주장하는 것은 헌법에 열거된 것이든 열거되지 않은 것이든 개별적 행동자유권을 근거로 해서는 특정한 행동의 자유권을 주장할 수 없는 경우에 불가피하게 보충적 근거로 인용하는 것일 뿐이다.

---

4 헌재 2008. 4. 24. 2006헌마954, 판례집 20권 1집, 689, 694쪽 참조.

5 헌재 2011. 6. 30. 2009헌마406, 판례집 23-1하, 457, 468쪽 참조.

6 헌재 2012. 2. 23. 2010헌바99, 공보 185, 395, 397쪽 참조.

7 헌재 2014. 9. 25. 2013헌바411, 판례집 26-2상, 609, 615쪽 참조.

8 헌재 2015. 9. 24. 2014헌바291, 판례집 27-2상, 583, 592쪽 참조.

9 헌재 2016. 10. 27. 2013헌마450, 판례집 28-2상, 681, 688쪽 참조.

10 헌재 2017. 6. 29. 2015헌바243, 판례집 29-1,263, 271쪽; 2019. 11. 28. 2017헌바182, 판례집 31-2상, 431, 436쪽 참조.

11 헌재 2020. 2. 27. 2017헌마1339, 판례집 32-1상, 85, 90쪽 참조.

12 헌재 2021. 6. 24. 2019헌바5, 공보 297, 794, 797쪽 참조.

13 헌재 2021. 10. 28. 2018헌바367, 판례집 33-2, 416, 421쪽 참조.

14 헌재 2022. 11. 24. 2021헌마426, 공보 314, 1541, 1543쪽 참조.

2. 헌법적 근거

현행 헌법은 '**행복추구권**'을 명시적으로 보장하고 있는데(헌법 제10조) 이 권리는 보통 **일반적 자유권**으로 이해된다. 행복추구권은 체계적 측면에서 인간의 존엄과 가치에 관한 권리(헌법 제10조)와 일반적 평등권(헌법 제11조 제1항) 사이에 규정됨으로써 인간의 존엄성을 실현하기 위한 보편적 조건 가운데 하나인 일반적 자유권을 의미한다고 해석하는 것이 합리적이기 때문이다. 헌법재판소도 "행복추구권은 국민이 행복을 추구하기 위한 활동을 국가권력의 간섭 없이 자유롭게 할 수 있다는 **포괄적인 의미의 자유권**으로서의 성격을 갖는 것"으로 본다.[15] 따라서 현행 헌법에서 일반적 행동자유권은 일반적 자유권의 헌법적 근거인 행복추구권으로부터 도출할 수 있다. 일반적 자유권은 자유권의 두 가지 필수적 영역인 ① **일반적 행동자유권**과 ② **일반적 인격권**을 모두 포함하기 때문이다. 행동과 관련된 영역의 자유는 일반적 행동자유권이 보장하지만 행동과 관련이 없는 영역의 자유는 일반적 인격권이 보장한다. 이처럼 일반적 자유권을 의미하는 행복추구권은 오로지 일반적 행동자유권의 근거만 되는 것은 아니다. 행복추구권은 일반적 자유권으로서 다음 장에서 상세하게 설명하는 일반적 인격권의 근거도 된다. 일반적 행동자유권을 구체화하는 개별적 행동자유권에는 다음과 같은 것들이 있다.

15 헌재 2015. 5. 28. 2013헌마343, 판례집 27-1하, 315, 321쪽 참조.

III. 개별적 행동자유권

1. 인신활동에 관한 자유권

인간은 존엄한 존재가 되기 위하여 기본적으로 자신의 몸(인신, person)을 자유롭게 움직일 수 있어야 한다. 이러한 '거동(motion)'의 자유를 **신체의 자유**(헌법 제12조 제1항 제1문)가 보장한다. 신체의 자유는 **인신의 구금**, 즉 체포나 구속에 의하여 제한된다. 헌법은 인신의 구금에 해당하는 체포나 구속뿐만 아니라 압수, 수색, 심문 등 강제수사는 반드시 **법률과 적법한 절차**에 따라 이루어지도록 요구한다. 더 나아가 수사절차나 형사재판절차를 포괄하는 형사사법절차에서 ① 고문을 받지 않을 권리와 ② 형사상 자신에 불리한 진술의 거부권(묵비권, 같은 조 제2항), ③ 영장을 요구할 수 있는 권리(영장주의원칙, 같은 조 제3항), ④ 변호사의 조력을 받을 권리(같은 조 제4항), ⑤ 체포나 구속의 이유에 대하여 고지를 받을 권리(같은 조 제5항), ⑥ 구속적부심사를 받을 권리(같은 조 제6항), ⑦ 무죄추정을 받을 권리(헌법 제27조 제4항) 등이 헌법적 권리로 보장된다. 이 가운데 고문을 받지 않을 권리는 고문에 의한 신체적 완전성의 침해를 받지 않을 권리를 뜻하고, 불리한 진술의 거부권은 본인에게 불리한 진술을 강요받지 않을 권리를 의미한다는 점에서 본질적으로 자유권의 성격을 갖지만 수사절차와 직접적으로 관련된 기본권이라는 점에서 절차권의 성격도 아울러 갖는다.

한편 신체의 자유를 제한하는 징역형이나 금고형을 포함하여 모든 형태의 '형벌'을 부과할 때 반드시 법률에 의하여야 한다는 '**죄형법정주의**' 원칙도 명시되어 있다(헌법 제12조 제1항 제2문). '법률이 없으면 범죄도 형벌도 없다'는 죄형법정주의 원칙은 부분원칙으로 ① 명확성 원칙, ② 불소급원칙, ③ 일사부재리원칙 등을 포함한다. 특히 법률의 효력을 과거로 거슬러 올라가 발생시킬 수 없다는 불소급원칙과 관련하여(상세한 내용은

제5장 참조) "행위 시의 법률에 의하여 범죄를 구성하지 아니하는 행위로 소추되지 아니"한다는 원칙이 명시되어 있으며(헌법 제13조 제1항) "소급입법에 의하여 참정권의 제한을 받거나 재산권을 박탈당하지 아니한다"는 원칙도 명시되어 있다(같은 조 제2항). 법률은 행위 이전에 미리 제정되어 있어야 하며 과거의 행동을 나중에 법을 제정하여 그에 따라 판단하거나 그러한 법적 판단에 근거하여 정치적, 재산적 권리를 박탈할 수는 없다는 뜻이다. 또한 "동일한 범죄에 대하여 거듭 처벌받지 아니한다"는 '일사부재리의 원칙'도 명시되어 있다. 동시에 "자기의 행위가 아닌 친족의 행위로 인하여 불이익한 처우를 받지 아니한다"는 '연좌제금지의 원칙'도 명문화되어 있다. 자신이 저지른 범죄라도 이 때문에 두 번 이상 거듭하여 처벌받을 수 없으며, 자신에게 책임이 없는 가족의 행위로 불리한 대우를 받을 수는 없다는 말이다. 죄형법정주의는 책임과 형벌 사이에 비례적 관계를 요구하기 때문에 자신의 행위에 걸맞는 책임을 지면 되는 것이지 그 이상을 책임을 질 필요는 없고, 이러한 자기책임의 원리를 확대하면 자신의 행위가 아닌 다른 사람의 행위로 인한 책임까지 짊어질 필요는 없기 때문이다.

신체의 자유와 유사하지만 또 다른 보호영역을 가지는 기본권은 **거주·이전의 자유**(헌법 제14조)다. ① 거주의 자유와 ② 이주의 자유가 결합된 이 자유권은 **자유로운 이동**(movement)을 보장하기 위하여 거주지나 체류지를 자유롭게 결정하고 변경할 수 있는 주관적 지위다. 국내에서의 자유로운 이동과 국외로의 자유로운 이동이 모두 가능해야 하기 때문에 ① 입국의 자유와 ② 출국의 자유도 거주·이전의 자유에 의하여 보장된다. 대체로 외국인에게는 입국의 자유가 제한되고, 심지어 강제퇴거명령을 통하여 출국의 자유가 제한되기도 한다. 국민(내국인)의 경우에는 주로 위험한 지역으로 출국하는 자유와 출국금지조치를 통해 범죄혐의가 있는 사람이 출국하는 자유가 제한될 수 있다. 출국의 자유는 ① 일시적인 해외여행의 자유뿐만 아니라 ② 장기적인 해외체류의 자유와 ③ 영구적인 해외이주의 자유까지도 포함한다. 해외이주는 국적변경을 목적으로 할 수도 있기 때문에 **국적변경의 자유**를 거주·이전의 자유에서 도출하기도 한다. 하지만 국적변경의 자유는 열거되지 않은 개별적 자유권으로 인정될 필요도 있다. 국적은 특정한 국가의 국민이 되는 자격을 의미하는데 현행 헌법은 대한민국의 국민이 되는 요건을 법률에서 정하도록 유보하고 있다(헌법 제2조 제1항). 이에 따라 제정된 〈국적법〉은 국적의 취득과 상실 및 이탈에 관한 상세한 요건을 규정하고 있다(자세한 내용은 제1장 참조). 거주·이전의 자유는 특히 경제적 목적의 이동이 강조되어 경제활동에 관한 자유권으로 분류되기도 한다.

2. 정신활동에 관한 자유권

정신활동은 인간의 내면(마음, mind)에서 벌어지는 현상이기 때문에 엄밀하게 말하면 행동(행위, behavior)이라고 볼 수 있을지 의문이 들기도 한다. 하지만 정신활동도 뇌의 작용으로 이해한다면 일종의 행동으로 이해하지 않을 이유도 없다. 인간의 정신활동은 내면의 활동으로 머무르기도 하지만 그 결과물이 외부로 표출되기도 하고 그에 따른 행동으로 나타나기도 한다. 대표적인 정신활동으로는 양심, 종교, 학문, 예술에 관한 활동이 있다. 따라서 정신활동에 관한 자유권으로는 ① **양심의 자유**(헌법 제19조), ② **종교의 자유**(헌법 제20조 제1항), ③ **학문의 자유**(헌법 제22조), ④ **예술의 자유**(헌법 제22조)를 든다. 매우 추상적으로 이해할 때 '양심'은 선악(옳고 그름)에 관한 가치판단이 형성되는 활동, '종교'는 초월적 존재나 형이상학적 세계에 대한 신앙이 형성되는 활동, '학문'은 진리를 탐구하는 이성적 활동, '예술'은 미(아름다움)를 추구하는 창의적 활동으로 정리할 수 있다. 그 밖에도 사상이나 세계관 또는 정치적 견해가 형성되어 가는 활동도 정신활동에 포함시킬 수 있다. **사상의 자유**를 양심의 자유로부터 독립시켜 독자적인 개별적 자유권으로 보려는 이유가 여기에 있다. 현행 헌법은 종교의 자유와 관련하여 ① 정교분리의 원칙과 ② 국교부인의 원칙을 규정하고(헌법 제20조 제2항), 앞서 언급한 양심의 자유와 함께 종교의 자유는 양심이나 종교를 이유로 한 병역거부가 헌법적으로 허용되는지가 문제될 수 있다. 헌법재판소는 양심이나 종교를 이유로 한 병역거부자에게 대체복무제를 허용하지 않는 것은 헌법에 합치되지 않는다고 결정하였다.[16] 학문의 자유와 관련해서는 '대학의 자율성'을 보장한다(헌법 제34조 제4항). 정교분리나 국교부인은 종교의 자유에 포함된 객관적인 제도의 보장으로, 대학의 자율성은 학문의 자유에 포함된 객관적인 제도의 보장으로 이해하기도 한다. 하지만 정교분리나 국교부인 또는 대학의 자율성은 이미 종교의 자유 또는 학문의 자유가 보호하는 내용으로 굳이 제도보장으로 분리시킬 필요는 없다고 보인다.

모든 정신활동은 내면적 정신작용의 결과물을 외부에 표출하는 행동도 포함하는데 이러한 행동은 '**표현의 자유**'에 의하여 일반적으로 보호되기도 한다. 헌법은 표현의 자유라는 용어 대신에 '**언론·출판·집회·결사의 자유**'라는 용어를 사용한다(헌법 제21조 제1항). ① 언론·출판의 자유는 개인적 표현의 자유로, ② 집회·결사의 자유는 집단적 표현의 자유로 구분하기도 한다. 특히 **언론의 자유**는 '언론사(언론기관)의 자유'와 '언론사에 대한 접근권(액세스권)'을 포함하며 표현의 자유에서 '알 권리'를 도출하기도 한다. 헌법재판소에 따르면 **집회의 자유**가 보장하는 집회는 "일정한 장소를 전제로 하여 특정 목적을 가진 다수인이 일시적으로 회합하는 것"으로 다수인이 공동으로 가지는 목적은 "내적인 유대관계"로 충분하다고 한다.[17] 한편 **결사의 자유**는 "다수의 자연인 또는 법인이 공동의 목적

---

16 헌재 2018. 6. 28. 2011헌바379등 참조.

17 헌재 2009. 5. 28. 2007헌바22; 2014. 1. 28. 2011헌바174등; 2021. 6. 24. 2018헌마663

을 위하여 단체를 결성할 수 있는 자유를 말하고, 이에는 적극적으로 단체결성의 자유, 단체존속의 자유, 단체활동의 자유, 결사에의 가입·잔류의 자유와 소극적으로 기존의 단체로부터 탈퇴할 자유와 결사에 가입하지 아니할 자유가 모두 포함된다"는 것이 헌법재판소의 일관된 입장이다.[18] 표현의 자유와 관련하여 중요한 것은 언론·출판에 대한 '검열'이 금지되고, 집회·결사에 대한 '허가'가 금지된다는 점이다(같은 조 제2항). 표현의 자유에 대한 제한과 관련하여 미국 연방대법원에서 고안된 '명백하고 현존하는 위험(clear and present danger)'의 원칙에 따라 표현행위와 명백한 사실적 인과관계를 가지고 표현행위로 인하여 현재적으로 발생하는 위험이 없는 한 표현행위는 금지될 수 없다고 보기도 한다.

[판례] 사전검열금지원칙: 헌재 1996. 10. 4. 93헌가13등

검열은 **행정권이 주체**가 되어 사상이나 의견 등이 발표되기 이전에 예방적 조치로서 그 내용을 심사, 선별하여 발표를 사전에 억제하는, 즉 허가받지 아니한 것의 발표를 금지하는 제도를 뜻한다. (…) 검열금지의 원칙은 모든 형태의 사전적인 규제를 금지하는 것이 아니고, 단지 의사표현의 발표여부가 오로지 행정권의 허가에 달려 있는 사전심사만을 금지하는 것을 뜻한다. 그러므로 검열은 일반적으로 허가를 받기 위한 **표현물의 제출의무**, 행정권이 주체가 된 **사전심사절차**, 허가를 받지 아니한 **의사표현의 금지** 및 심사절차를 관철할 수 있는 **강제수단** 등의 요건을 갖춘 경우에만 이에 해당하는 것이다.

참조.

18 헌재 2012. 12. 27. 2011헌마562등; 2016. 11. 24. 2015헌바62; 2017. 6. 29. 2016헌가1; 2019. 7. 25. 2018헌바85 참조.

3. 경제활동에 관한 자유권

인간의 행동 가운데 현실적으로 의미를 가지는 행동은 경제활동이다. 경제활동이 가능하기 위해서는 기본적으로 '**재산권**'과 사유재산제도가 보장되어야 하며(헌법 제23조 제1항) '계약의 자유'와 '직업의 자유'도 인정되어야 한다. 재산권과 직업의 자유는 현행 헌법이 명시적으로 보장하는 개별적 자유권에 해당한다. 다만 직업의 자유는 개별적 행동자유권이지만 재산권은 법적 지위와 관련된 개별적 인격권에 속한다는 점에서 차이가 있을 뿐이다. 따라서 재산권은 법적 지위와 관련된 자유권에서 설명하기로 한다. 한편 계약의 체결여부, 상대방, 내용 등을 자유롭게 결정할 수 있는 **계약의 자유**는 현행 헌법이 명시적으로 보장하는 개별적 자유권은 아니지만 헌법적 권리로 인정된다.

현행 헌법이 "직업선택의 자유"로 보장하는(헌법 제15조) **직업의 자유**는 ① 직업선택의 자유와 ② 직업수행의 자유로 구분된다. 일반적으로 **직업선택의 자유에 대한 제한**이 **직업수행의 자유에 대한 제한**보다 상대적으로 더 강력한 제한이라고 본다. 따라서 성매매업이나 청부살인업의 금지처럼 직업선택의 자유를 제한하기 위해서는 직업수행의 자유를 제한하는 경우보다 더욱 중대한 공익이 제시되어야 한다. 또한 직업선택의 자유에 대한 제한의 경우에 **객관적 사유로 직업선택의 자유를 제한**하려면 변호사자격제도나 의사자격제도 등과 같은 각종 자격제도처럼 **주관적 사유로 직업선택의 자유를 제한**하는 경우보다 더욱 중대한 공익이 요청된다. 이처럼 직업의 자유에 대한 제한은 직업선택의 자유에 대한 제한과 직업수행의 자유에 대한 제한으로 구분한 뒤에 다시 직업선택의 자유를 ① 객관적 사유에 의한 직업선택의 자유 제한과 ② 객관적 자유에 의한 직업선택의 자유 제한으로 구분하는 독일 연방헌법재판소(BVfG)가 고안한 이론을 '**단계이론**'으로 부르기도 한다. 단계이론은 기본권 제한의 헌법적 한계를 제시하는 비례성 원칙을 직업의 자유에 대한 제한과 관련하여 구체화한 것으로 이해될 수 있다. 그 밖에도 영업의 자유, 경쟁의 자유, 직장선택의 자유, 직업교육장선택의 자유 등도 직업의 자유에 포함된다고 보는 것이 일반적이다.

4. 정치활동에 관한 자유권

표현의 자유는 정치적 목적을 가지고 정치적 내용을 표현하는 경우에 정치활동에 관한 자유권으로 이해될 수 있다. **정치적 표현의 자유**는 정치활동에 관한 자유권에 해당한다. 특히 대표적인 정치활동에 해당하는 '**선거운동의 자유**'가 독자적으로 보장되며(헌법 제116조 제1항) 선거운동과 관련해서는 평등원칙을 구체화하는 '기회균등의 원칙'도 보장된다. 한편 헌법은 '정당설립의 자유'를 보장함으로써 정당의 설립뿐만 아니라 운영과 해산에 이르는 포괄적인 '**정당의 자유**'를 보장한다(헌법 제8조 제1항). 정당은 정치적 결사체(단체)를 의미하기 때문에 헌법이 보장하는 결사의 자유에 의해서도 보장될 수 있지만 정당이 가지는 특별한 헌법적 의미를 고려하여 정당의 자유를 독자적인 자유권으로 보장하고 있다. 정당의 자유에 대한 제한으로 헌법은 정당에 대한 강제해산제도를 규정하고 있다(같은 조 제4항). '**위헌정당해산제도**'로 불리는 이 제도에 따라 정당의 목적이나 활동이 '민주적 기본질서'에 위배되면 정부(정부수반은 대통령)의 제소로 헌법재판소가 제소된 정당의 강제해산 여부를 결정한다. 이 제도는 헌법이 보장하는 민주적 기본질서를 판단의 기준으로 삼기 때문에 민주주의를 민주주의의 적대세력으로 보호한다는 측면에서 '**방어적 민주주의**'를 실현하는 제도로 이해되기도 한다. 다만 헌법재판소에 따르면 민주적 기본질서에 대한 위반 여부를 판단할 때는 '비례성 원칙'이 적용되어야 한다고 한다. "해당 정당의 위헌적 문제성을 해결할 수 있는 다른 대안적 수단이 없고, 정당해산결정을 통하여 얻을 수 있는 사회적 이익이 정당해산

결정으로 인해 초래되는 정당활동 자유 제한으로 인한 불이익과 민주주의 사회에 대한 중대한 제약이라는 사회적 불이익을 초과할 수 있을 정도로 큰 경우에 한하여 정당해산결정이 헌법적으로 정당화될 수 있다"는 것이다.[19] 헌법재판소의 위헌결정으로 해산된 정당에 소속된 국회의원이 의원직을 상실하는지 여부가 쟁점이 되는데 헌법재판소는 의원직을 상실한다고 결정하였다.[20]

[판례] 민주적 기본질서: 헌재 2014. 12. 19. 2013헌다1

헌법 제8조 제4항이 의미하는 '민주적 기본질서'는, 개인의 자율적 이성을 신뢰하고 모든 정치적 견해들이 각각 상대적 진리성과 합리성을 지닌다고 전제하는 **다원적 세계관**에 입각한 것으로서, 모든 폭력적·자의적 지배를 배제하고, 다수를 존중하면서도 소수를 배려하는 민주적 의사결정과 자유·평등을 기본원리로 하여 구성되고 운영되는 정치적 질서를 말하며, 구체적으로는 국민주권의 원리, 기본적 인권의 존중, 권력분립제도, 복수정당제도 등이 현행 헌법상 주요한 요소라고 볼 수 있다.

[주요쟁점]

1. 민주적 기본질서에 위배되면 정당은 곧바로 강제로 해산된다는 결정을 해야 하는지 여부
2. 강제로 해산된 정당에 소속된 국회의원은 의원직을 상실하는지 여부

19 헌재 2014. 12. 19. 2013헌다1 참조.

20 헌재 2014. 12. 19. 2013헌다1 참조.

5. 열거되지 않은 개별적 행동자유권

헌법에 명시되지는 않았지만 독자적인 헌법적 권리로 인정될 수 있는 '열거되지 않은 개별적 행동자유권'도 존재한다. 임신이나 출산을 행위와 관련된 자유, 즉 임신에 이르는 행위의 자유나 출산하는 행위의 자유로 이해하는 경우에 '**임신·출산에 관한 자기결정권**'은 대표적으로 열거되지 않은 개별적 행동자유권에 해당한다. 앞서 언급한 '**계약의 자유**'도 헌법에 명시되지는 않았지만 열거된 개별적 행동자유권과 대등한 수준의 독자적인 개별적 행동자유권으로 인정할 수 있다. 헌법재판소는 계약의 자유를 '사적 자치권'의 하나로 이해하기도 한다. '**성적 자기결정권**'도 대표적인 열거되지 않은 개별적 행동자유권에 속한다. 헌법재판소에 따르면 성적 자기결정권은 "스스로 선택한 인생관 등을 바탕으로 사회공동체 안에서 각자가 독자적으로 성적 관(觀)을 확립하고, 이에 따라 사생활의 영역에서 자기 스스로 내린 성적 결정에 따라 자기책임 하에 상대방을 선택하고 성관계를 가질 권리"를 의미한다.[21] 또한 "성행위 여부 및 그 상대방을 결정할 수 있는" 권리로 정의되기도 한다.[22] 다만 헌법재판소는 헌법 제10조에 보장된 인격권과 행복추구권[23] 또는 이와 더불어 제17조가 보장하는 사생활의 비밀과 자유로부터[24] "자기운명결정권"을 도출하면서 여기에 성적 자기결정권이 포함되어 있다고 본다.

이러한 열거되지 않은 개별적 행동자유권의 헌법적 근거는 헌법에 열거되지 않았다는 이유로 경시될 수 없는 기본권을 보장하는 **헌법 제37조 제1항**이 되어야 한다. 그래야만 열거된 개별적 기본권과 함께 나란히 헌

---

21 헌재 2002. 10. 31. 99헌바40(혼인빙자간음죄 합헌결정 사건), 판례집 14-2, 390, 397쪽; 2016. 11. 24. 2015헌바136(장애인 준강간죄 사건), 판례집 28-2하, 213, 217쪽 참조.

22 헌재 2009. 11. 26. 2008헌바58등(혼인빙자간음죄 위헌결정 사건), 판례집 21-2하, 520, 529쪽; 2016. 3. 31. 2013헌가2(성매매처벌법 사건), 판례집 28-1상, 259, 272쪽 참조.

23 헌재 1997. 7. 16. 95헌가6등(동성동본금혼 사건) 참조.

24 헌재 2002. 10. 31. 99헌바40등 참조.

법 제37조 제1항을 규정한 의미가 살아난다. 따라서 헌법재판소가 "계약의 자유도 헌법상의 행복추구권에 포함된 일반적인 행동자유권으로부터 파생하므로, 계약의 자유 또한 행복추구권에 의하여 보호된다"고 설시한 것은[25] 타당하지 않다. 계약의 자유는 열거된 개별적 행동자유권과 대등한 수준의 독자적인 개별적 행동자유권이므로 열거되지 않은 개별적 기본권의 헌법적 근거인 헌법 제37조 제1항에서 도출되어야 하기 때문이다. 결국 "행복추구권은 헌법에 열거된 기본권으로서 행복추구의 수단이 될 수 있는 개별적 기본권들을 제외한 **헌법에 열거되지 아니한 권리들에 대한 포괄적인 기본권**의 성격을 가지"고 있다는 헌법재판소의 견해는[26] 동의하기 어렵다. 일반적 자유권으로서 행복추구권은 헌법에 열거되지 않은 개별적 기본권들 가운데 열거된 개별적 기본권과 대등한 수준의 독자성이 인정되지 않는 기본권들의 헌법적 근거로만 인용될 수 있기 때문이다.

[읽을거리]

권건보. 〈직업의 자유에 관한 헌법재판소 판례의 주요 법리 분석〉. 《아주법학》(아주대학교 법학연구소) 제12권, 제2호(2018): 11-44쪽.

김명재. 〈헌법상의 양심의 자유의 보호범위〉. 《헌법학연구》(한국헌법학회) 제13권, 제3호(2007): 413-448쪽.

김선택. 〈행복추구권과 헌법에 열거되지 아니한 권리의 기본권체계적 해석〉. 《안암법학》(안암법학회) 제1호(1993): 177-203쪽.

김진욱. 〈거주·이전의 자유의 보호영역에 대한 소고〉. 《저스티스》(한국법학원) 통권 제173호(2019): 29-66쪽.

박규환. 〈종교의 자유 기본권 재고찰〉. 《유럽헌법연구》(유럽헌법학회) 제33호

25 헌재 1998. 5. 28. 96헌가5, 판례집 10-1, 541, 549쪽 참조.

26 헌재 2003. 6. 26. 2002헌마677, 판례집 15-1, 823, 836쪽 참조.

(2020): 185-225쪽.

양소연. 〈예술의 자유 보호영역 확정을 위한 '예술'의 개념〉. 《헌법재판연구》(헌법재판연구원) 제8권, 제2호(2021): 215-253쪽.

윤영미. 〈재산권의 보장과 헌법재판소의 역할〉. 《헌법학연구》(한국헌법학회) 제21권, 제3호(2015): 227-265쪽.

이재승. 〈행복추구권의 기원과 본질〉. 《민주법학》(민주주의법학연구회) 제38호(2008): 99-135쪽.

이준일. 〈재산권에 대한 법이론적 이해—규칙/원칙 모델(rule/principle model)을 중심으로〉. 《공법학연구》(한국비교공법학회) 제7권, 제2호(2006): 209-242쪽.

장영수. 〈헌법상 행복추구권의 의미와 실현구조〉. 《고려법학》(고려대학교 법학연구원) 제85호(2017): 81-108쪽.

장영철. 〈일반적 행동자유권에 관한 고찰〉. 《서울법학》(서울시립대학교 법학연구소) 제28권, 제1호(2020): 1-37쪽.

______. 〈헌법상 계약자유의 의미와 보호〉, 《공법연구》(한국공법학회) 제30집, 제4호(2002): 39-56쪽.

지성우. 〈미래법적 관점에서 헌법상 '표현의 자유'의 쟁점〉. 《미국헌법연구》(미국헌법학회) 제31권, 제3호(2020): 271-303쪽.

제13장

일반적 인격권과 개별적 인격권

인간은 자유롭게 행동할 수 있는 인격적 주체로 인정받아야 할 뿐만 아니라 하나의 독립된 인격체로 존중받는 '인격적 상태'를 유지할 수 있어야 한다. 더 나아가 그러한 인격적 상태를 더 이상 유지하지 않기로 스스로 결정할 수도 있어야 한다. 인격적 상태를 유지하거나 유지하지 않을 수 있는 자유도 인간이 존엄하기 위한 필수적 조건이다. 인간이 존엄한 존재가 되기 위해서는 오로지 인격적 상태를 유지하기로 결정하는 것만이 법적으로 보호될 수 있다고 말할 수도 있다. 대체로 인격적 상태를 유지할 때 인간은 존엄할 수 있지만 아이러니하게도 오히려 인격적 상태를 포기할 때 인간은 존엄한 존재가 될 수도 있다. 인격적 상태인 생명을 연장하기 위하여 의료적 기계장치에 의존하여 연명하는 것보다 자연스러운 죽음을 선택하여 인격적 상태를 포기하는 것이 오히려 인간이 존엄해질 수 있는 선택이 될 수도 있다. 자유롭게 행동할 수 있을 뿐만 아니라 자유롭게 인격적 상태를 결정할 수 있을 때 비로소 인간은 존엄한 존재가 될 수 있다. 대표적으로 생명을 가지고 살아 숨 쉬며 신체적 완전성이나 건강이 훼손되지 않은 상태 또는 명예를 지킬 수 있는 상태가 인격적 상태에 해당한다. 프라이버시(사적 비밀)가 존중된 상태도 중요한 인격적 상태에 해당한다. 이와 같은 인격적 상태의 유지와 포기를 스스로 결정할 수 있는 자유가 보장된 인간만이 존엄한 존재라고 말할 수 있다. 자유는 행동의 자유를 의미하기도 하지만 인격적 상태와 관련된 자유를 의미하기도 한다.

I. 상태의 자유

인간에게 보장되어야 하는 자유는 '행동'의 자유에 한정되지 않는다. 행동 외의 영역, 이것을 '상태'로 총칭할 수 있다면 인간의 자유는 상태의 자유로 확장되어야 한다. 물론 이러한 상태의 자유는 인간의 존엄성과 밀접하게 관련되어 있는 상태, 즉 인간이 존엄한 존재가 될 수 있는 데 필수적으로 요구되는 '**인격적 상태**'와 관련된 자유를 의미한다. 생명, 신체적 완전성, 명예, 프라이버시와 같은 상태가 그런 인격적 상태의 대표적인 예에 해당한다. 상태의 자유도 특정한 인격적 상태를 유지할 수 있는 적극적 자유와 특정한 인격적 상태를 유지하지 않을 수 있는 소극적 자유를 포괄한다. 엄밀하게 말하면 상태의 자유는 특정한 **인격적 상태의 유지 여부를 스스로 결정할 수 있는 주관적 지위**를 의미한다. 자유는 본질적으로 행동이나 상태에 관한 자기결정이 핵심적 내용이기 때문이다.

II. 일반적 인격권

인격적 상태의 자유와 관련된 일반적 권리를 '일반적 인격권'으로 부를 수 있다. 자유권은 자유와 방어권의 결합을 의미하기 때문에 일반적 인격권도 인격적 상태에 관한 일반적 자유와 이에 대한 국가의 공격에 대항할 수 있는 방어권으로 구성된다. 일반적 인격권의 경우에도 **독립적인 '개별적 인격권'**으로 인정될 수 있을 정도의 일반성과 추상성을 갖지 않는 상세하고 세부적인 인격권의 근거로 인용될 수 있다. 독립적인 개별적 인격권으로 인정될 수 있을 정도의 일반성과 추상성을 가지는 인격권은 굳이 일반적 인격권에 근거할 필요 없이 그 자체로 헌법적 근거를 갖는 개별적 인격권으로 보장된다고 볼 수 있다. 현행 헌법은 열거된 개별적 기본권과 함께 '열거되지 않은 개별적 기본권'에 대한 보장을 명시하고 있기 때문이다(헌법 제37조 제1항). 독립적인 개별적 인격권으로 인정될 수 있을 정도의 일반성과 추상성을 가지는 인격권은 '열거되지 않은 개별적 기본권'을 헌법적 근거로, 그런 정도의 일반성과 추상성을 가지지 않는 상세하고 세부적인 인격권은 다름 아닌 일반적 인격권을 헌법적 근거로 주장할 수 있다. 일반적 인격권을 인용한다고 해서 인격권 전반을 총체적으로 인용한다고 오해하기 쉽지만 사실은 상세하고 세부적인 인격권 하나하나를 인용하는 것이다. 예를 들어 경찰서 유치장에서 용변을 보는 동안 차폐시설이 충분히 갖추어져 다른 사람에게 자신의 신체가 노출되지 않는 인격적 상태에 관한 자유권,[1] 구치소에 수용되는 과정에서 교도관 앞에 돌아서서 하의속옷을 내린 채 상체를 숙이고 양손으로 둔부를 벌려 항문을 보이는 정밀신체검사를 받지 않는 인격적 상태에 관한 자유권,[2] 경찰서 조사실에서 양손에 수갑을 찬 채 조사받는 모습을 기자들에게 촬영당하지 않는 인격적 상태에 관한 자유권은[3] 독자적인 열거되지 않은 개별적 인격권으로 볼 수 없어 일반적 인격권에서 도출할 수 있는 상세

1 헌재 2001. 7. 19. 2000헌마546 참조.

2 헌재 2005. 6. 29. 2004헌마826 참조.

3 헌재 2014. 3. 27. 2012헌마652 참조.

하고 세부적인 인격권에 포함시킬 수 있다.

III. 개별적 인격권

1. 생명과 신체적 완전성에 관한 권리

대표적인 인격적 상태는 생명과 신체적 완전성(integrity)이 보장된 상태다. 현행 헌법은 생명과 신체적 완전성의 상태에 관한 자유와 방어권을 명시적으로 보장하고 있지 않다. 하지만 **생명권**과 **신체적 완전성에 관한 권리**는 인간의 존엄성과 직결되는 인격적 속성으로서 열거된 개별적 기본권과 대등한 수준의 일반성과 추상성을 가지는 독립된 개별적 기본권으로 충분히 인정할 만하다. 따라서 생명권과 신체적 완전성에 관한 권리의 헌법적 근거는 '**열거되지 않는 개별적 기본권**'(헌법 제37조 제1항)이 되어야 한다. 헌법재판소는 신체적 완전성이 훼손당하지 않을 자유가 '신체의 자유'에 포함되어 있다고 본다.[4] 본질적으로 '행동'의 자유인 신체의 자유에서 '상태'의 자유인 신체적 완전성에 관한 자유를 도출하는 것은 논증의 엄밀성이라는 측면에서 문제가 있다고 보인다. 한편 헌법재판소는 헌법 제10조에서 보장된 인격권과 행복추구권으로부터 "자기운명결정권"이 도출되고, 이로부터 "환자가 자신의 신체에 관한 결정을 스스로 할 수 있는 권리"가 포함되어 있다고 봄으로써[5] 신체적 완전성에 관한 자유를 일반적 자유권에서 도출하는 것으로 보인다. 하지만 헌법재판소가 말하는 자기운명결정권을 일반적 자유권으로 선해한다면 이러한 일반적 자유권

---

4 헌재 2015. 12. 23. 2013헌가9 참조.

5 헌재 2019. 6. 28. 2018헌바128, 판례집 31-1, 665, 675쪽 참조.

은 보호되는 법익에 따라 일반적 행동자유권과 일반적 인격권을 구분될 필요가 있다. 이에 따르면 신체적 완전성과 같은 인격적 상태에 관한 자유는 일반적 인격권에서 도출되기 때문에 막연하게 일반적 자유권을 신체적 완전성에 관한 자유의 헌법적 근거로 인용하는 것은 엄밀한 논증에 실패하였다고 평가할 수 있다. 물론 일반적 행동자유권이나 일반적 인격권은 모두 공통적으로 자기결정권을 본질로 하는 자유에 해당한다는 사실을 자기운명결정권으로 설명한 헌법재판소의 기본취지에는 충분히 동의할 수 있다.

또 다른 인격적 상태를 보장하는 생명권과 관련된 중요한 주제로는 ① 사형제도, ② 낙태죄, ③ 안락사, ④ 뇌사, ⑤ 생명복제 등을 들 수 있다. 생명권을 "헌법의 명문의 규정이 없다고 하더라도 인간의 생존본능과 존재목적에 바탕을 둔 선험적이고 자연법적인 권리로서 헌법에 규정된 모든 기본권의 전제로서 기능하는 기본권 중의 기본권"으로 이해하는 헌법재판소는 일관되게 **사형제도**를 합헌으로 본다.[6] 이러한 헌법재판소의 입장에 대해서는 비상계엄하에서 군사재판이 원칙적으로 단심으로 진행될 수 있지만 사형을 선고한 경우에는 예외로 한다고 규정한 헌법조항(헌법 제110조 제4항)도 영향을 끼쳤을 것으로 보인다. 이 규정에 따르면 헌법 스스로 사형제도를 전제하고 있기 때문이다.

낙태죄와 관련해서 헌법재판소는 사회적, 경제적 사유로 인한 낙태를 낙태행위를 정당화할 수 있는 사유(낙태정당화사유)에 포함시키지 않은 법률이 헌법에 합치하지 않는다는 결정을 내리면서 법률의 개정을 촉구한 바 있다(210쪽 [판례] 참조). 이와 관련하여 ① 임신 주수를 기준으로 낙태가 전면적으로 허용되는 시기(14주 이전), ② 상담 등 일정한 절차를 전제조건으로 하여 낙태가 허용되는 시기, ③ 낙태가 전면적으로 금지되는 시

6 헌재 1996. 11. 28. 95헌바1; 2010. 2. 25. 2008헌가23 참조.

기(24주 경과 후)로 구분하는 법률안이 제시되기도 하였다. 낙태죄와 관련해서는 낙태를 시술한 남성의사를 제외하면 주로 임신한 여성이 범죄자가 된다는 점에서 낙태는 비범죄화(non-criminalization)가 되어야 한다는 여성차별시정의 관점을 반영하는 주장도 제기된다.

한편 불치의 질병으로 고통을 받는 말기의 환자가 편안하게 죽음을 맞도록 하여 생명권의 인위적 중단에 해당하는 **안락사**는 보통 ① 소극적 안락사(죽게 내버려 두는 행위)와 ② 적극적 안락사(죽이는 행위)로 구분된다. 생명을 연장하는 의료기기의 도움을 받는 연명치료의 중단을 의미하는 소극적 안락사와 관련하여 헌법재판소는 '**죽음에 관한 자기결정권**'을 "연명치료중단에 관한 자기결정권"이라는 이름으로 인정하였다.[7] 생명의 중단은 죽음을 의미하는데 생명권과 함께 죽음에 임박한 환자에게는 자연스럽게 죽음을 맞이할 수 있는 권리가 인정됨으로써 겉으로 보기에 생명에 관한 권리와 죽음에 관한 권리가 충돌하는 현상이 발생한다. 하지만 생명권을 생명의 상태를 유지할 것인지 여부를 스스로 결정할 수 있는 자유권으로 이해하면 죽음에 관한 자기결정권은 생명권의 일부를 구성하게 된다. 현행 〈호스피스·완화의료 및 임종과정에 있는 환자의 연명의료결정에 관한 법률〉(약칭: 연명의료결정법)에 따르면 말기환자나 임종과정에 있는 환자의 의사(의지)에 따라 담당의사가 환자의 연명의료중단 등에 관한 결정을 담은 '연명의료계획서'를 작성하여 등록하거나 19세 이상인 사람이 자신의 연명의료중단 등에 관한 결정이 포함된 '사전연명의료의향서'를 작성하여 등록한 경우에 임종과정에 있는 환자에게 시술하는 심폐소생술이나 인공호흡기 착용 등 연명의료를 중단할 수 있도록 하고 있다.

생명과 죽음은 동전의 양면과 같아서 생명 현상의 중단은 곧 죽음을

---

7 헌재 2009. 11. 26. 2008헌마385 참조.

의미한다. 따라서 생명권의 박탈을 의미하는 죽음의 시점을 결정하는 문제는 매우 중요하다. 죽음을 결정하는 시점을 종래에 심장과 폐의 기능이 상실된 '심폐사'로 보았는데 이제는 뇌의 기능이 상실되는 **뇌사**도 죽음의 시점으로 인정되고 있다. 현재 본인의 생전 동의(유언)가 있는 경우에 뇌사가 죽음으로 인정되는데 뇌사는 주로 장기이식과 관련되어 있다. 뇌의 기능은 중지되었지만 여전히 심장이 뛰고 있어야만 심장과 같은 장기의 이식이 가능해지기 때문이다.

생명의 탄생은 여성의 난자와 남성의 정자가 만나 수정되는 유성생식으로만 가능하다는 것이 보편적 진리에 해당했다. 물론 난자와 정자가 여성의 자궁 안에서 수정되는 체외수정 이외에 정자를 자궁 안으로 주입시키거나 시험관에서 난자와 정자를 수정시켜 자궁 안으로 주입시키는 체외수정이 유성생식의 새로운 방식으로 추가된 것은 사실이지만 여전히 유성생식은 생식의 유일한 방법으로 인식되었다. 하지만 난자에서 핵을 제거한 후 과학적 방법으로 수정란을 만드는 생명복제기술을 활용한 무성생식이 새로운 생식의 방법으로 등장하였다. 이처럼 **생명복제를 이용한 생식**은 생명을 탄생시키기 때문에 그 자체로 생명권에 영향을 주지는 않는다. 그럼에도 불구하고 〈생명윤리 및 안전에 관한 법률〉은 생명복제방식에 의한 생식을 법적으로 금지하고 있는데(같은 법 제20조 제1항)[8] 실제로 이와 같은 방식의 생식으로 임신되거나 출산이 이루어진 경우에는 법적 금지를 관철할 수 있는 방법은 없다. 한편 **생명복제를 이용한 연구와 치료**는 생명복제의 방식으로 만들어진 배아를 파괴하기 때문에 배아가 생명인지 여부에 따라 생명권을 침해할 수 있다. 이러한 생명복제의 경우에 배아가 언제부터 생명권의 주체가 되는지가 쟁점이 된다. 헌법재판소에

8 〈생명윤리 및 안전에 관한 법률〉 제20조 제1항: 누구든지 체세포복제배아 및 단성생식배아(이하 "체세포복제배아 등"이라 한다)를 인간 또는 동물의 자궁에 착상시켜서는 아니되며, 착상된 상태를 유지하거나 출산하여서는 아니된다.

따르면 수정란이 자궁에 착상 후 원시선이 생기기 전 단계인 초기배아는 생명권의 주체가 될 수 없다고 한다. 현재 복제된 배아와[9] 인공임신을 위하여 사용되고 남은 잔여배아는[10] 오로지 치료나 연구의 목적을 위해서만 사용될 수 있다.

[판례] 낙태죄의 위헌성: 헌재 2019. 4. 11. 2017헌바127

▷ 헌법불합치의견: 태아가 모체를 떠난 상태에서 독자적으로 생존할 수 있는 시점인 임신 22주 내외에 도달하기 전이면서 동시에 임신 유지와 출산 여부에 관한 자기결정권을 행사하기에 충분한 시간이 보장되는 시기(이하 착상 시부터 이 시기까지를 '결정가능기간'이라 한다)까지의 낙태에 대해서는 국가가 생명보호의 수단 및 정도를 달리 정할 수 있다고 봄이 타당하다. 자기낙태죄 조항은 모자보건법에서 정한 사유에 해당하지 않는다면 결정가능기간 중에 다양하고 광범위한 사회적·경제적 사유를 이유로 낙태갈등 상황을 겪고 있는 경우까지도 예외 없이 전면적·일률적으로 임신의 유지 및 출산을 강제하고, 이를 위반한 경우 형사처벌하고 있다.

▷ 단순위헌의견: 이른바 '임신 제1삼분기(first trimester, 대략 마지막 생리기간의 첫날부터 14주 무렵까지)'에는 어떠한 사유를 요구함이 없이 임신한 여성이 자신의 숙고와 판단 아래 낙태할 수 있도록 하여야 한다는 점, 자기낙태죄 조항 및 의사낙태죄 조항에 대하여 단순위헌결정을 하여야 한다는

9 〈생명윤리 및 안전에 관한 법률〉 제31조 제1항: 누구든지 제29조 제1항 제2호에 따른 희귀·난치병의 치료를 위한 연구 목적 외에는 체세포핵이식행위 또는 단성생식행위를 하여서는 아니된다.

10 〈생명윤리 및 안전에 관한 법률〉 제29조 제1항: 제25조에 따른 배아의 보존기간이 지난 잔여배아는 발생학적으로 원시선이 나타나기 전까지만 체외에서 다음 각 호의 **연구 목적**으로 이용할 수 있다.

1. 난임치료법 및 피임기술의 개발을 위한 연구
2. 근이영양증, 그밖에 대통령령으로 정하는 희귀·난치병의 치료를 위한 연구
3. 그 밖에 국가위원회의 심의를 거쳐 대통령령으로 정하는 연구

점에서 헌법불합치의견과 견해를 달리 한다.

[판례] 배아의 기본권 주체성: 헌재 2010. 5. 27. 2005헌마346

초기배아는 수정이 된 배아라는 점에서 형성 중인 생명의 첫걸음을 떼었다고 볼 여지가 있기는 하나 아직 모체에 착상되거나 원시선이 나타나지 않은 이상 현재의 자연과학적 인식 수준에서 독립된 인간과 배아 간의 개체적 연속성을 확정하기 어렵다고 봄이 일반적이라는 점, 배아의 경우 현재의 과학기술 수준에서 모태 속에서 수용될 때 비로소 독립적인 인간으로의 성장가능성을 기대할 수 있다는 점, 수정 후 착상 전의 배아가 인간으로 인식된다거나 그와 같이 취급하여야 할 필요성이 있다는 사회적 승인이 존재한다고 보기 어려운 점 등을 종합적으로 고려할 때, 기본권 주체성을 인정하기 어렵다.

2. 비밀에 관한 자유권

인간이 존엄하기 위한 대표적인 인격적 상태 가운데 하나가 '비밀(프라이버시)'이다. **주거의 자유**(헌법 제16조)와 **통신의 비밀**(헌법 제18조)은 대표적으로 이러한 비밀에 관한 자유권에 해당한다. 비록 주거와 관련해서는 '자유'라는 표현을 사용하는 반면에 통신과 관련해서는 '비밀'이라는 표현을 사용하고 있지만 공통적인 보호법익은 **비밀(비공개성/은밀성)**이다. 물론 통신의 비밀에 관한 자유권은 통신행위의 자유권을 전제로 한다. 통신의 자유는 통신과 관련된 행위의 자유권이기도 하지만 통신과 관련된 상태의 자유권에 해당하기도 한다. 비밀은 ① 특정한 행위의 주체, 장소, 시간, 내용 등 **행위에 관한 비밀**도 포함하지만 ② 특정한 상태와 관련된 주체, 내용, 시간, 장소 등 **상태에 관한 비밀**도 포함한다. 이를테면 통신의 비밀은 통신행위라는 일정한 행위에 관한 비밀을 의미하지만 개인정보의 비밀은 정보주체의 개인정보라는 일정한 상태에 관한 비밀을 의미한다. 현행 헌법은 비밀에 관한 자유권으로 **사생활의 비밀과 자유**(헌법 제17조)도 보장하고 있다. 사생활의 비밀뿐만 아니라 사생활의 자유를 모두 보장하고 있어 견해에 따라서는 사생활의 비밀은 비밀의 상태에 관한 자유를 의미하고, 사생활의 자유는 비밀의 대상이 된 행동의 자유를 의미하는 것으로 해석하기도 한다. 하지만 비밀의 대상이 된 행동의 자유는 일반적 행동자유권에 의하여 보장된다면 사실상 사생활의 비밀과 자유는 사생활의 비밀을 강조하는 방향으로 해석될 필요가 있다. 대체로 사생활의 비밀은 개인정보의 비밀에 관한 자유권을 기본으로 하는 **개인정보자기결정권**의 근거로 인용된다.

3. 자기결정권

자유의 본질은 스스로 규범을 만들어 자신을 규율하는 **자율**(autonomy) 또는 자신과 관련된 개인적 사항에 대하여 스스로 결정하는 **자기결정**(self-determination)에 있다. 행동이든 상태든 이와 관련되어 자기 스스로 결정할 수 있는 주관적 지위가 자유다. 다만 상태와 관련된 자유에 대해서 '자기결정권'이라는 표현이 자주 사용된다. 대표적으로 ① 임신 상태의 유지와 관련된 '임신·출산에 관한 자기결정권', ② 생명 상태의 유지와 관련된 '죽음에 관한 자기결정권', ③ 개인정보의 비밀상태와 관련된 '개인정보자기결정권'을 들 수 있다. 헌법재판소는 흔히 '화학적 거세'로도 불리는 성충동 약물치료와 관련하여 "환자가 질병의 치료 여부 및 방법 등을 결정할 수 있는 신체에 관한 자기결정권"을 인정한 적도 있다.[11] 치료행위는 약물, 주사, 시술, 수술 등을 통하여 신체에 대한 침습을 전제로 하

11 헌재 2015. 12. 23. 2013헌가9(화학적 거세 사건), 판례집 27-2하, 391, 403쪽 참조. 같은 취지의 결정으로 헌재 2019. 6. 28. 2018헌바128 참조.

기 때문에 신체적 완전성의 상태에 관한 자유의 측면에서 접근할 필요가 있다. 물론 성행위와 같은 행위와 관련된 자유의 경우에도 '성적 자기결정권'처럼 자기결정권이라는 표현이 사용되기도 한다. 다만 성적 자기결정권은 기본적으로 행위와 관련된 개별적 자유권이지만 성행위의 비밀을 보장받아야 하는 경우에 상태와 관련된 개별적 자유권에 해당하는 사생활의 비밀에 관한 자유권을 근거로 주장할 수도 있다.

개인정보자기결정권의 경우에는 단순히 개인정보의 비밀에 관한 자유권을 넘어 타인의 수집에 동의하여 공개한 자신의 정보에 자유롭게 접근하여 열람하고 수정하거나 삭제할 뿐만 아니라 사용중지를 요구할 수 있는 권리까지도 포함한다. 개인정보를 "개인의 신체, 신념, 사회적 지위, 신분 등과 같이 개인의 인격주체성을 특징짓는 사항으로서 그 개인의 동일성을 식별할 수 있게 하는 일체의 정보"로 보면서 "반드시 개인의 내밀한 영역이나 사사(私事)의 영역에 속하는 정보에 국한되지 않고, 공적 생활에서 형성되었거나 이미 공개된 개인정보까지 포함한다"고 이해하는 헌법재판소도[12] 일관되게 개인정보자기결정권을 헌법적 권리로 인정하고 있다.

[판례] 개인정보자기결정권의 헌법적 근거와 내용: 헌재 2014. 8. 28. 2011헌마28

인간의 존엄과 가치, 행복추구권을 규정한 헌법 제10조 제1문에서 도출되는 **일반적 인격권** 및 헌법 제17조의 **사생활의 비밀과 자유**에 의하여 보장되는 개인정보자기결정권은 자신에 관한 정보가 언제 누구에게 어느 범위까지 알려지고 또 이용되도록 할 것인지를 그 정보주체가 스스로 결정할 수 있는 권리이다. (…) 개인정보를 대상으로 한 조사·수집·보관·처리·이용 등의 행위는 모두 원칙적으로 개인정보자기결정권에 대한 제한에 해당한다.

12 헌재 2005. 5. 26. 99헌마513(지문날인 사건), 판례집 17-1, 668, 682쪽 참조.

4. 열거되지 않은 개별적 인격권

개별적 인격권도 ① 헌법에 명시된 열거된 개별적 기본권과 ② 헌법에 명시되지 않은 열거되지 않은 개별적 기본권으로 구분할 수 있다. 열거되지 않은 개별적 인격권도 독자적인 기본권이므로 열거되지 않은 개별적 행동자유권과 마찬가지로 헌법적 근거를 **열거되지 않은 개별적 기본권을 보장하는 헌법 제37조 제1항**에서 찾을 수 있다. 앞서 언급한 **생명권**이나 **신체적 완전성에 관한 권리**가 대표적인 열거되지 않은 개별적 인격권에 해당한다. **명예권**이나 **초상권**도 열거되지 않은 개별적 인격권의 범주에 포함시킬 수 있다. 헌법재판소는 명예를 "사람이나 그 인격에 대한 '사회적 평가', 즉 객관적·외부적 가치평가를 말하는 것이지 단순히 주관적·내면적인 명예감정은 포함하지 않는다"고 보면서[13] 개인의 명예에 관한 권리는 일반적 인격권에서 도출된다고도 하고,[14] 일반적 인격권에 포함된다고도 한다.[15] 하지만 개인의 명예에 관한 권리, 즉 명예권은 열거되지 않은 개별적 기본권으로 인정될 수 있다면 일반적 인격권에서 직접적으로 도출되지도 않고 일반적 인격권에 개념적으로 포함된다고 볼 수도 없다. 열거되지 않은 개별적 인격권으로서 명예권은 헌법 제37조 제1항을 직접적 근거로 하여 도출할 수 있는 독자적인 개별적 기본권이기 때문이다. 헌법재판소에 따르면 "자신의 신체를 함부로 촬영당하지 않을 자유"도 초상권이나 명예권과 유사한 권리로서 일반적 인격권에 포함되고[16] "얼굴을 비롯하여 일반적으로 특정인임을 식별할 수 있는 신체적 특징에 관한 함부로 촬영당하지 아니할 권리"도 초상권과 일반적 인격권에서 도출된

13 헌재 2005. 10. 27. 2002헌마425, 판례집 17-2, 311, 319쪽 참조.

14 헌재 1999. 6. 24. 97헌마265 참조.

15 헌재 2013. 6. 27. 2012헌바37 참조.

16 헌재 2009. 9. 24. 2006헌마1298; 2014. 6. 26. 2012헌마757; 2017. 6. 29. 2015헌바243; 2018. 7. 26. 2016헌마1029 참조.

다.[17] 또한 부모가 자신의 "태아 성별 정보에 접근을 방해받지 않을 권리"도 일반적 인격권에서 도출된다고 보는 것이 헌법재판소의 입장이다.[18] 개인정보자기결정권은 헌법적 근거에 관한 논란이 있기 때문에 독자적 기본권으로 인정하여 열거되지 않은 개별적 인격권에 포함시킬 여지도 있다. 그밖에도 헌법재판소는 "**평화적 생존권**"을 열거되지 않은 개별적 기본권으로 인정하여 "침략전쟁에 강제되지 않고 평화적 생존을 할 수 있도록 국가에 요청할 수 있는 권리"로 정의하였다.[19] 하지만 헌법재판소는 이러한 기존의 입장을 바꾸어 "평화적 생존권을 열거되지 아니한 기본권으로서 특별히 새롭게 인정할 필요성이 있다거나 그 권리내용이 비교적 명확하여 구체적 권리로서의 실질에 부합한다고 보기 어렵다"고 하면서 헌법상 보장되는 기본권의 성격을 부정하였다.[20]

[읽을거리]

김일환. 〈독일 기본법상 '일반적 인격권'이 성립과 발전〉. 《법과 정책》(제주대학교 법과정책연구원) 제6권(2000): 209-232쪽.

김하열. 〈생을 마감할 권리에 관한 헌법적 고찰〉. 《저스티스》(한국법학원) 통권 제152호(2016): 5-62쪽.

박진완. 〈우리 헌법상의 일반적 인격권의 보장체계〉. 《공법연구》(한국공법학회) 제33집, 제1호(2004): 299-328쪽.

---

17 헌재 2014. 3. 17. 2012헌마652; 2018. 8. 30. 2014헌마843(채증활동을 통한 집회참가자 촬영행위 사건) 참조.

18 헌재 2008. 7. 31. 2004헌마1010 등 참조.

19 헌재 2006. 2. 23. 2005헌마268, 판례집 18-1상, 298, 304쪽 참조.

20 헌재 2009. 5. 28. 2007헌마369, 판례집 21-1하, 769, 776-777쪽 참조. 이후에도 이를 확인하는 결정을 내리기도 하였다. 헌재 2010. 11. 25. 2009헌마147; 2023. 3. 21. 2023헌마332 참조.

소은영. 〈헌법상 성적 자기결정권의 의미에 관한 재검토〉. 《이화젠더법학》(이화여자대학교 젠더법학연구소) 제11권, 제3호(2019): 41-65쪽.

엄주희. 〈생명권의 헌법적 근거와 연명치료중단에서의 생명권의 보호범위〉. 《헌법학연구》(한국헌법학회) 제19권, 제4호(2013): 269-300쪽.

이부하. 〈일반적 인격권의 헌법적 보장의—독일의 헌법이론을 중심으로〉. 《공법학연구》(한국비교공법학회) 제17권, 제2호(2016): 137-157쪽.

이세주. 〈주거에 대한 압수와 수색에서 변호인의 조력을 받을 권리에 대한 시론적 고찰〉. 《세계헌법연구》(세계헌법학회 한국학회) 제27권, 제2호(2021): 211-243쪽.

이준일. 〈인공지능과 헌법—인공지능의 위험에 대한 헌법적 권리 차원의 대응〉. 《헌법학연구》(한국헌법학회) 제28권, 제2호(2022): 347-383쪽.

______. 〈안락사(존엄사)에 관한 헌법이론적 논의—독일의 논의를 중심으로〉. 《헌법학연구》(한국헌법학회) 제16권, 제1호(2010): 1-35쪽.

______. 〈생명복제와 기본권〉. 《고려법학》(고려대학교 법학연구원) 제42호(2004): 123-141쪽.

전상현. 〈개인정보자기결정권의 헌법상 근거와 보호영역〉. 《저스티스》(한국법학원) 통권 제169호(2018): 5-36쪽.

황성기. 〈현행 통신비밀 보호법제의 헌법적 문제점〉. 《언론과 법》(한국언론법학회) 제14권, 제1호(2015): 1-32쪽.

제14장 일반적 인격권과 법적 지위에 관한 개별적 인격권

인간의 존엄성이 유지되는 인격적 상태는 단지 '사실적 상태'만을 의미하지 않고, 일정한 '법적 지위'가 보장된 '법적 상태'를 포함한다. 재산, 혼인, 가족, 선거, 재판 등이 이러한 법적 지위의 대상이 될 수 있다. 일정한 '행위(행동)'를 할지 말지를 자유롭게 결정하고, 일정한 사실적 '상태'를 유지할지 포기할지를 자유롭게 결정할 뿐만 아니라 일정한 '법적 지위'가 보장된 법적 상태를 지속할지 그만둘지를 자유롭게 결정할 수 있는 인간만이 존엄한 인간이라고 말할 수 있다. 법적 지위는 그러한 지위를 보장하는 사회적 '제도'를 전제로 하고, 이러한 사회적 제도를 법적 제도로 전환시키기 위해서는 입법이 필요하다. 더욱이 법적 지위에 관한 자유권은 사법질서나 국가의사를 형성하는 절차 혹은 권리구제나 분쟁해결을 위한 절차가 필수적으로 보장되어야 실현될 수 있기 때문에 이를 구체화하기 위하여 법적 조직(기관, 업무, 권한, 책임)이나 절차를 필요로 한다. 이에 따라 법적 지위에 관한 자유권은 조직이나 절차에 관한 입법을 요구할 수 있는 절차권에 의하여 보강될 필요도 있다. 법적 지위의 대상과 관련된 재산제도, 혼인제도, 가족제도, 선거제도, 재판제도 등과 같은 사회적 제도를 법적 제도로 전환시키는 입법과 사법질서나 국가의사의 형성 또는 권리구제나 분쟁해결을 위한 절차를 구체화하기 위하여 반드시 필요한 조직이나 절차에 관한 입법을 요구할 수 있어야만 법적 지위에 관한 자유권은 실현될 수 있다.

I. 일반적 인격권과 법적 지위에 관한 자유권

인간이 존엄할 수 있는 인격적 상태는 ① '사실적' 상태뿐만 아니라 ② '법적' 상태도 포함한다. 이러한 법적 상태는 일정한 '**법적 지위**'가 보장된 제도적 상태를 의미한다. 여기서 말하는 법적 상태나 법적 지위의 전제가 되는 법규범은 관습법처럼 실정법(제정법/성문법) 이전에 사회적 제도의 형태로 존재하는 법규범을 뜻한다. 따라서 법적 지위에 관한 자유권은 일정한 사회적 제도가 존재하는 법적 상태를 전제로 한다. 사회구성원들이 규범으로 인식하고 실천함으로써 사회적 제도로 부를 수 있을 만큼의 견고한 법적 상태가 확립되어 있지 않다면 법적 지위에 관한 자유권을 주장할 수는 없을 것이다. 대표적인 사회적 제도로는 재산제도, 혼인제도, 가족제도, 선거제도, 재판제도 등을 들 수 있다.

법적 상태도 인격적 상태에 포함되기 때문에 인격적 상태와 관련된 일반적 권리인 '**일반적 인격권**'에 근거하여 법적 상태에서 인정되는 법적 지위에 관한 자유권도 도출할 수 있다. 일반적 인격권은 일반적 행동자유권과 함께 '**일반적 자유권**'을 구성하므로(일반적 자유권 = ① 일반적 인격권 + ② 일반적 행동자유권) 현행 헌법상 일반적 자유권을 의미하는 '**행복추구권**'(헌법 제10조)은 일반적 인격권을 근거로 하는 법적 지위에 관한 자유권의 헌법적 근거가 된다. 따라서 일반적 인격권은 인간의 존엄과 가치에 관한 권리에서 도출하면서 오로지 일반적 행동자유권만 행복추구권에서 도출하는 것은 기본권의 체계에 대한 오해에서 비롯된 것이라고 볼 수 있다.

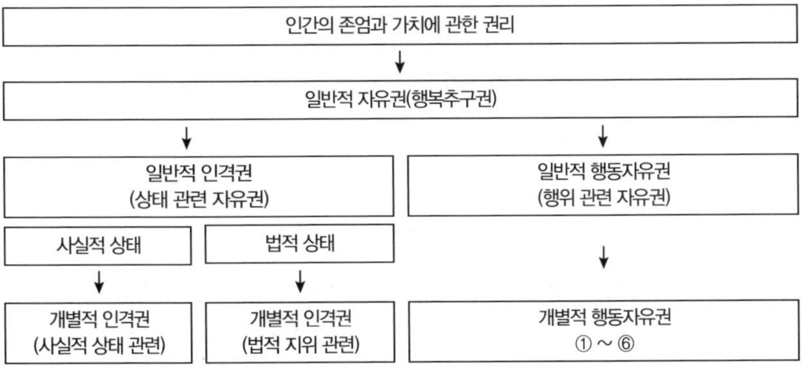

가장 일반적이고 추상적인 권리인 인간의 존엄과 가치에 관한 권리에 근거하여 일반적 자유권이 도출되고, 일반적 자유권은 일반적 인격권과 일반적 행동자유권으로 구성되기 때문이다. 일반적 인격권으로부터 법적 지위에 관한 다양한 '개별적 자유권'이 도출될 수 있다. 법적 지위에 관한 개별적 기본권으로는 ① 재산권, ② 혼인과 가족에 관한 권리, ③ 선거권, ④ 공무담임권, ⑤ 재판을 받을 권리, ⑥ 국가배상청구권이 대표적이다.

II. 법적 지위에 관한 개별적 자유권

1. 재산권

실정법 이전에 재산에 관한 사회적 제도(재산제도)가 존재하고, 이러한 법적 상태에서 재산에 대한 법적 지위가 인정된다. 따라서 재산권은 **법적 지위에 관한 '자유권'**이고, 여기서 법적 지위의 대상은 '재산'이다. 이러한 재산에 대한 법적 지위를 의미하는 '재산권'을 현행 헌법이 헌법적 권리를 의미하는 기본권으로 보장한다는 것은(헌법 제23조 제1항) 재산에 대한 법적 지위와 관련된 자유권을 헌법적 권리로 보장한다는 뜻이다. 동산, 부동산, 지적 재산 등 **재산적 가치가 있는 모든 유·무형의 대상**은 재산(property)에 해당하고, 재산에 대한 법적 지위는 재산을 ① 취득할 수 있는 법적 지위, ② 사용할 수 있는 법적 지위, ③ 수익할 수 있는 법적 지위, ④ 처분할 수 있는 법적 지위를 포함한다. 재산을 취득, 사용, 수익, 처분하는 행위는 사실적 행위가 아니라 견고한 사회적 제도로부터 유래하는 일정한 법적 지위를 가진 주체만이 그러한 법적 지위에 근거하여 행할 수 있는 법적 행위다. 법적 행위를 할 수 있는 법적 지위는 반드시 사회적 제도를 전제로 하기 때문에 재산에 대한 법적 지위를 헌법적으로 보장하는 것은 그러한 법적 지위의 전제가 되는 '재산제도'에 대한 헌법적 보장을 의미한다. 재산권의 보장이 '**사유재산제도**'의 보장으로 이해되는 이유가 여기에 있다. 이러한 실정법 이전의 사회적 제도로서 사유재산제도를 실정법적 제도로 편입시키기 위해서는 그런 사회적 제도의 헌법적 보장과 함께 이를 구체화하는 입법이 필요하다. 또한 기본권으로 보장된 재산권을 실현하기 위하여 필수적으로 요청되는 재산질서형성의 절차에 관한 **입법을 요구할 수 있는 절차권**을 구체화하는 입법도 재산제도를 구성하게 된다. 결국 법적 제도로서 재산제도는 재산에 대한 법적 지위와 관련된 자유권이 반드시 전제해야만 하는 사회적 제도를 법체계 안으로 편입시킨 것이면서 이러한 자유권을 보강하기 위하여 필수적으로 보장되어야 하는 절차권을 구체화하는 입법이 추가되는 형태로 구성된다.

재산권의 내용과 한계를 정하는 일은 법률에 유보되어 있다(헌법 제23조 제1항 제2문). 여기서 '재산권의 행사는 공공복리에 적합해야 한다'는 '**사회적 의무**'가 고려되어야 한다(같은 조 제2항). 이로써 재산권의 내용과 한계를 구체적으로 형성하는 과정에서 재산권에 대한 제한은 불가피하다. 재산권에 대하여 공공복리적합성의 사회적 의무를 부과하는 것은 재산권에 대한 제한을 의미하기 때문이다. 따라서 재산권의 내용과 한계를 정하는 것을 법률에 유보한 것은 기본권을 형성하는 법률유보(형성적 법률유보)이면서 동시에 기본권을 제한하는 법률유보(제한적 법률유보)에 해당한다(제4장 참조). 한편 공공필요를 위한 재산권의 사용, 수용, 제한도 법률에 의하여 가능한데 중요한 것은 이 경우에 반드시 '**정당한 보상**'이 제공되어야 한다는 점이다(같은 조 제3항). 여기서 재산권에 대한 수용, 사용, 제한을 아우르는 '공용제약'을 구체화하는 입법에는 반드시 보상에 관한 규정이 동시에 포함되어야 한다는 **결부(불가분)조항**이 적용되고, 만약 이를 위반하여 공용제약에 관한 입법에서 보상규정이 포함되지 않으면 헌법에 위배된다는 점을 주목해야 한다.

헌법은 재산권의 내용과 한계를 구체적으로 형성하면서 불가피하게 발생할 수 있는 재산권의 제한에 대해서는 명시적으로 보상을 언급하지 않는 반면에 공공필요를 위한 재산권의 제약(수용/사용/제한)에 대해서는 명시적으로 보상을 요구하고 있다. 여기서 보상에 관한 명시적 언급이 없는 재산권 제한의 경우에도 보상이 필요한지 여부가 쟁점이 된다. 이와 관련하여 ① **경계이론**과 ② **분리이론**의 논쟁이 있는데 전자는 보상이 필요 없다고 주장하고, 후자는 보상이 필요하다고 주장한다. 왜냐하면 **보상이 명시되지 않은 재산권 제한**과 **보상이 명시된 재산권 제한**은 경계이론에 따르면 '양적 차이'로 이해되는 반면에 분리이론에 따르면 '질적 차이'로 이해되기 때문이다. 재산권에 대한 제한의 양적 차이로 보면 ① **보상이 필요 없는 제한**과 ② **보상이 필요한 제한**은 제한의 양적 차이에 따라 일정한 정도(경계/문턱)를 넘어서는지 여부에 따라 처음부터 명시적으로 구분된다. 제한이 일정 정도를 넘지 못하면 애초에 보상이 필요 없다는 뜻이다. 하지만 재산권에 대한 제한의 질적 차이로 보면 재산권의 제한은 ① **보상을 예상할 수 있는 제한**과 ② **보상을 예상할 수 없는 제한**의 서로 다른 범주로 분리된다. 따라서 보상을 예상할 수 없어 보상이 명시되지 않은 제한의 경우에도 보상이 예상되어 명시된 제한의 경우처럼 현실적으로 보상이 필요하면 보상을 해야 한다는 결론을 끌어낸다. 보상이 명시된 제한은 처음부터 보상이 예상되었기 때문이고, 보상이 명시되지 않은 제한은 단지 미리 보상을 예상할 수 없었기 때문일 뿐이다. 경계이론은 제한의 '양적' 차이에 따른 보상의 '필요성' 여부가 보상에 대한 명시적 언급 여부로 결정된다고 보는 반면에 분리이론은 제한의 '질적' 차이에 따른 보상의 '예상가능성' 여부가 보상에 대한 명시적 언급 여부로 표현되어 있을 뿐이라고 주장한다. 재산권에 대한 제한으로 손해를 입은 당사자의 권리구제라는 관점에서 보상에 대한 명시적 언급은 보상의 필요성이 아니라 예상가능성으로 보는 것이 타당하다.

2. 혼인과 가족에 관한 권리

혼인과 가족도 실정법 이전에 이미 존재하는 사회적 제도(혼인제도/가족제도)를 전제로 한다. 의회가 실정법을 제정하기 이전에도 사람들은 관습법의 형태로 혼인제도와 가족제도를 운영하면서 살아온 것이다. 이와 같은 법적 상태에서 인정되는 혼인과 가족에 관한 권리는 혼인과 가족을 형성, 유지, 해체할 수 있는 법적 지위를 의미한다. 현행 헌법은 이러한 **법적 지위에 관한 '자유권'**을 기본권으로 보장한다(헌법 제36조 제1항). 혼인과 가족에 관한 권리에 포함된 자유권적 측면을 헌법재판소는 "혼인과 가족생활을 스스로 결정하고 형성할 수 있는 자유"로 이해한다.[1] 혼인과 가족을 형성, 유지, 해체하는 행위도 사실적 행위가 아니라 견고한 사회적 제도에 따라 인정되는 일정한 법적 지위를 가진 사람만이 그러한 법적 지위에 근거하여 행할 수 있는 법적 행위에 해당한다. 따라서 혼인과 가족에 관한 권리는 반드시 그러한 법적 지위를 부여하는 혼인제도나 가족제

1 헌재 2011. 2. 24. 2009헌바89등, 판례집 23-1상, 108, 117쪽; 2013. 9. 26. 2011헌가42, 판례집 25-2상, 610, 619쪽.

도와 같은 사회적 제도를 전제로 할 수밖에 없다. 또한 혼인과 가족에 관한 권리를 실현하는 데 필수적인 혼인질서형성의 절차에 관한 **입법을 요구할 수 있는 '절차권'**에 의한 보강이 필요하고, 이러한 절차권을 구체화하는 입법은 혼인제도나 가족제도의 일부를 구성한다. 기본권으로 보장된 혼인과 가족에 관한 권리는 혼인과 가족에 관한 법적 지위를 부분적으로 또는 전면적으로 박탈함으로써 제한된다. 예를 들어 혼인이 가능한 연령을 제한하는 조혼금지나 동시에 복수의 혼인상태를 형성하는 행위를 금지하는 중혼금지에 관한 입법은 일정한 연령에 도달하지 않은 사람 또는 이미 혼인한 상태에 있는 사람의 혼인에 관한 법적 지위를 박탈함으로써 혼인과 가족에 관한 권리를 제한한다. 동일한 성별을 가진 사람 간에 혼인(동성혼, same-sex marriage)을 할 수 있는 법적 지위를 박탈하는 것도 혼인에 관한 헌법적 권리의 제한을 의미한다. 따라서 동성간 혼인을 금지하기 위해서는 조혼금지나 중혼금지와 같이 기본권 제한에 관한 헌법적 원칙인 비례성 원칙을 준수하여야 한다.

3. 선거권

공동체의 대표를 선출하는 사회적 제도(선거제도)는 실정법 이전에도 존재한다. 이러한 법적 상태에서 보장된 선거권은 유권자로서 선거에 참여할 수 있는 법적 지위를 의미하며 이러한 법적 지위에 관한 자유권은 현행 헌법에 의하여 기본권으로 보장되고 있다(헌법 제24조). 이처럼 기본권으로 보장된 선거권은 선거에 참여할 수 있는 **법적 지위에 관한 '자유권'**인 동시에 이러한 법적 지위를 실현하는 데 필수적인 선거절차에 관한 **입법을 요구할 수 있는 '절차권'**을 의미한다. 선거권을 구체적으로 형성하기 위하여 '선거제도에 관한 입법'이 필요한 이유는 기본권으로 보장된 선거권이 법적 지위에 관한 자유권으로서 선거참여에 관한 법적 지위의 전제가 되는 선거제도를 법적 제도로 편입시키기 위함이며 이와 같은 법적 지위를 실현하는 데 필수적으로 선거와 관련된 조직과 절차를 의미하는 선거제도가 요청되기 때문이다. 이처럼 '선거제도'는 선거에 참여할 수 있는 법적 지위에 관한 자유권뿐만 아니라 이와 같은 법적 지위의 자유권을 실현하는 데 필수적으로 요구되는 조직과 절차에 관한 입법을 요구할 수 있는 절차권과도 밀접한 관련이 있다. 다만 재산권이나 혼인·가족에 관한 권리처럼 사법적 제도와 관련된 법적 지위와 달리 선거권과 같은 공법적 제도와 관련된 법적 지위의 경우에 실정법 이전에 존재하는 견고한 사회제도가 인정되지 못한다면 자유권의 전제가 되는 사회제도의 법적 편입이라는 목적은 제도에 관한 입법에서 배제된다.

선거제도와 관련하여 헌법은 ① 보통선거, ② 평등선거, ③ 직접선거, ④ 비밀선거의 원칙을 명시하고 있으며(헌법 제41조 제1항 및 제67조 제1항) 추가적으로 ⑤ 자유선거의 원칙도 **민주적 선거원칙**으로 포함되는 것이 일반적이다. 보통선거와 평등선거의 원칙은 헌법이 보장하는 선거에 관한 '평등권'을 구체화한 것이고, 직접선거, 비밀선거, 자유선거의 원칙은 자유로운 선거참여를 보장한다는 점에서 선거에 관한 '자유권'을 구체화한 것이다. 선거에 참여할 수 있는 법적 지위에 관한 자유권과 그 전제가 되는 선거제도를 법적 제도로 형성하기 위한 입법이든 이 자유권을 보강하기 위한 절차권의 내용이 되는 선거 관련 조직과 절차에 관한 입법이든 이러한 입법을 구성하는 과정에서 민주적 선거원칙이 준수되어야 한다. 연령에 따라 선거권을 박탈하는 경우에 보통선거의 원칙이 침해될 수 있고, 선거구를 획정하면서 선거구에 따른 인구비율의 격차가 과도하게 벌어지거나 선거출마의 요건으로 과도한 기탁금을 요구하면 평등선거의 원칙이 침해될 수 있다.

4. 공무담임권

공직취임이나 공무수행과 관련된 사회적 제도(공직제도)는 실정법 이전에도 존재한다. 이러한 법적 상태에서 공직에 취임하여 공무를 수행할 수 있는 **법적 지위**를 '공무담임권'으로 부른다. 현행 헌법은 이러한 공무담임권을 기본권으로 보장하고 있는데(헌법 제25조) 이것은 공직에 취임하여 공무를 수행할 수 있는 **법적 지위에 관한 자유권**을 보장한다는 뜻이다. 따라서 공무담임권은 ① 능력과 자격에 따라 공직에 취임할 수 있는 기회를 제공받을 권리(공직취임권), ② 부당하게 공직을 박탈당하지 않을 권리(공직유지권), ③ 공직에 부여된 권한을 행사하여 업무를 수행할 수 있는 권리(공직수행권)를 포함한다. 공무를 담당하여 수행해야 하는 공직은 선거에 의하여 선출되는 '선출직'과 선거가 아닌 다른 방식으로 선발되는 '비선출직'으로 구분된다. 선출직에 선출되기 위하여 선거에 출마할 수 있는 법적 지위가 '피선거권(공직입후보권)'이므로 공무담임권에 대한 기본권적 보장은 피선거권을 기본권으로 보장한다는 의미를 가진다. 기본권으로 보장된 공무담임권은 이 권리를 실현하는 데 필수적인 공무원이나 선거와 관련된 조직이나 절차에 관한 **입법을 요구할 수 있는 '절차권'**도 포함한다. 따라서 공무담임권과 공무원제도나 선거제도가 긴밀하게 결합될 수밖에 없는 이유는 공무담임권이 법적 지위에 관한 자유권으로서 공무원제도나 선거제도를 전제로 하는데 이러한 제도를 법적으로 형성하기 위한 입법이 필요하고, 또한 이러한 자유권을 실현하기 위하여 필수적으로 요구되는 공무원이나 선거 관련 조직이나 절차에 관한 입법이 필요한데 이와 같은 입법은 공무원제도나 선거제도의 일부를 구성하기 때문이다. 특히 공무원의 신분과 정치적 중립성을 보장하는 **직업공무원제도**를 헌법은 명시적으로 보장하고 있다(헌법 제7조 제2항). 직업공무원제도는 오로지 직업공무원에게만 적용된다는 점에서 "국민 전체에 대한 봉사자"로서 불편부당하고 중립적이며 공정하게 업무를 수행해야 하는 '공익실현의무'와 '국민에 대한 책임'이 모든 공무원에게 부여되는 것(헌법 제7조 제1항)과 다르다.

5. 재판을 받을 권리

재판에 관한 사회적 제도(재판제도)도 실정법 이전에 존재한다. 이러한 법적 상태에서 재판에 참여할 수 있는 법적 지위가 보장되는데 이러한 법적 지위가 재판을 받을 권리(재판청구권)이며 현행 헌법에 의하여 기본권으로 보장된다(헌법 제27조 제1항). 따라서 재판을 받을 권리는 우선적으로 재판에 참여할 수 있는 **법적 지위에 관한** '자유권'을 의미한다. 다만 헌법이 보장하는 재판은 ① '헌법과 법률이 정한 법관에 의한 재판'과 ② '헌법과 법률에 의한 재판'으로 한정된다. 헌법은 군인이나 군무원이 군사재판을 받게 함으로써(헌법 제27조 제2항) '헌법과 법률이 정한 법관에 의한 재판'을 받을 수 있는 권리의 주체에서 명시적으로 배제한다. 일반국민의 경우에도 헌법에서 열거한 범죄 중 법률에서 정한 범죄를 저지르면 군사재판을 받을 수 있고, 비상계엄이 선포된 경우에는 일반국민도 군사재판을 받을 수 있다. 기본권으로 보장된 재판을 받을 권리는 재판에 참여할 수 있는 법적 지위에 관한 자유권이면서 이러한 권리의 실현에 필수적인 재판과 관련된 조직이나 절차에 관한 **입법을 요구할 수 있는 '절차권'**을 포함한다. 따라서 재판제도에 관한 입법은 재판을 받을 권리가 법적 지위에 관한 자유권으로서 전제해야 하는 재판제도를 헌법적으로 보장하면 이를 구체적으로 형성하기 위하여 필요하기도 하지만 재판을 받을 권리를 실현하기 위해서 필수적으로 요구되는 재판과 관련된 조직이나 절차에 입법으로서도 필요하다. 이처럼 재판제도는 재판을 받을 권리에 포함된 법적 지위에 관한 자유권뿐만 아니라 이를 보강하기 위하여 필요한 절차권과도 밀접하게 관련되어 있다. 공법적 제도와 관련된 법적 지위에 해당하는 재판을 받을 권리도 재판제도가 실정법 이전에 견고한 사회제도로 자리잡지 못했다거나 재판에 관한 사회적 제도와 실정법적 제도가 다른 것으로 보면 재판을 받을 권리 안에 포함된 자유권의 의미가 배제된 채 재판제도에 관한 입법은 재판을 받을 권리 안에 포함된 절차권을 구체화하는 내용만을 가지게 된다.

6. 국가배상청구권

공무원의 직무상 불법행위로 손해를 입은 국민은 국가를 상대로 손해배상을 청구할 수 있는 권리를 가진다(헌법 제29조 제1항). 이와 같은 '국가배상청구권'의 법적 성격에 대해서는 논란이 있다. 타인의 불법행위로 손해를 입은 사람은 '손해배상청구권'을 가지는데 이러한 권리는 기본적으로 채권으로 분류되는 '재산권'의 성격을 갖는다. 따라서 국가배상청구권을 기본권으로 보장하는 것을 일종의 '재산권의 보장'으로 볼 수 있는 여지가 없는 것은 아니다. 다만 타인의 불법행위는 그로 인한 손해를 배상해야 할 가해자가 바로 그 타인이라는 점에서 분명하지만 공무원의 불법행위는 그로 인한 손해를 배상해야 할 가해자가 그 공무원인지 아니면 그를 임명한 국가인지가 불분명하다. 이와 관련하여 공무원의 불법행위로 인한 배상책임은 ① 원칙적으로 공무원이 부담하여야 하지만 그를 관리·감독하는 국가가 대신하여 책임을 부담한다는 견해(**대위책임설**)와 ② 공무원의 불법행위는 곧바로 국가의 불법행위에 해당하기 때문에 국가가 부담해야 한다는 견해(**자기책임설**)의 대립이 있다. 공무원의 직무상 행위는 그가 속한 국가기관의 권한을 행사하여 업무를 수행하는 과정에서 행해지기 때문에 공무원의 불법행위는 공무원 본인의 행위가 아니라 국가의 불법행위로 보는 자기책임설이 타당하다. 다만 대위책임설에 따르면 공무원의 직무상 불법행위로 손해를 입은 사람은 해당 공무원뿐만 아니라 국가를 상대로 해서도 손해배상을 청구할 수 있지만 자기책임설에 따르면 오로지 국가를 상대로 해서만 손해배상을 청구할 수 있다. 이처럼 공무원의 직무상 불법행위로 인한 손해배상청구권이 국가를 상대로 하는 채권의 성격을 가지는 재산권으로서 확고한 법적 지위를 가지는지는 명확하지 않다. 따라서 국가배상청구권을 기본권으로 보장되기 이전에도 이미 사회적 제도에 의하여 보장되는 법적 지위에 관한 자유권을 의미하는 재산권으로 보는 것으로 무리가 따른다.

한편 국가배상청구권에 대한 기본권적 보장은 공무원의 직무상 불법행위로 인한 손해배상절차에 관한 **입법을 요구할 수 있는 '절차권'**을 보장한다는 의미를 가진다는 점은 분명하다. 같은 맥락에서 구속된 상태로 수사나 재판을 받다가 불기소처분이나 무죄판결을 받은 사람에게 인정되는 **'형사보상청구권'**(헌법 第28조)과 타인의 범죄로 피해를 받은 사람에게 인정되는 **'범죄피해자구조청구권'**(헌법 第30조)을 기본권으로 보장한다는 것도 수사나 재판과 같은 국가의 적법한 직무수행과 관련된 피해를 입거나 타인의 범죄행위로 피해를 입은 사람에게 형사보상절차나 범죄피해자구조절차에 입법을 요구할 수 있는 절차권을 보장한다는 뜻이 된다. 공무원의 직무상 불법행위는 공무원이 고의나 과실로 법령을 위반한 행위를 말하며 이로 인하여 입은 손해의 배상을 청구하는 국가배상청구권과 달리 형사보상청구권은 공무원의 불법행위를 전제로 하지 않는다. 구속된 상태에서 수사나 재판을 받은 사람은 나중에 검사의 불기소처분을 받거나 법관의 무죄판결을 받아 인신구속으로 인한 손해를 입어도 영장을 청구한 검사나 영장을 발부한 법관에게는 불법행위가 인정되지 않아 손해배상을 청구할 수 없다. 이에 따라 피해자에게 손해에 대한 '배상'이 아니라 피해에 대한 '보상'을 청구할 수 있는 권리를 인정하는 것이다. 재산권의 경우에도 공용제약으로 인한 재산적 손실에 대하여 손실의 보상을 청구할 수 있는 권리(손실보상청구권)를 인정하는 것과 같다(헌법 第23조

제3항). 범죄피해자구조청구권의 경우에도 범죄를 저지른 가해자와 동일한 불법행위책임을 국가에 대해서 인정한다는 뜻이 아니다. 범죄를 예방하지 못한 국가의 책임을 일부 인정하면서 동시에 범죄로 인한 사망이나 부상으로 생계가 곤란해진 범죄피해자의 유족이나 본인에 대하여 국가의 지원을 요구할 수 있는 권리를 인정하고 있을 뿐이다.

특별히 주목해야 할 사실은 국가배상청구권은 원칙적으로 모든 국민에게 보장되지만 군인이나 경찰 등에게는 예외적으로 인정되지 않는다는 점이다(헌법 제29조 제2항). 이처럼 헌법은 직접적으로 국가배상청구권의 주체가 될 수 없는 사람, 국가배상청구권의 인적 구성요건인 주체에서 배제되는 사람을 명시함으로써 국가배상청구권을 제한하고 있다. 이에 따라 이들에게는 보상이 지급되는 것 말고는 배상을 청구할 수 있는 권리는 부여되지 않는다. 이와 관련해서는 **'위헌적 헌법'의 문제**가 제기된다(자세한 내용은 제1장 참조). 헌법을 위반한 헌법조항으로 효력을 상실시켜야 한다는 것이다. 하지만 헌법재판소는 헌법규정 상호간의 효력상 서열을 인정하지 않으면서 심판의 기준이 되는 헌법규정과 심판의 대상이 되는 헌법규정의 위계적 서열을 인정하지 않는다.

7. 열거되지 않은 법적 지위에 관한 개별적 자유권

법적 지위에 관한 개별적 자유권도 헌법에 명시된 '열거된 개별적 자유권'뿐만 헌법에 명시되지 않은 '열거되지 않은 개별적 자유권'도 포함한다. 대표적으로 국적의 취득과 상실, 이탈과 변경에 관한 법적 지위의 자유권을 의미하는 '**국적에 관한 권리**'는 법적 지위에 관한 자유권으로서 열거되지 않은 개별적 자유권에 해당한다. 헌법은 '국적법정주의'의 원칙을 규정하면서(헌법 제2조) 국적제도를 헌법적으로 보장하고 있다. 법적 지위에 관한 개별적 자유권의 헌법적 근거도 모든 열거되지 않은 개별적 자유권의 근거가 되는 헌법 제37조 제1항이다.

Ⅲ. 기본권과 제도보장

법적 지위에 관한 자유권은 필수적으로 실정법 이전에 그러한 법적 지위를 부여하는 일정한 **사회적 제도**를 전제로 한다. 바로 여기에 헌법이 법적 지위에 관한 자유권에 해당하는 재산권, 혼인과 가족에 관한 권리, 선거권, 공무담임권, 재판을 받을 권리를 헌법적 권리인 기본권으로 보장하면 그 전제가 되는 사유재산제도, 혼인제도, 가족제도, 선거제도, 공무원제도, 재판제도와 같은 사회적 제도를 동시에 헌법적으로 보장하게 되는 이유가 있다. 일반적으로 '제도(institution)'는 여러 규범의 복합체로 이루어진 특정한 체계를 의미한다. 제도를 형성하는 규범은 주로 원칙, 권리와 의무, 조직, 권한과 책임, 절차 등을 규율한다. 이와 같은 사회적 제도를 헌법적으로 보장하면 이를 구체적으로 형성하는 입법을 통하여 사회적 제도는 **법적 제도**(법제도)로 전환된다. 다만 선거제도나 공무원제도, 재판제도와 같은 공법적 제도와 관련된 법적 지위의 경우에 그와 같은 제도가 사회적 제도로 견고하게 존재하지 않는다고 보면 이러한 제도에 대한 헌법적 보장은 기존의 사회적 제도를 법적 제도로 전환시키는 것이 아니라 새로운 법적 제도의 창설을 의미하게 된다. 한편 법적 지위에 관한 자유권은 물론 모든 자유권은 이를 실현하기 위하여 필수적으로 요청되는 **조직과 절차에 관한 입법을 요구할 수 있는 절차권**에 의하여 보강될 필요가 있다. 바로 이러한 헌법적 권리인 절차권을 구체적으로 형성하기 위해서도 조직과 절차에 관한 입법을 의미하는 법적 제도가 필요하다. 언론제도, 대학제도, 교육제도, 정당제도 등이 이러한 법적 제도에 해당한다. 이처럼 제도는 헌법 이전에 법적 지위에 관한 자유권의 전제로서 존재하는 사회적 제도와 헌법이 보장하는 자유권을 보강하기 위하여 요구되는 절차권을 구체화하는 법적 제도로 구분될 필요가 있다. 물론 사유재산제도, 혼인제도, 가족제도, 재판제도, 선거제도와 같은 경우에는 사회적 제도와 법적 제도가 혼재되어 있다. 이와 같은 제도는 법적 지위에 관한 자유권의 전제가 되는 사회적 제도를 법적 제도로 전환시킨 내용뿐만 아니라 법적 지위에 관한 자유권을 보강하기 위한 절차권을 구체화하는 법적 제도의 내용을 동시에 포함하고 있기 때문이다.

흔히 헌법 이전에 존재하는 사회적 제도를 헌법에 의하여 확인하고 보장하거나 새로운 법적 제도를 창설하여 보장하는 것을 '제도보장' 또는 '제도적 보장'으로 부른다. 헌법재판소는 직업공무원제도, 지방자치제도, 복수정당제도, 혼인제도 등을 제도보장의 하나로 이해하면서 이러한 제도보장의 대상은 "일반적인 법에 의한 폐지나 제도본질의 침해를 금지한다는 의미의 '최소보장의 원칙'이 적용"되는[2] "제도의 규범적 핵심"을 의미한다고 본다.[3] 헌법 이전에 존재하는 사회적 제도가 법적 지위에 관한 자유권의 전제가 된다면 기본권과 제도보장은 동전의 양면처럼 동일한 사물의 다른 측면에 지나지 않는다. 물론 법적 지위에 관한 자유권과 전혀 관련이 없는 사회적 제도를 상정할 수는 있다. 아니면 공법적 제도의 경우에는 법적 지위에 관한 자유권의 전제가 되는 사회적 제도가 견고하게 성립되어 있지 않다고 볼 수도 있다. 아무튼 기본권과 제도보장이 본질적으로 긴밀하게 연관되어 있는 경우에는 기본권과 제도보장을 분리하여 기본권과 관련해서는 엄격한 심사기준을 적용하는 반면에 제도보장과 관련해서는 입법자의 광범위한 형성권을 인정하는 것은 타당하

2 헌재 1994. 4. 28. 91헌바15등, 판례집 6-1, 317, 339쪽 참조.

3 헌재 2014. 7. 24. 2011헌바275, 판례집 26-2상, 1, 5쪽 참조.

지 않다. 다만 기본권과 전혀 관련이 없는 제도가 헌법적으로 보장된다면 이 경우에만 이러한 제도의 구체적 형성에 관한 입법자의 자유와 재량이 폭넓게 인정되어야 한다. 사실 기본권과 아무런 관련이 없는 모든 제도가 존재하는지도 의문이고, 국적제도, 선거제도, 공무원제도, 재판제도, 국가배상제도 등에서 확인할 수 있는 것처럼 모든 제도는 기본권과 일정한 관련을 맺을 수밖에 없을 것으로 보인다. 법적 제도는 헌법이 보장하는 법적 지위에 관한 자유권의 전제가 되는 사회적 제도를 법적 제도로 변환시킨 것이 아니라면 헌법이 보장하는 자유권을 보강하기 위하여 요구되는 절차권을 구체화하는 법적 제도에 해당하기 때문이다.

제도의 분류	
법적 지위에 관한 자유권의 전제가 되는 사회적 제도	국적제도, 사유재산제도, 혼인제도, 가족제도, 선거제도, 공무원제도, 재판제도, 국가배상제도
자유권의 보강을 위한 절차권을 구체화하는 법적 제도	언론제도, 대학제도, 정당제도, 교육제도, 재판제도, 국가배상제도, 사유재산제도, 혼인제도, 가족제도, 선거제도, 공무원제도
사회적 제도와 법적 제도가 결합되어 있는 제도	사유재산제도, 혼인제도, 가족제도, 선거제도, 공무원제도, 재판제도, 국가배상제도

[읽을거리]

명재진. 〈기본권의 객관적 질서성에 관한 연구〉. 《공법학연구》(한국비교공법학회) 제5권, 제1호(2004): 21-42쪽.

손상식. 〈국민참여재판과 법관에 의한 재판을 받을 권리〉. 《헌법학연구》(한국헌법학회) 제27권, 제2호(2021): 271-307쪽.

신옥주. 〈헌법상 혼인과 가족제도에 관한 고찰〉. 《아주법학》(아주대학교 법학연구소) 제9권, 제3호(2015): 151-179쪽.

이부하. 〈선거원칙에 대한 논의와 선거권과 관련한 헌법재판의 심사기준〉. 《법학논총》(숭실대학교 법학연구소) 제31집(2014): 171-193쪽.

이재희. 〈헌법 제36조 제1항을 중심으로 한 혼인의 헌법적 보장에 대한 검토〉. 《헌법학연구》(한국헌법학회) 제24권, 제4호(2018): 69-108쪽.

이준일. 〈헌법상 공무원 조항의 해석〉. 《유럽헌법연구》(유럽헌법학회) 제43호(2023): 211-241쪽.

조한상. 〈제도보장 이론의 공법적 의미와 문제점, 극복방향〉. 《법학연구》(부산대학교 법학연구소) 제48권, 제2호(2008): 59-84쪽.

한수웅. 〈공무담임권의 보장내용—공무담임권에 관한 헌법재판소 결정의 판례평석을 겸하여〉. 《중앙법학》(중앙법학회) 제16집, 제3호(2014): 7-43쪽.

홍일선. 〈국회의원 피선거권 행사연령 제한의 헌법적 문제점—2012헌마288 사건 판례평석〉. 《강원법학》(강원대학교 법학연구소) 제65권(2021): 87-113쪽.

제15장

안전과 환경에 관한 권리

다양한 유형의 재난(disaster)으로 인간의 안전이 심각하게 위협받는 위험한 시대, 위험한 사회를 살고 있다. 재난의 일종으로 분류되기도 하는 치명적인 감염병의 전 지구적 확산(pandemic)도 인간의 안전을 광범위하고 지속적으로 위협한다. 더욱이 무차별적인 개발로 인한 환경파괴 때문에 인간의 생명이나 건강은 여러 세대에 걸쳐 위협을 받고 있다. 생명이나 건강이 외부적 위험으로부터 완벽하게 보호받고 있는 편안하고 온전한 상태가 안전이라면 환경파괴도 결국 안전의 문제로 귀결된다. 실제로 환경파괴는 그 자체로 장기적 관점에서 직접적으로 인간의 생명과 신체적 완전성에 피해를 줄 뿐만 아니라 자연재난의 원인이 되어 인간의 안전을 간접적으로 위협하는 결과를 초래하고 있다. 재난과 감염병, 환경침해는 지금 살아 있는 세대만의 문제가 아니라 다음 세대까지 이어질 문제라는 점에서 문제의 심각성이 있다. 재난으로 인한 피해는 복구에 많은 시간이 소요되어 다음 세대의 부담으로 작용하고, 감염병은 지속적으로 변종을 만들어 다른 질병을 유발시킴으로써 다음 세대의 건강에까지 영향을 끼치며, 환경파괴는 지금 당장 드러나지 않아도 장기간 누적되면 다음 세대에게 광범위하고 치명적인 피해를 입히기 때문이다. 현재 세대의 기본적 인권만이 보장되고, 다음 세대의 기본적 인권은 아직 태어나지 않은 사람의 권리라는 이유로 배제된다면 누구에게도 대표되지 못한 채 일방적으로 희생될 수밖에 없다. 이제는 지금 살아 있는 인류뿐만 아니라 앞으로 태어날 인류까지도 배려해야 할 시점이 되었다. 지나치게 인간중심적인 사고에서 벗어나 생명을 가진 모든 것들과 심지어 생명이 없는 생태계까지 고려하는 태도마저도 요구되는 시대를 살고 있다.

I. 안전에 관한 권리

1. 개념

외부적 위험이나 해악으로부터 완벽하고 충분하게 보호받는 상태를 의미하는 '안전(safety)'은 헌법적 권리의 보호법익이 될 수 있다. 자유권의 보호법익을 인간의 존엄과 밀접하게 연관된 행위(행동)와 상태로 구분하면 안전은 인간의 존엄과 관련된 특정한 '**인격적 상태**'와 관련된 보호법익에 해당하기 때문이다. 건강한 상태처럼 안전한 상태는 대표적인 인격적 상태를 의미한다. 이러한 안전은 평안하고 안녕하며 온전하고 건전한 상태로서 ① 안전이 요구되는 '대상'과 ② 안전을 위협하는 '주체'나 '원인'이라는 측면에서 검토될 필요가 있다.

우선 **안전이 요구되는 대상**과 관련하여 안전이 요구되는 인격적 대상은 무엇보다도 ① '생명'과 ② '신체적 완전성(integrity)', 그리고 ③ '건강'이다. 질병이 없는 상태인 건강은 신체적 건강과 정신적 건강을 모두 포괄하기 때문에 부상이 없는 상태인 신체적 완전성보다 넓은 개념이다. 정신적 건강을 뇌의 신경의학적 건강으로 이해함으로써 신체적 완전성의 범위를 확대하여 정신적 완전성을 포함할 수도 있다. 또한 건강이라는 개념으로 신체적 건강뿐만 아니라 정신적 건강을 모두 아우를 수도 있다. 여기서는 신체적 완전성과 건강이 표현하는 미묘한 의미의 차이에 방점을 찍어 일단은 양자를 구분하기로 한다. 인간의 생명이나 신체적 완전성 또는 건강이 위협받는 상태가 대표적으로 인간의 안전이 위협받는 상태에 해당한다. 사람이 죽을 수도 있는 위험한 상태, 사람이 다칠 수도 있는 위험한 상태, 사람이 병에 걸려 아플 수도 있는 위험한 상태가 바로 인간의 안전이 위협받는 상태를 의미한다. 인간에게 보장되어야 하는 안전은 인간이 완전한 신체적 상태에서 건강하게 숨을 쉬며 살아 있는 안전이어야 하므로 무엇보다도 인간에게 부여된 고유한 속성인 **생명과 신체적 완전성, 그리고 건강의 안전**을 의미한다. 이 점에서 안전에 관한 권리는 생명이나 신체적 완전성 또는 건강에 관한 권리와 보호하는 영역이 상당 부분 중첩될 수 있다. 생명이나 신체적 완전성 또는 건강에 관한 권리의 침해는 곧바로 안전에 관한 권리의 침해가 될 수 있는 것이다.

그렇지만 안전이 요구되는 대상은 인간이 소유하거나 점유한 ④ '재산'도 포함하기 때문에 **재산까지도 포함하는 안전권**의 보호영역은 확장된다. 〈재난 및 안전관리 기본법〉에서도 '안전관리'의 개념을 "재난이나 그 밖의 각종 사고로부터 사람의 생명, 신체 및 재산의 안전을 확보하기 위하여 하는 모든 활동"으로 정의함으로써(같은 법 제3조 제4호) 안전의 대상에 사람의 생명과 신체적 완전성, 그리고 건강뿐만 아니라 재산까지도 포함시키고 있다. 이처럼 안전에 관한 권리가 오로지 생명이나 신체적 완전성 또는 건강에 관한 권리로 한정되는 것은 아니다. 이와 같은 **인격적 속성**과 더불어 인간을 인간답게 만드는 **인격적 상황**도 안전의 대상이 될 수 있고(인격적 상태 = 인격적 속성 + 인격적 상황), 그 대표적인 것이 인간을 둘러싼 ⑤ '환경'이다. 물론 환경에 대한 위협은 결국 인간의 생명이나 신체적 완전성 또는 건강이나 재산의 안전에 대한 위협으로 이어질 수도 있지만 **환경은 그 자체로 안전의 대상**이 된다. 인간의 안전을 위협하는 재난은 ① 자연재난과 ② 사회재난으로 구분되는데 이 가운데 자연재난의 주된 원인 중의 하나는 환경의 오염이나 훼손이며 최근에는 이러한 환경파괴로 인한 기후변화나 기후위기가 자연재난의 근본적인 원인으로 등장하고 있다. 이처럼 환경에 대한 침해는 안전에 대한 위협이 될 수 있다는 점에서 안전에 관한 권리는 환경권과 중첩되는 보호영역을 가질 수 있다. 건강하고 쾌적한 환경은 그 자체로 헌법적 권리로 보장받아야 하는 인격적 상태(상황)로서 안전의 대상이 되므로 환경에 대한 침해는 그것만으로도 안전에 대한 위협이 된다. 물론 환경에 대한 침해가 인간의 생명이나 신체적 완전성 또는 건강이나 재산에 대한 피해로 이어지면 안전의 대상은 다시 인간의 생명이나 신체적 완전성 또는 건강이나 재산으로 환원된다. 안전이 요구되는 대상의 관점에서 보면 특별히 안전에 관한 권리를 추가적으로 보장할 필요는 없어 보이기도 한다.

한편 **안전을 위협하는 원인**과 관련하여 전통적으로 생명이나 신체적 완전성, 건강, 재산 또는 환경 등 안전의 대상이 되는 인격적 상태를 위협하는 주된 원인은 자연재난(천재지변), 전쟁, 범죄, 질병 등이었다. 안전에 대한 이와 같은 위협으로부터 예방하기 위한 방재, 국방, 치안(방범), 방역 등은 오래전부터 국가의 중요한 과제로 이해되어 왔다. 최근에 인간의 생명과 신체적 완전성, 건강, 재산, 그리고 환경을 침해하는 안전에 대한 위협은 ① 이상기후로 인한 자연재난, ② 대규모 인명피해를 동반한 참사가 대표적인 사회재난, 그리고 ③ 수많은 사람들의 목숨을 앗아가는 치명적인 감염병의 확산으로 초래된다. **안전을 위협하는 주체**는 전통적으로 국가였지만 개인이나 기업과 같은 사인도 빼놓을 수 없다. 국가에 의한 안전의 위협은 방어권으로, 그리고 사인에 의한 안전의 위협은 사인의 기본권 침해로부터 기본권 주체를 보호해야 하는 국가의 의무(기본권보호의무)와 그에 상응하는 국민의 권리(보호권)로 헌법적 대응이 가능하다. 안전을 위협하는 원인이나 주체의 관점에서는 국가나 사인과 같은 주체보다는 자연재난, 사회재난, 감염병과 같은 원인이 더욱 주목받으면서 안전에 관한 권리를 추가해야 할 필요성이 증대하고 있다.

더욱이 현재는 안전이 요구되는 대상과 상관없이 안전을 위협할 수 있는 다양한 원인이나 주체로부터 회피하거나 그에 대응한다는 소극적이고 수동적인 의미에서 안전을 이해하는 수준을 넘어서야 한다는 요구가 강력하게 등장하고 있다. 무엇보다도 안전한 상태를 지속적으로 유지하기 위하여 다양한 측면에서 사전에 예방하고 대비할 필요가 있다. 또한 안전이 위협받는 상태가 발생했을 때 사후적으로 인명이나 재산에 대한 피해를 최소하기 위하여 체계적이고 효과적인 대응을 할 필요도 있다. 그리고 재해를 당한 시민들의 일상이 정상적으로 회복될 수 있도록 그 결과를 신속하게 복구하고 시민들을 구호해야 할 필요까지도 있다. 이에 따라 **적극적이고 능동적인 의미의 안전까지도 안전의 개념 안에 포함**되어야 한다는 인식이 확산되고 있다. 안전에 관한 권리를 독자적인 권리로 인정해야 할 필요성이 점점 커지고 있는 것이다. 현재 헌법은 재해의 예방과 재해의 위험으로부터 국민을 보호해야 할 의무를 국가에 부과하고 있을 뿐이다(헌법 제34조 제6항).

[법령] 재난 및 안전관리 기본법 제3조(정의)

이 법에서 사용하는 용어의 뜻은 다음과 같다.

1. "**재난**"이란 국민의 생명·신체·재산과 국가에 피해를 주거나 줄 수 있는 것으로서 다음 각 목의 것을 말한다.

가. **자연재난**: 태풍, 홍수, 호우, 강풍, 풍랑, 해일, 대설, 한파, 낙뢰, 가뭄, 폭염, 지진, 황사, 조류 대발생, 조수, 화산활동, 소행성·유성체 등 자연우주물체의 추락·충돌, 그 밖에 이에 준하는 자연현상으로 인하여 발생하는 재해

나. **사회재난**: 화재·붕괴·폭발·교통사고(항공사고 및 해상사고를 포함한다)·화생방사고·환경오염사고 등으로 인하여 발생하는 대통령령으로 정하는 규모 이상의 피해와 국가핵심기반의 마비, 〈감염병의 예방 및 관리에 관

한 법률〉에 따른 감염병 또는 〈가축전염병예방법〉에 따른 가축전염병의 확산, 〈미세먼지 저감 및 관리에 관한 특별법〉에 따른 미세먼지 등으로 인한 피해

[법령] 자연재해대책법 제2조(정의)

이 법에서 사용하는 용어의 뜻은 다음과 같다.

1. "**재해**"란 〈재난 및 안전관리 기본법〉(이하 "기본법"이라 한다) 제3조 제1호에 따른 **재난으로 인하여 발생하는 피해**를 말한다.

2. "**자연재해**"란 기본법 제3조 제1호 가목에 따른 **자연재난**(이하 "자연재난"이라 한다)**으로 인하여 발생하는 피해**를 말한다.

2. 안전에 관한 권리에 포함된 기본권

인격적 상태로 요구되는 안전은 국가에 의해서 침해될 수도 있고 사인인 제3자에 의해서도 침해될 수 있다. 따라서 안전에 관한 권리(안전권)는 기본적으로 ① 안전에 대한 국가의 침해에 대응하기 위한 '**방어권**'의 기능과 함께 ② 안전에 대한 사인의 침해에 대응하기 위한 '**보호권**'의 기능도 포함될 필요가 있다. 안전에 관한 권리가 헌법적 권리로 보장된다면 이 기본권은 국가에 대해서 안전의 대상이 되는 생명과 신체적 완전성 또는 건강, 재산이나 환경에 관한 안전을 침해하는 행위의 부작위 또는 중지를 요구할 수 있는 권리(방어권)뿐만 아니라 생명과 신체적 완전성, 건강, 재산이나 환경에 관한 안전을 침해하는 사인인 제3자의 행위로부터 보호하기 위한 형사입법, 즉 안전을 위협하는 사인의 행위에 대하여 형사적 처벌을 부과하는 입법을 국가에 대해서 요구할 수 있는 권리(보호권)를 포함한다. 그렇다면 안전권은 또다시 생명권, 신체적 완전성에 관한 권리(신체불훼손권), 건강권, 재산권, 환경권의 보호영역과 사실상 동일한 보호영역

을 가지게 된다.

하지만 생명이나 신체적 완전성 또는 건강, 재산, 환경에 관한 권리는 그 보호법익이 국가에 의하여 직접적으로 침해될 위험성이 있거나 실제로 침해된 경우에 그러한 헌법적 권리에 포함된 방어권에 근거하여 국가에 대하여 그러한 침해행위의 부작위나 중지를 요구할 수 있을 뿐이다. 또한 생명과 신체적 완전성, 건강, 재산, 환경에 관한 권리가 침해되는 경우에 국가에 대해서 주장할 수 있는 보호권은 기본권에 대한 침해의 주체가 사인인 제3자인 경우에만 인용될 수 있다. 따라서 생명과 신체적 완전성, 건강, 재산, 환경에 관한 권리에 대한 국가와 사인은 물론 자연재난이나 사회적 참사 또는 감염병과 같은 **대규모 재난에 의한 침해를 모두 포괄할 수 있는 안전권**을 독자적 권리로 인정하는 것은 의미가 있다. 생명권, 신체불훼손권, 건강권, 재산권, 환경권에 포함된 방어권이나 보호권에 근거해서도 생명, 신체적 완전성, 건강, 재산, 환경에 대한 국가나 사인의 직접적 침해를 방어하거나 그로부터 보호할 수 있지만 자연재난이나 사회적 참사 또는 감염병을 매개로 하여 생명, 신체적 완전성, 건강, 재산, 환경에 간접적으로 영향을 미치는 국가나 사인의 행위를 예방할 수는 없기 때문이다.

더욱이 안전권은 국가나 사인에 의한 침해위험성이나 실제적인 침해에 대항하거나 보호받는 방어권이나 보호권의 기능을 넘어 '**절차권**'이나 '**사회권**'의 기능으로까지 확장될 필요가 있다. 안전의 유지에 필수적으로 요구되는 조직과 절차에 관한 입법을 요구할 수 있는 절차권과 안전에 유지에 필수적인 물질적 급부를 요구할 수 있는 사회권까지도 안전권의 보호법익에 포함시킬 수 있는 것이다. 물론 생명권이나 신체적 완전성 또는 건강에 관한 권리, 재산권, 환경권의 자유권적 기능도 방어권과 보호권뿐만 아니라 절차권이나 사회권의 기능에 의하여 보강될 필요가 있다. 하지만 생명, 신체적 완전성, 건강, 재산, 환경에 관한 권리에 포함된 기본권의 다양한 기능은 생명이나 신체적 완전성 또는 건강, 재산, 환경이 직접적으로 침해될 위험성이 있거나 실제로 침해되었을 때 국가에 의하여 실행되어야 하는 **소극적이고 수동적인 사후대응적 조치**와 관련되어 있을 뿐이다. 따라서 안전권을 독자적 권리로 설정하는 것은 생명이나 신체적 완전성 또는 건강, 재산, 환경에 관한 권리에 대하여 가해질 수 있는 국가나 사인으로부터의 직접적인 침해위험성이나 실제적 침해로부터의 안전뿐만 아니라 자연재난이나 사회적 참사 또는 감병병을 매개로 한 간접적인 침해위험성이나 실제적인 침해로부터 안전을 보장한다는 의미를 넘어선다. 안전권을 독자적 권리로 보장하는 것은 안전을 보호하기 위한 소극적이고 수동적인 조치와 함께 **적극적이고 능동적인 사전예방적 조치**를 고려하여 방어권, 보호권, 절차권, 사회권과 같은 다양한 기본권의 기능을 포괄적으로 보장한다는 의미를 갖는다.

Ⅱ. 환경에 관한 권리

1. 환경에 관한 권리에 포함된 기본권의 기능

자연환경과 생활환경을 모두 포함하는 '환경(environment)'은[1] 국가에 의해서 오염되거나 훼손될 수 있으며 개인이나 기업과 같은 사인인 제3자에 의해서도 오염되거나 훼손될 수 있다. 따라서 현행 헌법이 보장하는 환경에 관한 권리(환경권: 헌법 제35조 제1항)는 국가에 대해서 환경을 오염시

1 헌법재판소도 "환경권의 보호대상이 되는 환경에는 자연환경뿐만 아니라 인공적 환경과 같은 생활환경도 포함된다"고 본다. 헌재 2008. 7. 31. 2006헌마711, 판례집 20-2상, 345, 358쪽; 2014. 6. 26. 2011헌마150, 판례집 26-1하, 568, 572쪽; 2017. 12. 28. 2016헌마45, 판례집 29-2하, 506, 516쪽.

키거나 훼손하는 행위의 부작위나 중지를 요구할 수 있는 '방어권'과 함께 환경에 대한 사인인 제3자의 오염행위나 훼손행위로부터 보호하는 형사입법을 국가에 대해서 요구할 수 있는 '보호권'도 포함한다. 헌법재판소 역시 적어도 환경권과 관련된 국가의 기본권보호의무를 인정하고 있다. "국가가 국민의 기본권을 적극적으로 보장하여야 할 의무가 인정된다는 점, 헌법 제35조 제1항이 국가와 국민에게 환경보전을 위하여 노력하여야 할 의무를 부여하고 있는 점, 환경침해는 사인에 의해서 빈번하게 유발되므로 입법자가 그 허용 범위에 관해 정할 필요가 있다는 점, 환경피해는 생명·신체의 보호와 같은 중요한 기본권적 법익 침해로 이어질 수 있다는 점 등을 고려할 때, 일정한 경우 국가는 사인인 제3자에 의한 국민의 환경권 침해에 대해서도 적극적으로 **기본권 보호조치를 취할 의무**를 진다."[2] 또한 환경의 보전과 관련된 조직이나 절차에 관한 입법을 요구할 수 있는 '절차권'이나 환경의 보전에 필요한 물질적, 재정적 급부를 요구할 수 있는 '사회권'도 환경권의 기능으로 포함될 수 있다. 헌법은 국민에게 '환경보전의 의무'를 부과하고 있는데(헌법 제35조 제1항 후단) 이러한 헌법적 의무는 환경파괴의 주체로서 사인을 상정하고 있다. 따라서 환경보전에 관한 헌법적 의무는 사인인 제3자에 의한 환경권침해로부터 보호하는 국가의 의무(기본권보호의무) 및 그에 상응하는 국민의 권리(보호권)와 관련되어 있다고 볼 수 있다.

[법령] 환경정책기본법 제3조(정의)

이 법에서 사용하는 용어의 뜻은 다음과 같다.

1. "**환경**"이란 자연환경과 생활환경을 말한다.
2. "**자연환경**"이란 지하·지표(해양을 포함한다) 및 지상의 모든 생물과 이들

2 헌재 2019. 12. 27. 2018헌마730, 판례집 31-2하, 315, 321쪽.

을 둘러싸고 있는 비생물적인 것을 포함한 자연의 상태(생태계 및 자연경관을 포함한다)를 말한다.

3. "**생활환경**"이란 대기, 물, 토양, 폐기물, 소음·진동, 악취, 일조(日照), 인공조명, 화학물질 등 사람의 일상생활과 관계되는 환경을 말한다.

4. "**환경오염**"이란 사업활동 및 그 밖의 사람의 활동에 의하여 발생하는 대기오염, 수질오염, 토양오염, 해양오염, 방사능오염, 소음·진동, 악취, 일조 방해, 인공조명에 의한 빛공해 등으로서 사람의 건강이나 환경에 피해를 주는 상태를 말한다.

5. "**환경훼손**"이란 야생동식물의 남획(濫獲) 및 그 서식지의 파괴, 생태계질서의 교란, 자연경관의 훼손, 표토(表土)의 유실 등으로 자연환경의 본래적 기능에 중대한 손상을 주는 상태를 말한다.

2. 환경권과 안전권의 관계

환경권에 대한 침해는 대체로 인간이 존엄하기 위한 인격적 상태에 해당하는 환경을 오염시키거나 훼손함으로써 인간의 생명과 신체적 완전성, 건강, 재산에 대한 침해가 발생했을 때 구체적으로 확인된다. 비슷하게 안전권에 대한 침해도 인간이 존엄하기 위하여 요구되는 또 다른 인격적 상태인 안전에 대한 위협으로 인하여 안전의 대상이 되는 인간의 생명이나 신체적 완전성, 건강, 재산에 대한 침해가 유발되었을 때 실제적으로 확인될 수 있다. 물론 인격적 상황으로서 요구되는 환경이나 안전 모두 그 자체로 기본권의 보호법익이 될 수 있다. 하지만 그러한 인격적 상황에 둘러싸인 인간의 생명과 신체적 완전성, 건강과 같은 인격적 속성이나 재산과 같은 **다른 보호법익에 대한 침해를 매개로** 환경권이나 안전권에 대한 침해가 확인될 수 있다는 점에서 다른 보호법익의 보호영역과 함께 중첩될 가능성이 높다. 또한 안전을 위협하는 원인에는 환경을 침해하는 재난이 포함된다는 점에서 **안전권과 환경권의 보호영역은 상당 부분 중첩**될 여지가 있다. 심지어 **환경 자체가 안전의 대상**이 될 수도 있으므로 **환경파괴로 안전이 위협**받을 수 있기 때문에 안전권과 환경권은 밀접하게 연동되어 작동한다.

그렇지만 환경권은 환경에 대한 국가나 사인의 직접적 침해로부터 헌법적 권리의 주체를 방어하거나 보호하는 반면에 안전에 관한 권리는 안전에 대한 국가나 사인의 직접적 침해뿐만 아니라 안전에 위협이 되는 다양한 원인을 매개로 하는 간접적 침해로부터 헌법적 권리의 주체를 방어하거나 보호한다. 안전권은 자연재난, 사회적 참사, 감병병을 매개로 하는 간접적 침해까지도 포괄적으로 보호할 수 있다는 점에서 환경권과 구분된다. 환경권은 **자연환경이나 생활환경에 대한 직접적 침해**로부터 방어하거나 보호하지만 안전권은 이러한 환경파괴는 물론 환경파괴로 인한 자연재난이나 사회적 참사 또는 감염병을 매개로 하는 간접적 침해로부터도 방어하거나 보호한다. 자연환경과 생활환경을 포함하는 환경의 파괴는 인간의 안전을 위협하는 자연재난이나 사회재난의 원인을 제공할 수는 있지만 곧바로 그러한 결과를 초래하지는 않기 때문이다. 더욱이 환경권은 **환경의 침해에 대하여 소극적이고 수동적인 사후적 대응수단**을 제공하지만 안전권은 안전의 침해에 대하여 적극적이고 능동적인 사전적 예방수단까지도 제공할 수 있다.

III. 기후위기와 안전 및 환경

1. 기후위기

기후가 자연적이고 통상적인 변동의 폭을 넘어서는 급격한 변동의 폭을 보이는 '**기후변화**(climate change)'가 심각해지면 '**기후위기**(climate crisis)'로 발전한다. 기후변화나 기후위기의 주된 원인은 일정 기간 동안 지구표면의 평균온도가 상승하는 지구온난화(global warming)로 알려져 있고, 지구온난화는 화석연료의 사용으로 인한 온실가스(green house gas)의 배출이 급격하게 증가한 결과다. 기후변화나 기후위기는 결과적으로 해수면상승과 이상기후(기상이변)를 일으킨다. 이상기후는 기온, 바람, 강수량 등과 관련된 평균적이고 통상적인 상황을 벗어난 것으로 폭염, 한파, 가뭄, 강풍, 태풍, 해일, 호우, 폭우, 장마, 폭설 등이 이에 해당한다. 이러한 이상기후는 인간에게 식량난을 일으킬 뿐만 아니라 '재난'이 되고, 이로 인하여 인간의 생명이나 건강 또는 재산을 앗아가는 '재해'가 발생한다. 결국 기후위기는 식량난이나 자연적 재난과 재해의 원인이 되어 인간의 안전이나 환경에 관한 권리를 침해할 수 있다.

[법령] 기후위기 대응을 위한 탄소중립·녹색성장 기본법

제2조(정의) 이 법에서 사용하는 용어의 뜻은 다음과 같다.

1. "**기후변화**"란 사람의 활동으로 인하여 온실가스의 농도가 변함으로써 상당 기간 관찰되어 온 자연적인 기후변동에 추가적으로 일어나는 기후체계의 변화를 말한다.
2. "**기후위기**"란 기후변화가 극단적인 날씨뿐만 아니라 물 부족, 식량 부족, 해양산성화, 해수면 상승, 생태계 붕괴 등 인류 문명에 회복할 수 없는 위험을 초래하여 획기적인 온실가스 감축이 필요한 상태를 말한다.
3. "**탄소중립**"이란 대기 중에 배출·방출 또는 누출되는 온실가스의 양에서 온실가스 흡수의 양을 상쇄한 순배출량이 영(零)이 되는 상태를 말한다.
4. "탄소중립 사회"란 화석연료에 대한 의존도를 낮추거나 없애고 기후위기 적응 및 정의로운 전환을 위한 재정·기술·제도 등의 기반을 구축함으로써 탄소중립을 원활히 달성하고 그 과정에서 발생하는 피해와 부작용을

예방 및 최소화할 수 있도록 하는 사회를 말한다.

5. "온실가스"란 적외선 복사열을 흡수하거나 재방출하여 온실효과를 유발하는 대기 중의 가스 상태의 물질로서 이산화탄소(CO_2), 메탄(CH_4), 아산화질소(N_2O), 수소불화탄소(HFCs), 과불화탄소(PFCs), 육불화황(SF_6) 및 그밖에 대통령령으로 정하는 물질을 말한다.

2. 기후위기와 안전에 관한 권리

기후위기로 인한 기상이변이 만들어내는 여러 형태의 자연재난은 다양한 자연재해를 일으킴으로써 인간의 안전에 치명적인 위협이 될 수 있다. 기후위기로 인한 자연재난은 인간의 생명이나 건강에 관한 안전뿐만 아니라 인간이 소유하거나 점유한 재산의 안전까지도 심각하게 침해할 수 있기 때문이다. 국가는 지구온난화가 원인으로 작동하는 기후위기 자체에 대응하여야 할 뿐만 아니라 기후위기의 결과로 발생하는 자연재난과 자연재해에 대하여 사전에 대비하고 자연재난이나 자연재해가 발생했을 때 신속하고 효율적으로 대응하며 사후적으로 수습하여야만 하는 과제를 부여받는다. 이처럼 기후위기는 자연재난과 자연재해로부터 위협받는 생명이나 건강 또는 재산의 안전에 관한 권리의 관점에서 접근할 필요가 있다. 특히 기후위기로 인한 자연재난으로 피해(자연재해)를 입는 사람들을 구조하거나 제도적으로 또는 재정적으로 지원하기 위한 조직과 절차 및 제도 등에 관한 입법을 강구해야만 한다. 여기서 무엇보다도 기후위기로 인한 폭염이나 한파 등의 이상기온에 대처하기 위하여 '에너지 취약계층'에 대한 국가의 지원이 요구된다. 안전에 관한 권리에 포함된 자유권을 보강하기 위하여 적극적으로 입법을 요구할 수 있는 절차권과 사회권이 주목받아야 하는 이유가 여기에 있다.

3. 기후위기와 환경에 관한 권리

기후위기는 기상이변으로 인한 자연재난을 일으켜 인간을 둘러싼 산과 하천 등 자연환경뿐만 아니라 물과 대기 등 생활환경도 파괴할 수 있다. 기후위기의 문제를 환경권에 대한 침해의 관점에서 접근해야 할 이유가 여기에 있다. 또한 기후위기의 중요한 원인 가운데 하나가 환경파괴로 파악되고 있다. 기후위기는 환경파괴의 원인이자 결과로서 불가피하게 환경권과의 연계 속에서 이해될 필요가 있다. 따라서 환경권에 포함된 방어권과 보호권을 넘어 절차권과 사회권을 포괄하는 관점에서 기후위기에 대한 국가의 과제가 설정되어야 한다. 국가는 기후위기를 유발하는 지구온난화의 근본원인인 온실가스의 배출을 스스로 감축하기 위하여 노력해야 하고, 사인, 특히 기업이 온실가스를 감축하도록 규제하고 제재하는 입법을 마련해야 할 뿐만 아니라 온실가스의 감축에 필요한 조직과 절차에 관한 입법 및 온실가스의 감축에 요구되는 재정적 지원도 실시하여야 한다. 더욱이 환경파괴가 기후위기의 원인이 될 수 있다는 점에서 기후위기를 예방하기 위해서도 환경권에 포함된 방어권과 보호권뿐만 아니라 절차권과 사회권까지 포괄적으로 보장할 필요가 있다.

[읽을거리]

김소연. 〈기본권으로서의 안전권 인정에 대한 헌법적 고찰〉. 《공법연구》(한국공법학회) 제45집, 제3호(2017): 173-195쪽.

김용훈. 〈안전권의 헌법적 의의와 국외적인 수준에서의 안전권 보장 소고〉. 《동아법학》(동아대학교 법학연구소) 제90호(2021): 1-36쪽.

박규환. 〈생태적 기본권 도입에 관한 연구〉. 《공법학연구》(한국비교공법학회) 제19권, 제1호(2018): 109-131쪽.

이부하. 〈생명·신체의 안전권에 대한 헌법적 고찰〉. 《법과 정책》(법과정책연구원) 제25권, 제2호(2019): 119-142쪽.

이재희. 〈기후변화에 대한 사법적 대응의 가능성—기후변화 헌법소송을 중심으로〉. 《저스티스》(한국법학원) 통권 제182호(2021): 342-390쪽.

이준일. 〈기후위기와 헌법—기후위기에 대한 기본권 관점의 접근〉. 《공법학연구》(한국비교공법학회) 제23권, 제2호(2022): 77-103쪽.

전광석. 〈국민의 안전권과 국가의 보호의무〉. 《법과 인권교육연구》(한국법과인권교육학회) 제8권, 제3호(2015): 143-157쪽.

최윤철. 〈헌법개정과 환경권〉. 《유럽헌법연구》(유럽헌법학회) 제28호(2019): 151-186쪽.

홍종현. 〈안전권의 헌법적 의미와 기능에 대한 연구〉. 《법학연구》(경상대학교 법학연구소) 제29권, 제2호(2021): 49-79쪽.

제16장

헌법상 노동기본권과 근로자

헌법은 '근로의 권리'를 보장하면서 '노동3권'도 보장하고 있다. 근로하는 사람이 '근로자'이고, 이러한 근로자에게 노동3권이 보장된다면 근로의 권리와 노동3권은 밀접하게 관련된다. 일상적 언어용례에 따르면 '근로'는 비록 근면하고 성실하다는 수식어가 붙기는 해도 사실상 '노동'(일)과 같은 개념이고, 근로하는 사람을 의미하는 근로자는 노동하는(일하는) 사람을 의미하는 '노동자'와 동일한 개념이다. 언제부턴가 근로와 근로자는 건조하고 형식적인 법적 개념으로 변질되어 그 의미범위가 축소되었다. 사용자(고용인, employer)와 고용계약을 체결하고 임금을 받는 종업원(피고용인, employee)만 근로자이며 오로지 근로자가 제공하는 노동이나 노무만이 근로가 되어 근로의 개념이 축소되어 버렸다. 이 바람에 정작 근로자는 오히려 노동하는 사람을 의미하는 노동자로 불리기를 원하기도 한다. 고용계약의 형식이 아니고 임금의 형태가 아니더라도 종속성과 전속성을 전제로 노동이나 노무를 제공하고 대가나 보수를 받는 사람들은 얼마든지 존재한다. 심지어 사용자라는 딱딱하고 무거운 이름에 부여된 법적 의무와 책임을 벗어나기 위하여 일부러 고용계약의 형식이 아닌 다른 형식의 계약을 체결하고 타인의 노동이나 노무의 제공을 받는 사람들도 늘어나고 있다. 법적 용어인 근로나 근로자를 실질적으로 이해하여 현실에 부합하는 의미로 사용해야 할 필요성이 현실적으로 증가하고 있는 것이다.

I. 헌법적 근거

헌법은 모든 국민에게 '**근로의 권리**'를 보장하면서 국가에 대해서 "근로자"에게 고용증진과 적정임금 및 최저임금을 보장해야 할 의무를 부과하고 있다(헌법 제32조 제1항). 또한 헌법은 "근로자"에게 '**노동3권**', 즉 ① 단결권과 ② 단체교섭권 및 ③ 단체행동권을 보장한다(헌법 제33조 제1항). 헌법재판소에 따르면 헌법이 근로자에게 노동3권을 보장하는 목적은 "근로자가 사용자와 대등한 지위에서 단체교섭을 통하여 자율적으로 임금 등 근로조건에 관한 단체협약을 체결할 수 있도록 하기 위한 것"이므로 단체교섭권에는 '단체협약체결권'이 포함된다고 한다.[1] 헌법에서 사용되고 있는 '근로자'라는 표현은 〈근로기준법〉이나 〈노동조합 및 노동관계조정법〉 등 법률에서 사용되고 있는 근로자라는 표현과 동일한 의미일 수도 있으나 상이한 의미일 수도 있다. 근로자에 관한 '헌법상 개념'과 '법률상 개념'이 동일한 의미를 갖지 않는 경우에 헌법상 개념이 법률상 개념보다 더 넓은 의미를 포함할 수도 있지만 법률상 개념이 헌법상 개념보다 더 넓은 개념으로 사용될 수도 있다. 중요한 것은 근로자에 관한 헌법적 개념을 법률적 개념이 과도하게 축소하면 헌법이 보장하는 노동3권의 침해가 될 수 있다는 점이다. 헌법적 권리를 의미하는 기본권의 주체를 과도하게 축소하는 것은 기본권에 대한 침해가 되기 때문이다.

1 헌재 2004. 8. 26. 2003헌바28 참조.

[법령] 근로기준법 제2조(정의)

① 이 법에서 사용하는 용어의 뜻은 다음과 같다.

1. "근로자"란 직업의 종류와 관계없이 **임금을 목적으로** 사업이나 사업장에 **근로를 제공하는** 사람을 말한다.

2. "사용자"란 사업주 또는 사업 경영 담당자, 그 밖에 근로자에 관한 사항에 대하여 사업주를 위하여 행위하는 자를 말한다.

3. "근로"란 정신노동과 육체노동을 말한다.

4. "근로계약"이란 근로자가 사용자에게 **근로를 제공하고** 사용자는 이에 대하여 **임금을 지급하는** 것을 목적으로 체결된 계약을 말한다.

5. "임금"이란 사용자가 **근로의 대가**로 근로자에게 임금, 봉급, 그 밖에 어떠한 명칭으로든지 지급하는 모든 금품을 말한다.

[법령] 노동조합 및 노동관계조정법 제2조(정의)

이 법에서 사용하는 용어의 정의는 다음과 같다.

1. "근로자"라 함은 직업의 종류를 불문하고 **임금·급료 기타 이에 준하는 수입**에 의하여 생활하는 자를 말한다.

2. "사용자"라 함은 사업주, 사업의 경영담당자 또는 그 사업의 근로자에 관한 사항에 대하여 사업주를 위하여 행동하는 자를 말한다.

3. "사용자단체"라 함은 노동관계에 관하여 그 구성원인 사용자에 대하여 조정 또는 규제할 수 있는 권한을 가진 사용자의 단체를 말한다.

4. "노동조합"이라 함은 근로자가 주체가 되어 자주적으로 단결하여 근로조건의 유지·개선 기타 **근로자의 경제적·사회적 지위의 향상**을 도모함을 목적으로 조직하는 단체 또는 그 연합단체를 말한다. 다만, 다음 각목의 1에 해당하는 경우에는 노동조합으로 보지 아니한다.

   가. 사용자 또는 항상 그의 이익을 대표하여 행동하는 자의 참가를 허용하는 경우

나. 경비의 주된 부분을 사용자로부터 원조받는 경우
다. 공제·수양 기타 복리사업만을 목적으로 하는 경우
라. 근로자가 아닌 자의 가입을 허용하는 경우
마. 주로 정치운동을 목적으로 하는 경우

5. "노동쟁의"라 함은 노동조합과 사용자 또는 사용자단체(이하 "노동관계 당사자"라 한다)간에 임금·근로시간·복지·해고 기타 대우 등 **근로조건의 결정에 관한 주장의 불일치**로 인하여 발생한 분쟁상태를 말한다. 이 경우 주장의 불일치라 함은 당사자 간에 합의를 위한 노력을 계속하여도 더 이상 자주적 교섭에 의한 합의의 여지가 없는 경우를 말한다.

6. "쟁의행위"라 함은 파업·태업·직장폐쇄 기타 노동관계 당사자가 그 주장을 관철할 목적으로 행하는 행위와 이에 대항하는 행위로서 **업무의 정상적인 운영을 저해하는 행위**를 말한다.

II. 해석론

1. 근로자 개념의 확장

근로의 권리가 보장되는 주체는 "모든 국민"이므로 비록 근로의 권리에 바로 이어서 근로자라는 표현이 등장한다고 해도 근로자는 '좁은 의미의 근로자'로 한정되지 않는다. 근로(노동)하는 사람 또는 근로(노무)를 제공하는 사람을 근로자로 이해하면 이러한 '**넓은 의미의 근로자**'는 형식상 근로계약을 체결하고 임금 등을 대가로 근로를 제공하는 '**좁은 의미의 근로자**'와 구분될 필요가 있기 때문이다. 헌법에 따라 고용증진과 적정임금 및 최저임금을 보장받아야 하는 주체는 바로 이러한 좁은 의미의 근로자다. 그렇다고 해도 노동3권의 주체가 되는 "근로자"가 반드시 좁은 의미의 근로자로 한정될 필요는 없다. 당연히 좁은 의미의 근로자는 노동3권의 주체가 될 수 있으나 근로계약을 체결하고 임금 등의 한정된 형태의 대가를 받지는 않지만 실질적으로 좁은 의미의 근로자와 동일하거나 상당히 유사한 법적 지위를 가지는 사람도 노동3권의 주체가 될 수 있기 때문이다. 근로의 권리에서 의미하는 근로도 반드시 오로지 근로계약 형태의 계약만을 체결하고 근로를 제공하는 사람으로 한정될 필요는 없다. 따라서 〈고용보험법〉에 따라 **노무제공계약**을 체결한 **노무제공자**도 노동3권의 주체가 될 수 있어야 한다. 이 법률에 따르면 노무제공계약은 "근로자가 아니면서 자신이 아닌 다른 사람의 사업을 위하여 자신이 직접 노무를 제공하고 해당 사업주 또는 노무수령자로부터 일정한 대가를 지급받기로 하는 계약"을 의미하고, 노무제공자는 "노무제공계약을 체결한 사람 중 대통령령으로 정하는 직종에 속하는 사람"을 뜻한다(같은 법 제77조의6 제1항). 보험설계사, 학습지 교사, 택배기사, 방문판매원, 화물차주, 대리운전기사, 통학버스 운전기사, 골프장 캐디 등이 대표적인 노무제공자에 속한다.

2. 공무원인 근로자의 노동3권

근로계약의 형식이 아니더라도 자신의 근로를 제공하고 대가나 보수를 받는 모든 사람을 근로자로 이해하면 공무원인 근로자도 기본적으로 근로자에 해당한다. 따라서 공무원인 근로자에게도 원칙적으로 노동3권이 보장된다고 보는 것이 타당하다. 따라서 현행 헌법에 따르면 "공무원인 근로자는 법률이 정하는 자에 한하여" 노동3권을 가진다고 규정하고 있는데(헌법 제33조 제2항) 이 규정도 원칙적으로 공무원인 근로자는 노동3권의 주체가 되지만 법률에 의해서 그 범위가 제한될 수 있다는 법률유보조항으로 해석되는 것이 타당하다. 따라서 헌법에 의하여 직접적으로 공무원인 근로자의 노동3권이 제한되고, 법률에 의하여 일정한 범위의 공무원인 근로자에게 한정적으로 노동3권이 인정된다는 해석은 타당하지 않다. 다만 주요 방위산업체에 종사하는 근로자의 경우에는 법률에 의하여 단체행동권이 제한될 수 있다(같은 조 제3항).

3. 근로와 평등

근로의 영역에서도 평등은 중요한 가치다. 본질적 차이가 없는 동일한 비교대상을 동등하게 대우하며 본질적 차이가 있는 상이한 비교대상을 차등적으로 대우하도록 요구하는 상대적 평등이 근로의 영역에도 그대로 적용되어야 한다. 이를 구체화하기 위하여 헌법은 여성이 고용과 임금, 근로조건에서 부당한 차별을 받는 **고용상 여성차별을 금지**한다(헌법 제32조 제4항). 여기서 '부당한 차별'은 엄밀하게 말하면 '합리적인 이유로 정당화되지 못한 불리한 대우'로 이해된다. 여성은 근로의 영역에서 남성과 비교하여 본질적 차이가 없는 경우에 동등한 대우를 받아야 하고, 만약 본질적 차이가 없음에도 여성에게 차등적 대우를 하려면 이러한 불리한 대우를 정당화하기 위한 합리적인 이유가 제시되어야만 한다는 뜻이다. 한편 헌법은 여성의 근로와 연소자의 근로에 대한 '**특별한 보호**'를 요구한다(헌법 제32조 제4항 및 제5항). 이 경우에 여성이나 연소자가 비교대상과 비교하여 가지는 본질적 차이에 주목한다. 임신과 출산의 가능성을 가진 여성과 신체적으로 미성숙한 연소자의 본질적 차이를 고려하여 차등적 대우를 요구하고 있는 것이다. 여성과 연소자의 근로에 대한 특별한 보호는 본질적 차이가 있는 비교대상에 대한 차등적 대우를 요구하는 상대적 평등에 부합한다. 또한 헌법은 ① 국가유공자와 ② 상이군경, ③ 전몰군경의 유가족에게 **우선적 근로기회의 제공**을 명시적으로 요구한다(헌법

제32조 제6항). 국가를 위하여 특별한 공적을 세운 '국가유공자', 국가를 위하여 희생하다 부상을 당한 '상이군경', 국가를 위한 전투에서 사망한 군인이나 경찰관의 '유가족'이 처한 특별한 처지를 고려하여 이러한 본질적 차이에 따른 차등적 대우를 헌법이 직접 정당화하고 있는 것이다. 종전에 국가유공자 본인이나 상이군경 본인 이외에 국가유공자나 상이군경의 가족에 대한 우선적 근로기회의 제공도 헌법적으로 정당화된다고 본 적도 있으나(헌재 2001. 2. 22. 2000헌마25 참조) 이제는 더 이상 이러한 견해가 유지되지 못한다(헌재 2006. 2. 23. 2004헌마675등 참조). 헌법은 오로지 사망한 군인이나 경찰관의 유가족에 대한 차등적 대우만을 직접적으로 정당화하고 있을 뿐이고, 국가유공자나 상이군경의 가족에 대한 차등적 대우를 직접적으로 정당화하고 있지는 않기 때문이다.

Ⅲ. 심사기준

1. 자유권으로서 노동3권에 대한 제한

노동3권은 본질적으로 자유와 방어권이 결합된 '자유권'에 속한다. 노동조합의 결성과 활동에 관한 '자유' 및 이에 대한 국가의 외부적 공격행위에 대하여 그 부작위나 중지를 요구함으로써 방어할 수 있는 '방어권'이 노동3권의 본질적 보호법익에 해당하기 때문이다. 따라서 노동3권에 대한 국가의 제한은 법률에 의하여 공익적 목적을 위해서만 허용된다(헌법 제37조 제2항). 다만 이 경우에도 기본권 제한에서 반드시 준수되어야 하는 헌법적 원칙으로서 비례성 원칙과 본질 내용 침해 금지원칙을 위반할 수 없다. 근로자에 관한 헌법적 개념을 법률적 개념이 축소하는 것도 자유권으로서 노동3권을 제한하는 것을 의미하기 때문에 법률에 의하여 공익적 목적을 위해서만 허용되고, 비례성 원칙과 본질 내용 침해 금지원칙을 위반하지 않는 헌법이 설정한 한계 안에서만 가능하다.

2. 노동3권에 포함된 사회권의 성격

노동3권의 주체를 고용계약을 체결하고 근로의 대가로 임금을 받는 좁은 의미의 근로자로 보든지 어떠한 형태의 계약이라고 하더라도 노동이나 노무를 제공하는 대가로 보수를 받는 넓은 의미의 근로자로 보든지 근로자는 '사회적 약자'에 해당한다. 자신이 제공하는 노동이나 노무를 대가로 보수를 받은 사람은 대가를 주고 타인의 노동이나 노무를 사용하는 사람보다 경제적 약자일 개연성이 높기 때문이다. 따라서 근로자가 주체가 되는 노동3권에 포함된 사회권의 성격이 함께 고려될 필요가 있다. 사회권은 기본적으로 경제적 약자(빈곤한 사람)의 권리이고, 경제적 약자는 대표적인 사회적 약자로서 임금이나 보수를 대가로 자신의 근로나 노동 또는 노무를 제공할 수밖에 없는 처지에 놓여 있기 때문이다. 헌법재판소도 노동3권에 포함된 자유권의 성격과 함께 사회권의 성격을 동시에 인정한다.

헌법 제33조 제1항이 보장하는 근로3권은 근로자가 자주적으로 단결하여 근로조건의 유지·개선과 근로자의 복지증진 기타 사회적·경제적 지위의 향상을 도모함을 목적으로 단체를 자유롭게 결성하고, 이를 바탕으로 사용자와 근로조건에 관하여 자유롭게 교섭하며, 때로는 자신의 요구를 관철하기 위하여 단체행동을 할 수 있는 자유를 보장하는 **자유권적 성격**과 사회·경제적으로 열등한 지위에 있는 근로자로 하여금 근로자단체의 힘을 배경으로 그 지위를 보완·강화함으로써 근로자가 사용자와 실질적으로 대등한 지위에서 교섭할 수 있도록 해주는 기능을 부여하는 사회권적 성격

도 함께 지닌 기본권이다. (1998. 2. 27. 94헌바13)

IV. 노동3권과 기본권 충돌

사인 상호간에 발생하는 '기본권 충돌'은 노동3권의 경우에도 예외가 아니다. 기본권 충돌은 ① 기본권의 대사인적 효력(제3자효)의 법리와 ② 기본권보호의무(보호권)의 법리에 따라 해결되어야 한다(자세한 내용은 제10장 참조). 첫째로 '기본권의 대사인적 효력'은 사인 간의 법적 분쟁을 해결해야 하는 민사재판을 담당하는 '법관의 기본권존중의무'를 매개로 작동한다. 민사법관은 우선적으로 민사법을 적용해야 하지만 민사법의 일반조항을 해석하는 과정에서 기본권을 존중하여 적용해야 하기 때문이다. 따라서 민사재판에서는 민사법뿐만 아니라 기본권으로 보장된 **노동3권이 함께 민사법관에 의하여 적용**될 필요가 있다. 둘째로 '기본권보호의무(보호권)'는 사인인 제3자에 의한 기본권침해로부터 '기본권을 보호하는 입법'을 제정해야 하는 국가(의회)의 헌법적 의무 및 그에 상응하는 국민의 헌법적 권리를 의미한다. 이에 따라 국가는 기본권으로 보장된 **노동3권이 주로 사용자에 해당하는 사인인 제3자에 의하여 침해되지 않도록 보호하는 '형사입법'**을 마련해야 할 헌법적 의무를 부여받으며 그에 상응하는 헌법적 권리가 노동3권의 주체에게 부여된다. 노동조합의 가입이나 조직을 이유로 해고 등 불이익을 주는 행위, 정당한 이유 없이 단체교섭을 거부하는 행위, 단체행동에 참여했다는 이유로 해고 등 불이익을 주는 행위가 '부당노동행위'(노동조합 및 노동관계조정법 제81조 제1항)로 형사적 처벌의 대상이 되도록 규정하는 형사입법이 노동3권에 대한 사인인 제3자의 침해로부터 보호하는 대표적 입법에 해당한다. 기본권을 존중하는 판결을 해야 하는 법관이든지 기본권이 침해되지 않도록 보호하는 입법을 해야 하는 의회이든지 기본권 충돌을 해결하기 위해서는 기본권 제한에 관한 헌법적 원칙인 비례성 원칙을 적용하여 상충하는 기본권에 대해서 합리적 형량을 통해 조화와 균형을 실현해야만 한다.

[읽을거리]

김종서. 〈쟁의행위를 이유로 한 손해배상청구 비판—헌법적 관점에서〉. 《민주법학》(민주주의법학연구회) 제60호(2016): 181-225쪽.

김진곤. 〈기본권 심사기준의 이해와 통합—노동3권의 구조와 위헌심사기준의 체계성〉. 《공법연구》(한국공법학회) 제50집, 제3호(2022): 63-88쪽.

______. 〈공무원의 노동3권 보장에 대한 역사와 발전—헌재 2013. 6. 27. 2012헌바169 평석을 겸하여〉. 《연세법학》(연세법학회) 제38호(2021): 1-26쪽.

김희성. 〈부당노동행위 처벌규정의 헌법상 과잉금지의 원칙 위배 여부〉. 《강원법학》(강원대학교 법학연구소) 제58권(2019): 97-132쪽.

이달휴. 〈노동법의 규범구조와 근로권과 노동3권의 관계〉. 《원광법학》(원광대학교 법학연구소) 제35권, 제1호(2019): 49-71쪽.

이준일. 〈업무개시명령제도의 위헌성 여부—화물자동차 운수사업법에 따른 화물차주에 대한 업무개시명령제도를 중심으로〉. 《법과 사회》(법과사회이론학회) 제72호(2023): 257-286쪽.

______. 〈이른바 '노란 봉투 법'과 기본권 충돌—노동3권의 확대와 손해배상청구권의 축소를 담은 법률안에 대한 헌법적 평가〉. 《헌법학연구》(한국헌법학회) 제29권, 제1호(2023): 255-296쪽.

정영훈. 〈헌법재판 30년과 노동권 보장〉. 《저스티스》(한국법학원) 통권 제170-3호(2019): 97-136쪽.

제17장

대통령제와 의원내각제

1948년 한반도 남쪽에 단독정부를 수립하기 위한 헌법이 제정되면서 대통령제가 채택된 이후 지금까지 한국 헌법의 전형적인 정부형태는 대통령제가 되었다. 간선제와 직선제의 차이는 있지만 대통령제는 대한민국의 유일한 정부형태처럼 건재하다. 1960년 4·19혁명 이후에 잠시 의원내각제가 선택되었지만 민주주의가 정착되지 못한 상황 탓에 단점만 부각시킨 채 연기처럼 사라지고 말았다. 헌법개정에 관한 논의가 있을 때마다 대통령제의 단점에 대한 지적이 쏟아졌다. 주로 대통령의 일방적 독주나 독재가 문제되는 '제왕적 대통령제'에 대한 비판이 주를 이루었다. 실제로 정부수립 이후 30년 넘게 대통령의 임기연장이나 중임변경을 위한 헌법개정으로 헌법은 누더기가 되었다. 사실상 종신 대통령을 꿈꾸는 사람까지 등장하였으니 대통령제는 막장까지 간 것이나 다름없었다. 하지만 구관이 명관이라고 감히 대통령제의 옷을 벗어 던질 용기는 없어 보인다. 실제로 국회의원이 국무총리나 국무위원을 겸직할 수 있는 의원내각제의 요소가 포함되어 있는 헌법 현실이 의원내각제의 도입에 소극적인 이유일 수도 있다. 모든 제도가 그렇듯이 제도가 만들어진 배경이 있고, 제도가 도입되는 국가의 역사적, 사회적 맥락이 있게 마련이다. 대통령제나 의원내각제도 그것이 고안된 배경이 있으며 그런 제도가 한국에 도입되었을 때 한국적 맥락 안에서 적응해야만 한다.

I. 구분기준과 특성

정부형태는 흔히 ① '대통령제'와 ② '의원내각제'로 구분되는데 대통령과 의회의 관계를 고려할 때 대통령제는 **'대통령중심적' 정부형태**, 의원내각제는 **'의회중심적' 정부형태**를 의미한다. 대통령제는 의회와 행정부가 각각 선거를 통해 국민으로부터 민주적 정당성을 획득하도록 함으로써 민주적 정당성이 '이원화'된다. 반면에 의원내각제는 오로지 의회만이 선거를 통해 국민으로부터 민주적 정당성을 획득하고 행정부는 의회를 통해 간접적으로만 민주적 정당성을 획득하게 함으로써 민주적 정당성이 '일원화'된다. 민주적 정당성이 이원화된 대통령제 하에서 민주적 정당성과 함께 임기를 보장받은 대통령은 행정부의 수반으로서 의회로부터 완전히 독립되어 엄격한 권력분립원칙이 실현된다. 민주적 정당성이 일원화된 의원내각제하에서 의회에 의해서 구성되는 행정부는 의회에 대한 책임과 의존성이 강화됨으로써 완화된 형태의 권력분립이 구현된다. 의회와 대통령의 견제와 균형(check and balance)에 초점을 맞춘 대통령제는 의회와 대통령이 공존을 위한 협치의 길을 가지 않는 경우에 양자의 갈등과 대립을 격화시켜 대통령에 대한 의회의 탄핵소추 가능성조차 배제할 수 없게 만든다. 의회와 행정부의 공존과 공화를 강조하는 의원내각제는 운명공동체처럼 묶인 의회와 행정부의 갈등과 대립을 극복하고 국민에게 책임지며 국민의 뜻을 묻기 위한 선거를 실시하기 위하여 의회의 내각불신임과 행정부 수반(총리/수상)의 의회해산이 빈번하게 반복될 가능성이 높다.

Ⅱ. 역사적 배경

1. 의원내각제의 역사적 배경

영국에서 출발한 것으로 알려진 의원내각제는 국왕의 권력을 견제하고 축소시키는 과정에서 의회제도가 고안되면서 의회를 중심으로 행정부가 구성되는 제도로 출현하였다. 다만 군주제도와 귀족제도가 잔존하는 상태에서 의회가 만들어지면서 의회(Parliament)는 귀족을 대표하는 상원(House of Lords)과 일반시민을 대표하는 하원(House of Commons)의 형태로 구성된 '양원제'를 기반으로 한다. 이 과정에서 오래된 정당제도가 양원제 형태의 의회제도와 이에 기반을 둔 의원내각제의 기초가 되었다. 견고한 정당제도를 구축하고 정당 내부의 민주주의를 실현하는 것이 의원내각제의 기초가 될 수 있다는 사실을 확인할 수 있다.

2. 대통령제의 역사적 배경

미국에서 고안된 대통령제는 신대륙에 건설된 신생국가가 오래된 왕정의 전통이 없는 상태에서 국왕과 같은 국가원수의 지위와 행정부 수반의 지위를 동시에 갖는 국가기관을 만드는 과정에서 탄생하였다. 더욱이 각 주(states)의 독립성이 보장되는 연방국가인 미국에서 대통령은 주의 이익보다 연방의 이익을 대변하는 지위를 갖는다. 의회제도 역시 각 주의 이익을 대변하는 상원(Senate)과 미국 시민 전체를 대변하는 하원(Congress, House of Representatives)으로 구성된다. 상원은 각 주의 인구수와 상관없이 동일한 숫자(2명)로 선출된 의원으로 구성되는 반면에서 하원은 각 주의 인구수에 비례하여 결정된 숫자의 의원을 선출하여 구성된다는 점에서도 이와 같은 사실은 분명하게 드러난다. 미국의 대통령제는 연방국가의 현실에 기반을 두면서 양원제와 함께 운영되고 있다는 점에 주목할 필요가 있다. 더욱이 미국의 대통령제는 선거인단에 의한 간선제이며 연방국가의 현실을 반영하여 각 주마다 더 많은 숫자의 선거인단을 확보한 정당의 후보가 해당 주의 전체 선거인단 숫자를 독식한다는 점(승자독식제도)에도 주목해야 한다.

III. 한국적 맥락

1. 남북분단

한반도는 1945년 광복 이후 곧바로 남북으로 나뉘어 미국과 소련의 군정통치를 받다가 1948년 8월과 9월 남북한에 각각 단독정부가 수립되면서 남북한이 분단됨으로써 지금까지 통일을 민족적 과제로 삼아 왔다. 따라서 대한민국의 정부형태는 한반도의 통일을 지향하는 관점에서 모색될 필요가 있다. 현행 헌법도 전문에서 모든 국민에게 부여된 "평화적 통일의 사명"을 강조하고, 총강에서 '통일의 지향'을 국가과제로 명시하면서 '평화적 통일'이 민족통일을 이루는 방식이라는 점도 명확히 하고 있다(헌법 제4조). 헌법은 대통령에게 "조국의 평화적 통일"을 위하여 성실해야 할 의무를 명시함과 동시에(헌법 제66조 제3항) 평화적 통일을 위한 노력을 대통령의 취임선서에 포함된 대통령의 의무에 포함시키기도 한다(헌법 제69조). 이처럼 여러 차례나 통일을 강조하고 있는 헌법의 정신을 고려할 때 통일 전의 상태에서도 민족통일을 촉진하는 데 기여하는 정부형태가 구성될 필요가 있고, 통일 후의 상태를 고려할 때도 통일된 한반도의 상황을 고려한 정부형태가 선택될 필요가 있다. 통일이 되면 남한과 북한의 인구수와 경제력이 선명한 차이를 드러내고 문화적 이질감 역시 등장할 것이기 때문에 이 점을 고려한 정부형태의 모색이 필요한 것이다.

2. 지역주의

남북으로 분단된 한반도의 남쪽 절반은 다시금 영남, 호남, 충청, 강원, 수도권 등 지역에 따라 종종 정치적, 경제적 이해관계를 달리하여 왔다. '지역감정'으로도 불리는 이러한 지역주의는 반드시 부정적으로 평가할 필요는 없다. 지역의 특성과 배경을 기반으로 하는 지역주의는 오히려 지역의 독자성과 자율성을 보장함으로써 민주주의원리의 기초인 다원주의나 문화국가원리가 강조하는 문화적 다양성의 형성에 도움이 될 수도 있기 때문이다. 물론 특정 지역의 유권자가 특정한 후보에게 표를 몰아준 것도 역사적 현실이다. 대통령선거나 국회의원선거 후보자가 득표를 위하여 선거 때마다 지역감정에 편승하거나 지역감정을 조장한 것도 사실이다. 하지만 정부형태를 결정할 때 지역주의의 현실에 대한 면밀한 분석과 평가가 선행되어야 한다. 지역적 이해관계를 완전히 배제한 채 마치 국민모두에게 이로운 정부형태가 존재하는 것처럼 주장하는 것은 정치적 세뇌이거나 선동일 가능성도 배제하지 못한다.

3. 단원제의 전통

대통령제가 대한민국의 전형적인 정부형태인 것처럼 의회를 하나의 원(chamber/house)으로 구성하는 '단원제'(unicameral system)는 대한민국의 전형적인 의회제도로 인식되었다. 의원내각제처럼 양원제도 잠시 채택되어 실시되기도 했지만 오래 지속되지는 못했다. 의원내각제가 만들어진 영국에서도, 대통령제가 고안된 미국에서도 의회제도는 공통적으로 '양원제'(bicameral system)다. 계급사회의 현실을 반영하기 위해서든 연방국가의 현실을 반영하기 위해서든 오히려 상원(Upper house)과 하원(Lower house)으로 구성되는 양원제는 보편적인 의회제도로 이해될 정도다. 심지어 문화적으로 가까운 일본도 양원제를 채택하고 있고, 우리 법체계에 상당한 영향을 끼친 독일도 양원제를 운영하고 있기 때문에 대한민국이 단원제를 고집하는 것이 이상할 정도다. 양원제는 의회 내부에서 권력분립을 실현하여 의회의 경솔하고 성급한 결정을 예방할 수 있는 대안이 될지도 모른다. 그럼에도 불구하고 단원제의 전통을 엄격하게 고수해 온 한국에서는 정부형태를 선택할 때 이와 같은 현실적 맥락을 고려할 필요가 있다. 단원제 형태의 의회제도와 상대적으로 더 어울릴 수 있는 정부형태가 구성되어야 하는 것이다.

4. 단일국가

대한민국은 지방의회와 지방자치단체장으로 구성되는 지방정부를 인정하는 지방자치제도를 운영하고 있다. 하지만 지방정부의 강력한 독립성이 보장된 '연방국가'는 아니다. 의원내각제를 선택한 영국도 연방국가이고, 대통령제를 선택한 미국도 연방국가다. 물론 의원내각제를 선택한 독일은 연방국가이지만 일본은 연방국가가 아니고, 대통령제를 선택한 프랑스는 연방국가가 아니다. 연방국가인지 아닌지가 정부형태의 선택을 결정하는 것은 아니다. 하지만 정부형태를 결정할 때 연방국가인지 여부는 중요한 고려사항이 되어야 한다는 점은 분명하다. 오히려 남북한이 평화적으로 통일을 완성하고 만약에 두 개의 서로 다른 체제를 인정하는 경우에 연방국가의 가능성도 완전히 배제할 수는 없다. 더욱이 하나의 체제로 통합된 통일국가가 실현된 경우에조차 오랜 기간 동안 분단되어 불가피하게 문화적 이질성을 가질 수밖에 없는 남북한의 현실로 인하여 연방국가의 방향을 선택할지도 모른다.

5. 입헌군주제의 폐지

입헌군주제로 변화된 군주제의 전통을 유지하고 있는 국가에서는 대체로 의원내각제가 선택되고, 군주제의 전통이 없거나 폐지된 국가에서는 일반적으로 대통령제가 선택된다. 한국에서 군주제는 이미 오래전에 폐지되었다. 상징적이고 의례적이기는 해도 국왕은 국가원수로서 외국에 대하여 국가를 대표한다는 점에서 국왕이 없는 국가에서 의원내각제를 선택할 때 독일처럼 형식적 국가원수로서 대통령을 선출해야 할 필요성도 배제할 수 없다. 대한민국에서도 의원내각제가 정부형태로 선택되는 경우에 상징적 국가원수로서 대통령을 선출할 필요가 있고, 실제로도 잠시 의원내각제를 운영했던 시절에 상징적 국가원수의 지위를 가지는 대통령을 선출한 적이 있다. 하지만 이것이 전형적인 대통령제를 의미할 수는 없다. 상징적 국가원수인 국왕이 존재하지 않는 대한민국에서 대통령제가 익숙한 이유가 여기에 있을지도 모른다.

IV. 한국의 대통령제

대통령제하에서는 대체로 대통령과 함께 **부통령**을 선거로 선출하는데 한국의 대통령제에서는 부통령 제도가 없다. 이에 따라 대통령이 유고시에 **국무총리**가 최우선순위 권한대행자가 된다(헌법 제71조). 국무총리는 국회에서 선출하지 않고, 국회의 동의를 받아 대통령이 임명한다(헌법 제86조

제1항). 따라서 의원내각제하에서 의회가 선출하여 행정부의 수반이 되는 총리(수상)와 법적 지위가 다르다. 다만 국회는 국무총리의 해임을 대통령에게 건의할 수 있다(헌법 제63조 제1항). 이러한 해임건의권은 대통령에 대한 법적 구속력이 없다는 점에서 의원내각제에서 의회해산권과 결합된 내각불신임권과는 성격을 달리한다. 국무총리제도는 대통령의 정치적 책임을 무마하기 위한 제도로 불필요한 제도라는 비판도 없지는 않지만 국무총리에게 실질적인 권한이 부여된다면 대통령과 책임총리에게 권력이 분산되는 이원정부제의 가능성을 보는 견해도 있다. 아무튼 현행 헌법은 국회의원이 국무총리나 국무위원으로 임명되는 것을 명시적으로 금지하고 있지 않기 때문에 한국의 대통령제는 의원내각제의 요소가 가미된 '혼합된 대통령제'로 이해되기도 한다.

[읽을거리]

김선택. 〈민주적 정당화의 관점에서 본 정부형태론〉. 《공법학연구》(한국비교공법학회) 제18권, 제4호(2017): 85-109쪽.

김정현. 〈통일헌법과 정부형태〉. 《공법연구》(한국공법학회) 제48집, 제1호(2019): 285-315쪽.

김종철. 〈공화적 공존을 위한 정치개혁의 필요성과 조건—정부형태 개헌론을 넘어서〉. 《세계헌법연구》 제20권 제1호, 세계헌법학회 한국학회, 2014, 63-92쪽.

성낙인. 〈정부형태와 협치—한국의 경험과 가능성〉. 《공법연구》(한국공법학회) 제47집, 제2호(2018): 67-85쪽.

______. 〈이원정부제(半대통령제)의 구체화를 통한 권력분점의 구현〉. 《공법연구》(한국공법학회) 제38집, 제1-1호(2009): 269-297쪽.

신우철. 〈미국형 대통령제의 역사적 기원: 대통령의 자격요건과 헌법상 권한—필라델피아 제헌회의에서의 핵심쟁점을 중심으로〉. 《법학논문집》(중앙대학교

법학연구원) 제45집, 제3호(2021): 73-110쪽.

이준일. 〈한국에서 의원내각제—도입의 필요성과 전제조건 및 실현가능성을 중심으로〉. 《고려법학》(고려대학교 법학연구원) 제51호(2008): 171-193쪽.

임지봉. 〈정부형태 개헌의 필요성과 방향〉. 《헌법학연구》(한국헌법학회) 제15권, 제3호(2010): 79-103쪽.

장영수. 〈정부형태의 선택 기준과 분권형 정부형태의 적실성〉. 《고려법학》(고려대학교 법학연구원) 제86호(2017): 239-272쪽.

장철준. 〈대통령 권한 확대와 대통령제의 위기—브루스 애커먼(Bruce Ackerman)의 비판을 중심으로〉. 《법과 사회》(법과사회이론학회) 제58호(2018): 217-269쪽.

전학선. 〈프랑스 이원정부제의 실체와 현황〉. 《헌법학연구》(한국헌법학회) 제21권, 제3호(2015): 49-97쪽.

제18장 국회의 권한

국회는 국민을 대표(representation)하여 국가의사를 결정하는 국가기관이다. 양원제 국가인 미국은 전체 국민을 대표하는 하원의원을 대표자(representative)를 뜻하는 용어로 표현한다. 국민 전체를 대표하기 때문에 선거를 통하여 국민으로부터 직접 민주적 정당성을 부여받아야 하고, 국가 전체의 이익을 위하여 활동하여야 하므로 임기 동안 오로지 양심에 따라서만 자유롭게 의정활동을 할 수 있도록 보장받아야 한다. 국회는 두 개의 기관으로 구성되는 '양원제'가 될 수도 있지만 하나의 기관으로 구성되는 '단원제'가 한국의 오래된 전통처럼 유지되고 있다. 지역주의가 강한 한국에서 지역을 대표하는 상원을 구성하는 양원제를 고민해 볼 필요도 있다. 특히 통일이 된 상황을 고려하면 인구격차가 큰 남북의 현실을 생각할 때 지역대표성을 강화한다는 취지에서 양원제는 나쁜 선택이 아닐 것으로도 보인다. 국회를 구성하는 국회의원을 선출하는 선거제도가 의회제도의 성패를 가른다고 볼 수도 있다. 의회의 전문성과 토론기능 약화, 로비에 취약한 이익집단화로 의회주의의 위기를 말하는 사람도 있다. 행정부를 견제할 수 있을 만큼 의회의 전문성을 제고하고, 의회의 본질적 기능에 해당하는 토론기능을 활성화할 뿐만 아니라 의회에서 공익이 우선시되는 환경을 조성하는 대안이 지속적으로 제시되어야 하는 이유가 여기에 있다.

I. 국회의 헌법적 지위

국회는 선거를 통하여 국민으로부터 민주적 정당성을 부여받은 국민의 '**대표기관**'이고, 헌법으로부터 입법권을 부여받은 '**입법기관**'이며(헌법 제40조), 행정부와 사법부를 통제하는 '**국정통제기관**'이다. 국회는 4년의 임기가 보장된 '국회의원'으로 구성된다(헌법 제41조 제1항 및 제42조). 국회는 국회의장 1인과 국회부의장 2인을 선출하여 의장단을 구성하는데(헌법 제48조) 통상 전반기와 후반기로 나누어 의장단을 선출한다. 한국의 국회는 하나의 기관(원)으로 통합된 **단원제**를 채택하고 있다.

1. 의사진행의 원칙

국회의 회의는 ① 정기회와 ② 임시회로 진행되고, 정기회는 매년 1회 집회되며 임시회는 대통령이나 국회의원의 요구로 소집된다(헌법 제47조 제1항). 정기회의 회기는 100일을 초과할 수 없고, 임시회의 회기는 30일을 초과할 수 없다(같은 조 제3항). 국회의 의사진행과 관련하여 헌법은 몇 가지 원칙을 제시한다. 국회의 회의는 원칙적으로 공개되어야 한다(헌법 제50조 제1항). 이러한 '**회의공개원칙**'은 국민의 대표가 참여하는 공적 토론의 장을 국민에게 공개한다는 측면에서 당연한 요구인데 출석의원 과반수의 찬성이 있거나 의장이 국가의 안전보장(국가안보)을 위하여 필요하다고 인정한 경우에는 예외적으로 적용되지 않을 수 있다. 회의공개원칙은 본회의뿐만 아니라 상임위원회나 소위원회 등 국회의 모든 회의에 적용된다. 국회의 회의는 의사결정에서 '**다수결원칙**'이 적용된다. 민주주의는 구성원 모두의 참여를 보장하여 구성원 전체의 합의를 이끌어낼 수 있다면 바람직하겠지만 현실적으로 다수의 의사를 전체의 의사로 간주하는

다수결을 선택할 수밖에 없다. 이에 따라 원칙적으로 재적의원 과반수의 출석(의사정족수)과 출석의원 과반수의 찬성(의결정족수)으로 의결되고, 헌법이나 법률에 특별한 규정이 있는 경우에는 그 규정에 따른다(헌법 제49조). 대표적으로 국회의원의 제명(헌법 제64조 제3항), 대통령에 대한 탄핵소추의결(헌법 제65조 제2항), 헌법개정안의 의결(헌법 제130조 제1항)을 위해서는 재적의원 3분의 2 이상의 찬성이 필요하다. 그밖에도 국회에 제출된 법률안이나 기타의 의안은 회기 중에 의결되지 못했다는 이유로 폐기되지 않고 다음 회기로 넘어가는 '**회기계속원칙**'이 국회의 회의에 적용된다. 오직 예외는 국회의원의 임기가 만료된 경우로 한정된다. 회기불계속원칙이 채택되는 경우에는 의도적으로 회기가 종료할 때까지 의결을 지연시킴으로써 의안을 폐기시키고 같은 의안이 또다시 다음 회기에 발의되는 비효율성이 발생할 수 있다.

2. 국회의원의 특권과 의무

국회를 구성하는 **국회의원**은 4년의 임기가 보장되고(헌법 제42조), 국민소환제가 인정되지 않기 때문에 임기 중에 소환(파면)되지 않으며 지역구에서 선출된 국회의원과 정당별 명부에 따라 선출된 비례대표 국회의원으로 구성된다. 지역구 국회의원의 숫자와 비교하여 현저하게 적은 비례대표 국회의원의 숫자를 고려할 때 비례대표 국회의원을 대폭 증원할 필요가 있다는 주장이 꾸준히 제기된다. 국회의 전문성을 제고하는 방법으로 비례대표제의 강화가 제시되기도 한다. 국회의원은 한 사람 한 사람이 **국민의 대표기관**으로서 국민 전체를 대표하여 헌법이 국회에 대하여 부여한 권한을 원활하게 수행할 수 있도록 ① **면책특권**과 ② **불체포특권**을 인정받는다.

무엇보다도 '면책특권'에 따라 국회의원은 국회에서 직무상 행한 발언과 표결에 관하여 국회 외에서 책임을 지지 않는다(헌법 제45조). 따라서 직무와 관련되거나 직무에 부수되어 행한 발언이나 표결에 대해서 법적 책임을 부담하지 않는다. 이러한 면책특권에 근거하여 어떠한 민사적 책임(손해배상)이나 형사적 책임(형벌)도 부담하지 않는다는 뜻이다. 면책특권을 악용하여 무책임한 폭로가 반복되는 현실에 대한 비판이 없는 것은 아니다. 하지만 국회의원이 국민을 대표하여 국민의 알 권리를 충족시키기 위하여 국민의 관심이 집중되는 사안에 대해서 어떠한 위축도 받지 않은 채 의혹을 제기하거나 진실을 알리도록 하려는 목적에서 면책특권을 인정하는 것은 불가피한 측면이 있다고 보인다. 면책특권을 인정함으로써 발생할 수 있는 사회적 폐해보다는 면책특권을 인정하지 않음으로써 생기는 공익적 손해가 더 크다고 볼 수 있다.

한편 회기 중에는 현행범인인 경우를 제외하면 국회의 동의를 받아야 국회의원의 체포나 구금이 가능하다(헌법 제44조 제1항). 회기가 아닌 기간에 국회의원이 체포되거나 구금되었어도 회기 중에는 국회의 요구가 있으면 석방되어야 한다(같은 조 제2항). 불체포특권은 행정부에 의한 의회의 탄압을 방지하기 위하여 인정되는 특권인데 한국 현실에서는 적법한 수사나 기소를 방해하기 위한 수단으로 악용되기도 한다. 다만 이른바 '방탄국회'로 불리는 불체포특권의 남용은 비판받아야 마땅하나 수사권이나 기소권의 오류나 남용 역시 현실적으로 완전히 배제할 수 없다는 점에서 불체포특권의 폐지는 신중을 기할 필요가 있다.

국회의원은 ① 법률이 정하는 직을 겸할 수 없는 **겸직금지의 의무**(헌법 제43조), ② **청렴의 의무**(헌법 제46조 제1항), ③ 국가이익을 우선시하는 **양심에 따른 직무수행의 의무**(같은 조 제2항), ④ 자신의 지위를 남용하여 재산상의 권리나 이익 또는 직위를 직접 취득하거나 타인에게 취득하게 할 목적으로 알선하지 않을 **지위남용 영리추구금지의 의무**(같은 조 제3항)를 부담한다. 이와 같은 헌법적 의무를 위반한 국회의원은 징계의 대상이 될 수 있다. 가장 강력한 징계는 제명으로 의원직을 상실시킬 수 있다. 국회의원의 의무 가운데 국가이익을 우선시하고 양심에 따라 직무를 수행해야 할 의무는 국민 전체의 대표로서 오로지 국가 전체의 이익을 위해서만 직무를 수행해야 하는 국회의원에게 보장된 **자유위임의 지위**로 이해되기도 한다. 이러한 자유위임(무기속)의 지위에 따라 국회의원은 자신이 속한 정당이나 이익단체 또는 사회단체는 물론이고 자신을 선출해 준 유권자(선거구민)로부터도 독립하여 어떠한 지시나 명령에도 구속되지 않은 채 오로지 국가 전체의 이익을 위해서만 활동할 수 있다.

[판례] 자유위임원칙: 헌재 2020. 5. 27. 2019헌라1

자유위임원칙은 대의민주주의의 기본적 요소이다. "공무원은 국민 전체에 대한 봉사자이며, 국민에 대하여 책임을 진다."라고 규정한 헌법 제7조 제1항, "국회의원은 국회에서 직무상 행한 발언과 표결에 관하여 국회 외에서 책임을 지지 아니한다."라고 규정한 제45조 및 "국회의원은 국가이익을 우선하여 양심에 따라 직무를 행한다."라고 규정한 제46조 제2항을 종합하여 볼 때, 헌법은 국회의원을 자유위임원칙하에 두었다고 할 것이다. 자유위임원칙하에서 국회의원은 일단 국민에 의하여 선출된 후에는 개별 유권자 혹은 집단으로서의 국민의 의사를 그대로 대리하는 것이 아니라, **독자적인 양심에 기초한 스스로의 판단에 따라 국가 전체 이익을 추구**하여야 한다.

Ⅱ. 입법권

원칙적으로 법규범을 정립(제정·개정)할 수 있는 **입법권은 국회**에 속한다(헌법 제40조). 다만 국회는 '법률'의 형식을 가지는 법규범을 정립할 수 있는 입법권만을 가지며 시행령이나 시행규칙과 같은 '행정입법'(헌법 제75조)과 국가비상사태에 대응하기 위한 '긴급입법'에 관한 입법권(헌법 제76조)은 대통령이 수반으로 있는 행정부에 부여된다. 그리고 조례와 같은 '자치입법'은 지방자치단체의 권한에 속한다(헌법 제117조 제1항). 다만 지방자치단체의 자치입법권은 헌법으로부터 직접적으로 부여받은 권한으로 따로 법률의 근거 없이도 행사될 수 있는 반면에 행정부의 행정입법권은 비록 헌법으로부터 부여받은 권한이라고 하더라도 법률의 위임이 있거나 법률의 집행을 위해서만 행사될 수 있으므로 법률 없이는 독자적으로 행사될 수 없다는 점에서 차이가 있다.

1. 입법의 절차

헌법은 국회가 입법권을 행사하여 법률을 제정하는 절차에 관하여 상세하게 규정한다. 제일 먼저 법률안이 '**제출**'되어야 하는데 법률안의 제출은 ① 국회뿐만 아니라 ② 대통령도 할 수 있다(헌법 제52조). 입법권과 관련하여 행정부의 수반인 대통령도 일정 부분 권한을 가지는 점이 특이하다. 다음으로 국회의 '**의결**'이 필요하고, 의결된 법률안은 정부로 '**이송**'된다(헌법 제53조 제1항). 정부로 이송된 법률안에 대하여 대통령은 '**거부권**'을 행사할 수 있다(같은 조 제2항). 거부권은 헌법적으로 또 한 번의 심의와 의결을 요구하는 '재의(再議)요구권'이 정식 명칭이며 국회의 재의를 요구하는 거부권은 일반적으로 ① '환부거부권'과 ② '수정거부권'으로 구분된다. 국회가 의결한 법률안에 대하여 단지 반대의견을 표시한 이의서만을 첨부하여 되돌려 보내는 환부거부권만이 현행 헌법에 의하여 인정된다. 국회가 의결한 법률안의 내용을 수정하거나 삭제하거나 추가하는 수정거부권은 현행 헌법에 의하여 명시적으로 인정되지 않는다(같은 조 제3항). 대통령의 거부권도 헌법적 권한이기 때문에 명시적 규정이 없다고 하더라도 헌법적 가치나 의무와 같은 헌법적 한계를 준수해야 하며 이러한 헌법적 한계를 넘은 거부권 행사는 탄핵사유가 될 수 있다. 대통령이 거부한 법률안에 대하여 국회는 **재의**에 부쳐 동일한 내용의 의결을 할 수 있다(같은 조 제4항). 이와 같은 의결을 위해서는 재적의원 과반수의 출석과 출석의원 3분의 2 이상의 찬성이라는 강화된 의결정족수가 요구된다. 재의를 거쳐 의결된 법률안은 법률로 확정된다. 정부로 이송된 법률안은 **공포**되거나 거부되어야 하며 그렇지 않은 경우에 법률로 확정된다. 확정된 법률은 원칙적으로 대통령이 15일 이내에 '공포'하여야 하고, 15일 이내에 공포되지도 않고 거부되지도 않아 확정된 법률은 지체 없이 공포하여야 한다(같은 조 제6항). 확정된 법률이 정부에 이송된 후 5일 이내에 대통령이 공포하지 않으면 국회의장이 공포한다. 특별한 규정이 없는 한 법률은 공포한 날로부터 20일이 지나야 효력이 발생한다(같은 조 제7항). 이처럼 공포는 법률의 효력발생을 위한 필수적 요건이 된다.

2. 처분적 법률

법률은 평등원칙에 따라 '일반성'을 가져야 한다. 법률은 특정한 개별적 사건이나 인물 또는 시간에 한정되어 적용되는 '처분적 법률'에 해당하면 법률로 인정받을 수 없다. **평등원칙**은 본질적 차이가 없는 동일한 대상을 동등하게 규율하도록 요구하기 때문에 본질적 차이가 없는 다수의 동일한 대상 가운데 오로지 특정한 개별적 사건이나 인물 또는 시간만을 선별하여 차등적으로(편파적으로) 규율하는 것을 허용하지 않는다. 다만 평등원칙에 따르더라도 본질적 차이가 없는 동일한 대상을 차등적으로 대우하는 경우에 여기에 합리적 이유가 있으면 허용된다. 따라서 처분적 법률의 경우에도 특정한 개별적 사건이나 인물 등을 차등적으로 대우해야 할 **합리적 이유**가 있으면 예외적으로 허용된다. 더욱이 '**권력분립원칙**'에 따라 일반적 법규범을 정립해야 하는 입법자가 개별적이고 구체적인 공권력 작용인 처분의 형식으로 법규범을 정립함으로써 사실상 집행부의 권한을 침해할 여지가 있다. 여기서 집행부의 권한을 본질적으로 침해하지 않는 정도의 처분적 법률은 예외적으로 허용될 필요성도 있다. 그 밖에도 처분적 법률은 대상이 된 특정한 개별적 사건과 관련된 인물이나 특정한 개별적 인물의 헌법적 권리를 침해할 수도 있다. 따라서 기본권을 제한할 때 준수되어야 하는 헌법적 원칙인 **비례성 원칙**을 위반하지 않는다면 예외적으로나마 처분적 법률은 허용될 수 있다. 처분적 법률의 대상이 되는 사안은 주로 특정한 개별적 사건이나 인물에 대한 수사와 기소를 목적으로 제정되는 '특별검사임명에 관한 법률'이다.

Ⅲ. 예산심의·의결권

1. 예산과 법률의 구분

헌법은 '법률'과 '예산'을 명확하게 구분되는 개념으로 사용한다. '법률'은 국민에 대하여 일반적 구속력을 가지고 원칙적으로 시간적 효력의 범위가 한정되지 않는다는 점에서 국민에 대한 일반적 구속력이 없으며 원칙적으로 1년의 회계연도에 대해서만 시간적 효력만을 가지는 '예산'과 구분된다. 국회는 국가의 예산안을 심의하고 확정할 수 있는 권한도 가진다(헌법 제54조 제1항). **예산안을 편성하는 권한**은 '정부'에 부여되는데 정부는 회계연도 개시 90일 전(매년 10월 2일)까지 예산안을 편성하여 제출하여야 하고, **예산을 심의하고 의결하는 권한**을 가진 국회는 회계연도 30일 전(매년 12월 1일)까지 예산안을 의결하여야 한다(같은 조 제2항). 예산안의 ① 편성권과 ② 심의·의결권을 분리하여 각각 정부와 국회에 부여한 이유는 견제와 균형을 통하여 재정의 건전성을 유지하려는 데 있는 것으로 보인다. 따라서 정부가 편성한 예산안에 대하여 국회가 증액하거나 항목을 추가할 수 있다면 그러한 견제와 균형은 사라질 수 있다. 이에 따라 정부가 편성하여 제출한 예산안에 포함된 지출예산 각 항목의 금액을 국회가 증가시키거나 새로운 비목을 설치하는 것은 금지된다(헌법 제57조). 국회가 지출예산 각 항목의 금액을 감액하거나 기존의 비목을 삭제하는 것만 가능하다는 뜻이다.

새로운 회계연도가 개시될 때까지도 예산안이 의결되지 못하는 경우를 대비하여 '**준예산제도**'가 명시되어 있다. 이에 따라 ① 헌법이나 법률에 의하여 설치된 기관이나 시설의 유지·운영, ② 법률상 지출의무의 이행, ③ 이미 예산으로 승인된 사업의 계속을 위하여 필요한 경비는 정부가 전년도 예산에 준하여 집행할 수 있다(같은 조 제3항). 예산과 관련해서는 ① 계속비, ② 예비비, ③ 추가경정예산에 관한 내용도 명시되어 있다. 하나의 회계연도를 넘어 여러 해 동안 계속해서 지출할 필요가 있는 경우에 일정한 연한을 정하여 '**계속비**'로 의결을 받을 수 있다(헌법 제55조 제1항). 또한 추가적으로 지출될 수 있는 상황을 미리 대비하여 총액 단위로 '**예비비**'의 의결을 받을 수 있는데 예비비의 지출에 대해서는 차기 국회의 사후 승인을 받아야 한다(같은 조 제2항). 의결된 예산에 변경이 필요한 경우에는 '**추가경정예산**'을 편성하여 국회의 의결을 받아야 한다(헌법 제56조). 한 회계연도 안에 수시로 국가예산을 투여해야 할 긴급한 사안이 발생할 수 있으므로 추가경정예산의 편성은 불가피한 측면이 있다.

2. 조세법률주의

예산은 수입과 지출로 구성되는데 수입은 주로 '조세'로 충당된다. 이러한 조세는 이것을 납부해야 하는 국민의 입장에서 보면 기본권의 제한을 뜻하는 재산권 박탈을 의미하기 때문에 반드시 법률의 형식으로 부과되어야만 한다. 이와 관련하여 현행 헌법은 "조세의 종목과 세율"을 법률로 정하도록 규정한다(헌법 제59조). 이와 같은 '조세법률주의' 원칙에 따라 조세에 관한 법률은 명확성 원칙, 불소급원칙 등 기본권을 제한하는 법률에 대해서 요구되는 헌법적 원칙이 엄격하게 요구된다. 조세 관련 법률에 대해서 요구되는 명확성 원칙이나 불소급원칙을 '**과세요건명확주의**'나 '**소급과세금지원칙**'으로 부르기도 한다. 더불어 조세의 부과와 징수에서 중요한 원칙은 평등원칙으로 이를 '**조세평등주의**'로 부른다. 헌법은 국민의 기본의무로 '납세의 의무', 즉 조세납부의 의무를 부과하고 있는데(헌법 제39조) 이와 같은 의무는 조세법률주의와 긴밀하게 연관된다.

3. 그 밖의 재정에 관한 권한

예산의 심의·의결과 조세입법에 관한 권한 이외에 국회는 국민의 대표기관으로서 그 밖에 재정에 관한 권한을 갖는다. 대표적으로 정부가 **국채를 모집하거나 예산 외에 국가의 부담이 될 계약을 체결**하려 할 때에는 미리 국회의 의결을 얻어야 하기 때문에(헌법 제58조) 국회는 국채모집이나 국가부담이 될 계약체결에 관한 사전의결권을 갖는다.

Ⅳ. 국정통제권

1. 국정조사 및 국정감사권

국회는 국정 전반에 대하여 정기적으로 '감사'할 수 있는 권한뿐만 아니라 특정한 국정사안에 대하여 부정기적으로 '조사'할 수 있는 권한을 가진다(헌법 제61조 제1항). 국정에 대한 감사나 조사의 권한은 국민으로부터 민주적 정당성을 부여받은 국민의 대표기관으로서 국정을 통제하기 위하여 당연히 행사할 수 있는 권한이다. 다만 **국정감사권이나 국정조사권의 한계**가 있는지가 쟁점이 될 수 있는데 국정감사권이나 국정조사권도 국익이나 공익을 침해할 수 없으며 권력분립원칙의 관점에서 다른 국가기관의 기능을 방해할 수 없는 한계를 갖는다. 대표적으로 수사나 재판을 방해할 목적으로 하는 국정감사권이나 국정조사권의 행사는 인정될 수 없다. 또한 헌법이 보장한 기본권, 특히 사생활의 비밀에 관한 권리를 침해할 수 없다는 점도 국정감사권과 국정조사권의 한계로 작동한다.

2. 탄핵소추권

대통령, 국무총리, 국무위원, 행정각부의 장(장관), 헌법재판소 재판관, 법관, 중앙선거관리위원회 위원, 감사원장, 감사위원 등 최고위직 공무원이 직무를 수행하면서 헌법이나 법률을 위배한 경우에 국회는 탄핵의 소추를 의결할 수 있다(헌법 제65조). 탄핵소추의 대상은 헌법에 명시적으로 열거된 공무원과 검사나 경찰청장, 방송통신위원회위원장 등 법률에서 정한 공무원이 해당한다. 탄핵소추의 실체적 요건은 **헌법이나 법률에 대한 위배**(법위반)이므로 정책적 판단의 실수나 무능력은 탄핵소추의 요건이 되지 않는다. 탄핵소추의 절차적 요건과 관련하여 원칙적으로 국회 재적의원 3분의 1 이상의 발의와 재적의원 과반수의 찬성이 필요하다(같은 조 제2항). 다만 대통령의 경우에는 강화된 요건에 따라 국회 재적의원 과반수의 발의와 재적의원 3분의 2 이상의 찬성이 필요하다. 탄핵소추가 의결되면 탄핵심판이 있을 때까지 탄핵의 대상이 된 공무원의 **권한행사가 정지**된다(같은 조 제3항). 탄핵절차는 당사자를 처벌하기 위한 형사절차가 아니라 당사자의 신분에 불리한 처분을 하기 위한 '**징계절차**'이므로 탄핵결정으로 대상 공무원은 '파면'되는 효과가 발생한다(같은 조 제4항). 헌법재판소는 대통령에 대한 탄핵결정과 관련하여 단순한 법위반 이상으로 대통령을 파면할 만한 '중대한' 법위반이 있어야 한다고 본다. 대통령을 제외한 공무원의 경우에도 파면을 정당화할 수 있을 정도의 중대한 법위반이 필요하지만 "파면결정으로 인한 효과가 일반적으로 적기 때문에 상대적으로 경미한 법위반에 의해서도 파면이 정당화될 가능성이 큰" 것으로 보는 것이 헌법재판소의 입장이다.[1] 탄핵결정으로 파면된 공무원의 민사상 책임이나 형사상 책임은 별도로 물을 수 있다. 탄핵결정으로 파면된 공무원이 불법행위를 행하였다면 손해배상책임을 지며 범죄를 저지른 경우에는 형벌을 부과받을 수도 있다. 탄핵 여부를 심리하고 결정하는 권한은 헌법재판소가 갖는다.

[판례] 대통령 탄핵의 요건: 헌재 2017. 3. 10. 2016헌나1

헌법재판소법 제53조 제1항은 '탄핵심판 청구가 이유 있는 경우' 피청구인을 파면하는 결정을 선고하도록 규정하고 있다. 대통령을 탄핵하기 위해서는 대통령의 법 위배 행위가 헌법질서에 미치는 부정적 영향과 해악이 중대하여 대통령을 파면함으로써 얻는 헌법 수호의 이익이 대통령 파면에 따르는 국가적 손실을 압도할 정도로 커야 한다. 즉, '탄핵심판청구가

1 헌재 2004. 5. 14. 2004헌나1, 판례집 16-1, 609, 655쪽 참조.

이유 있는 경우'란 대통령의 파면을 정당화할 수 있을 정도로 **중대한 헌법이나 법률 위배가 있는 때**를 말한다.

3. 국무총리 및 국무위원에 대한 해임건의권

국회는 행정부의 책임을 묻기 위하여 국무총리나 국무위원에 대한 해임을 건의할 수 있는 권한을 가진다(헌법 제63조 제1항). 본래 의회중심의 의원내각제 정부형태에서 내각에 대한 의회의 불신임권은 행정부 수반인 총리(수상)의 의회해산권과 연동되어 작동한다. 국회의 해임건의권이 이러한 내각불신임권과 동일한 내용을 갖는지가 쟁점이 될 수 있다. 하지만 국회의 해임건의권은 법적 구속력이 있는 '의결권'이 아니라 **법적 구속력이 없는 '건의권'**에 지나지 않는다는 점, 내각불신임권은 의회해산권과 연동되어 있는데 현재 대통령에게 의회해산권이 부여되어 있지 않다는 점에서 내각불신임권과 성격을 달리한다고 보는 것이 타당하다. 따라서 국회가 국무총리나 국무위원에 대한 해임의 건의를 의결해도 대통령이 반드시 이에 따라야 하는 법적 의무가 발생하지는 않는다.

V. 자율권

국회는 법률에 저촉되지 않는 범위 안에서 의사진행과 내부규율에 관한 '규칙'을 제정할 수 있는 권한을 가진다(헌법 제64조 제1항). 국회뿐만 아니라 대법원(헌법 제108조)과 헌법재판소(헌법 제113조 제2항), 중앙선거관리위원회(헌법 제114조 제6항)가 **헌법기관으로서 자율성**을 보장받기 위하여 내부

규율과 사무처리에 관한 규칙을 제정할 수 있는 권한을 갖는 것과 같은 맥락이다. 또한 국회는 국회의원이 피선거권을 가졌는지 여부 등 **국회의원의 자격을 심사**할 수 있고, 헌법이나 법률을 위반한 **국회의원을 징계**할 수 있는 권한을 가진다(같은 조 제2항). 국회의원에 대한 징계의 종류는 여러 가지가 있는데 이 가운데 가장 강력한 징계인 '제명'을 위해서는 가중된 의결정족수인 국회 재적의원 3분의 2 이상의 찬성이 있어야 한다(같은 조 제3항). 국회의원에 대한 자격심사나 징계에 대해서는 법원에 제소할 수 없다(같은 조 제4항). 법원에 제소하는 것만 금지되므로 헌법재판소에 제소하는 것은 금지된다고 볼 수 없다. 물론 국회의 징계를 헌법재판소에 제소할 수 있다고 해도 그것은 주로 징계의 실체적 내용이 아니라 표결절차와 관련된 권한쟁의심판이 될 것이다.

[읽을거리]

손인혁. 〈국회선진화법과 국회의원의 법률안 심의표결권 침해 여부—헌재 2016. 5. 26. 2015헌라1 결정〉. 《법조》(법조협회) 제65권, 제7호(2016): 461-482쪽.

손형섭. 〈'국회의 자율권'의 사법적 제약과 그 한계〉. 《세계헌법연구》(세계헌법학회 한국학회) 제19권, 제1호(2013): 179-211쪽.

이종수. 〈국회의원의 특권 폐지를 둘러싼 논의에 대한 비판적 검토—면책특권과 불체포특권을 중심으로〉. 《의정연구》(한국의회발전연구회) 제19권, 제2호(2013): 5-31쪽.

이준일, 〈대통령 거부권의 헌법적 한계〉. 《세계헌법연구》(세계헌법학회 한국학회) 제29권, 제3호(2023): 1-25쪽.

______. 〈통일 후의 의회형태로서 양원제—양원제에 대한 비교법적 검토와 함께〉. 《세계헌법연구》(세계헌법학회 한국학회) 제20권, 제1호(2014): 93-125쪽.

______. 〈한국 헌법상 면책특권의 제한 가능성과 방식〉. 《유럽헌법연구》(유럽헌

법학회) 제12호(2012): 263-285쪽.

이희훈. 〈국회의원의 불체포특권에 대한 헌법적 고찰〉. 《세계헌법연구》(세계헌법학회 한국학회) 제18권, 제2호(2012): 215-245쪽.

장영수. 〈국회선진화법(국회법 제85조, 제85조의2)의 합헌성 여부에 대한 검토〉. 《고려법학》(고려대학교 법학연구원) 제80호(2016): 103-144쪽.

표명환. 〈국회의 의사자율권과 입법절차의 통제〉. 《유럽헌법연구》(유럽헌법학회) 제21호(2016): 201-230쪽.

홍완식. 〈처분적 법률에 관한 연구〉. 《토지공법연구》(한국토지공법학회) 제56집(2012): 309-330쪽.

제19장

대통령의 권한

흔히 권한과 권력은 혼용된다. 심지어 현행 헌법도 국민주권을 선언하면서 "모든 권력은 국민으로부터 나온다"는 표현을 통해서 "권력"이라는 용어를 사용한다. 하지만 권한(competence)은 법적 근거가 있는 법적 능력을 말하는 것이고, 권력(power)은 법적 근거가 없는 사실적 힘을 뜻한다. 흔히 권한이 권력으로 변형되기도 하는데 그 이유는 법적으로 부여받은 능력을 넘어서 사실적인 힘이 추가된 방식으로 권한이 사용(행사)되기 때문이다. 헌법이 국가공동체를 지배하는 헌법국가, 헌법이 정치를 관통하는 헌정국가에서는 대통령이 지배와 정치의 수단으로 행사하는 권한도 헌법이 부여한 권한에 지나지 않는다. 헌법에 근거하지 않는 대통령의 권력은 존재할 수 없으며 헌법이 부여한 대통령의 권한은 오로지 헌법이 부여한 범위 안에서만 행사되어야 한다. 과거에 대통령의 이른바 '통치행위'를 인정하여 마치 대통령의 초헌법적 권력행사가 정당화되는 것처럼 생각된 적도 있다. '고도의 정치적 행위'라는 미명으로 대통령의 권한을 초과하는 권력의 행사를 정당화하는 통치행위는 더 이상 인정될 수 없으며 대통령의 모든 권한은 헌법적 통제와 심사의 대상이 된다. 하지만 여전히 한국에서 대통령의 권한은 막강하다. 오랫동안 대통령제를 유지해온 대한민국에서 아직도 '제왕적 대통령제'를 걱정하고 있는 것이 현실이다. 대통령제라는 철 지난 옷을 벗고 의원내각제라는 완전히 새로운 옷으로 갈아입을 것인지, 그래도 입던 옷이 편하니까 4년 중임제나 이원정부제로 여기저기 수선해서 다시 입을 것인지, 그것이 고민이다.

I. 대통령의 헌법적 지위

1. 국가원수, 행정부수반, 국무회의의장

현행 헌법에 따르면 대통령은 국민의 '직접선거'로 선출되고(**직선제**, 헌법 제67조 제1항), '5년의 임기'가 보장된다(헌법 제70조). 5년마다 실시되는 대통령선거에 출마할 수 있는 사람은 국회의원선거의 피선거권을 가지고 선거일 현재 40세 이상이어야 한다(같은 조 제4항). 대통령선거의 피선거권연령은 헌법사항이므로 헌법을 개정하지 않는 한 법률에 의하여 이를 변경할 수는 없다. 대통령선거에 최고득표자가 2인 이상인 경우에는 국회 재적의원 과반수가 출석한 공개회의에서 다수표를 득표한 사람이 당선자가 되기 때문에(같은 조 제2항) 예외적으로나마 국회에서의 간선제가 채택되고 있다. 물론 2인 이상의 최고득표자가 나올 가능성은 매우 희박하다. 만약 대통령선거에 출마한 사람이 단 한 명인 경우에는 선거권자 총수의 3분의 1 이상을 득표해야만 당선될 수 있다(같은 조 제3항). 한국 현실에서 대통령선거의 후보자가 한 명일 가능성도 마찬가지로 매우 희박하다. 동일한 인물이 대통령직을 두 번 이상 수행하는 '중임'은 허용되지 않는다(**단임제**, 헌법 제70조). 애초에 중임이 금지되기 때문에 연속해서 두 번 이상 당선되는 '연임'도 당연히 금지된다.

대통령은 대내적으로 행정부(집행부)의 조직 안에서 최고의 서열에 위치하여 행정부의 모든 구성원을 지휘·감독할 수 있는 '**행정부 수반**'이고(헌법 제66조 제4항), 대외적으로 국가의 최고위직으로 국가를 대표하는 '**국가원수**'다(헌법 제66조 제1항). 행정부의 수반인 대통령은 행정부의 권한에 속하는 중요한 정책을 심의하는 국가최고의 심의기관인 '**국무회의의 의장**'이 된다(헌법 제88조 제3항). 국무회의는 대통령과 국무총리(국무회의 부의장), 그리고 국무위원으로 구성되는데 국무총리나 국무위원은 대통령과 대등하지 않은 '보좌기관'에 지나지 않기 때문에(헌법 제86조 제2항 및 제87조 제2항) 국무회의의 심의절차에서 내려진 결정에 대통령은 법적으로 구속되지 않는다. 따라서 대통령이 정책결정을 위한 필수적 절차인 심의절차에 내려진 결정에 따르지 않고 다른 결정을 하거나 심지어 심의절차 자체를 거치지 않아 헌법을 위반해도 탄핵의 사유가 될 수는 있어도 이로 인하여 대통령의 결정이 법적 효력을 상실하는 것은 아니다.

[법령] 국무회의 심의사항: 헌법 제89조

다음 사항은 국무회의의 심의를 거쳐야 한다.

1. 국정의 기본계획과 정부의 일반정책
2. 선전·강화 기타 중요한 대외정책
3. 헌법개정안·국민투표안·조약안·법률안 및 대통령령안
4. 예산안·결산·국유재산처분의 기본계획·국가의 부담이 될 계약 기타 재정에 관한 중요사항
5. 대통령의 긴급명령·긴급재정경제처분 및 명령 또는 계엄과 그 해제
6. 군사에 관한 중요사항
7. 국회의 임시회 집회의 요구
8. 영전수여
9. 사면·감형과 복권
10. 행정각부간의 권한의 획정

11. 정부 안의 권한의 위임 또는 배정에 관한 기본계획

12. 국정처리상황의 평가·분석

13. 행정각부의 중요한 정책의 수립과 조정

14. 정당해산의 제소

15. 정부에 제출 또는 회부된 정부의 정책에 관계되는 청원의 심사

16. 검찰총장·합동참모의장·각군참모총장·국립대학교총장·대사 기타 법률이 정한 공무원과 국영기업체관리자의 임명

17. 기타 대통령·국무총리 또는 국무위원이 제출한 사항

대통령의 헌법적 지위에 비추어 볼 때 대통령이 궐위되거나 직무를 수행할 수 없는 상황은 국가적으로 비상상황에 해당한다. 따라서 대통령이 사망하거나 탄핵결정으로 파면되어 대통령직을 수행할 수 있는 사람이 없는 '궐위'의 경우 또는 대통령이 질병이나 부상으로, 아니면 국회의 탄핵소추의결로 직무가 정지되어 일시적으로 대통령직을 수행할 수 없는 '사고'의 경우에는 대통령의 권한을 대행할 사람(**권한대행자**)이 필요하다. 이때 국무총리가 최우선적 권한대행자가 되며 그 다음 차례의 대행 순서는 법률에서 정해진다(헌법 제71조). 국무총리를 포함하여 대통령 권한대행자는 민주적 정당성을 가진 대통령과 달리 대통령의 모든 권한을 동일하게 행사할 수 있는 것이 아니라 단지 현상유지적인 방식으로만 대통령의 권한을 일부 행사할 수 있을 뿐이라는 것이 일반적인 견해다. 따라서 대통령의 궐위나 사고 시에 그 기간을 최대한 단축시킬 필요가 있다. 이에 따라 대통령이 궐위된 경우나 대통령선거 직후 당선자가 사망하거나 판결 등으로 자격을 상실한 경우에는 60일 이내에 후임자를 선출하는 선거를 실시하여야 한다(헌법 제68조 제2항). 같은 맥락에서 대통령이 질병이나 부상, 탄핵소추로 인하여 직무를 수행할 수 없을 때에도 그 기간을 유사한 기간으로 한정할 필요가 있는데 헌법이나 법률은 이에 관한 규정을

두고 있지 않다. 헌법개정이 어렵다면 법률에 의해서라도 대통령이 더 이상 직무를 수행할 수 없어 새로운 대통령의 선출이 필요하다는 결정을 내릴 수 있는 기간과 그러한 결정의 권한을 가진 국가기관에 관한 규정을 정할 필요성이 있다.

한편 대통령은 국무총리, 국무위원, 행정각부의 장 또는 그 밖에 법률이 정하는 공사(公私)의 직을 겸할 수 없는 '겸직금지의 의무'를 부담한다(헌법 제83조). 또한 국가의 독립과 영토의 보전, 국가의 계속성과 **헌법을 수호할 의무**, 조국의 평화적 통일을 위하여 성실을 다해야 할 의무도 부여받는다(헌법 제66조 제2항 및 제3항). 그밖에도 헌법에 규정된 대통령의 '취임선서'에 따라 ① **헌법을 준수할 의무**, ② 국가를 보위할 의무, ③ 조국의 평화적 통일에 노력할 의무, ④ 국민의 자유와 복리의 증진에 노력할 의무, ⑤ 민족문화의 창달에 노력할 의무, ⑥ **대통령의 직책을 성실히 수행할 의무**를 부담한다(헌법 제69조). 헌법재판소에 따르면 "**선거에서의 공무원의 정치적 중립의무**"는 '국민 전체에 대한 봉사자'로서의 공무원의 지위(헌법 제7조 제1항), 자유선거원칙(헌법 제41조 제1항 및 제67조 제1항), 정당의 기회균등(헌법 제116조 제1항)으로부터 나오는 헌법적 요청으로 대통령에게도 인정된다고 본다.[1] 그리고 '국민 전체에 대한 봉사자'로서의 공무원의 지위뿐만 아니라 '헌법을 준수하고 국민의 복리 증진에 노력하여 대통령으로서의 직책을 성실히 수행할 의무'로부터 대통령의 "**공익실현의무**"가 강조된다고 본다. 대통령선거에서 당선되면 취임 전까지 헌법에 명문의 규정은 없지만 '대통령당선인'으로서 법적 보호를 받으며, 퇴임한 '전직 대통령'에 대해서는 법률이 정하는 바에 따라 일정한 신분과 예우가 보장된다(헌법 제85조).

---

1 헌재 2004. 5. 14. 2004헌나1, 판례집 16-1, 609, 635쪽 이하 참조.

[판례] 대통령의 헌법수호와 성실한 직책수행의 의무: 헌재 2004. 5. 14. 2004헌나1(노무현 대통령 탄핵 사건)

'헌법을 준수하고 수호해야 할 의무'가 이미 법치국가원리에서 파생되는 지극히 당연한 것임에도, 헌법은 **국가의 원수이자 행정부의 수반이라는 대통령의 막중한 지위**를 감안하여 제66조 제2항 및 제69조에서 이를 다시 한 번 강조하고 있다. (…) 행정부의 법존중 의무와 법집행 의무는 행정부가 위헌적인 것으로 간주하는 법률에 대해서도 마찬가지로 적용된다. (…) 대통령이 국민 앞에서 현행법의 정당성과 규범력을 문제 삼는 행위는 법치국가의 정신에 반하는 것이자, 헌법을 수호해야 할 의무를 위반한 것이다. (…) 비록 대통령의 '성실한 직책수행의무'는 헌법적 의무에 해당하나, '헌법을 수호해야 할 의무'와는 달리, 규범적으로 그 이행이 관철될 수 있는 성격의 의무가 아니므로, 원칙적으로 사법적 판단의 대상이 될 수 없다고 할 것이다. 대통령이 임기 중 성실하게 의무를 이행했는지의 여부는 주기적으로 돌아오는 다음 선거에서 국민의 심판의 대상이 될 수 있을 것이다.

[판례] 대통령의 공익실현의무: 2017. 3. 10. 2016헌나1(박근혜 대통령 탄핵 사건)

대통령은 행정부의 수반이자 국가 원수로서 가장 강력한 권한을 가지고 있는 공무원이므로 누구보다도 **'국민 전체'를 위하여 국정을 운영**해야 한다. (…) 대통령은 '국민 전체'에 대한 봉사자이므로 특정 정당, 자신이 속한 계급·종교·지역·사회단체, 자신과 친분 있는 세력의 특수한 이익 등으로부터 독립하여 **국민 전체를 위하여 공정하고 균형 있게** 업무를 수행할 의무가 있다

대통령의 헌법상 지위에 비추어 대통령의 국법상 행위는 반드시 **'문서'**의 형식으로 이루어져야 한다(헌법 제82조). 또한 이와 같은 문서에는 대통령의 서명과 함께 국무총리, 그리고 관계 국무위원의 부가적인 서명(**부**

서)이 나란히 병기되어야 한다. 국무총리나 관계 국무위원의 부서가 없는 경우에도 대통령의 국법행위가 법적으로 효력을 갖는지가 쟁점이 될 수 있다. 국무총리나 국무위원은 대통령의 보좌기관이며 국무총리나 국무위원의 부서는 책임의 소재를 명확하게 하려는 측면에서 요구된다. 따라서 국무총리나 국무위원의 부서가 대통령의 국법행위가 가지는 법적 효력을 결정할 수는 없다. 다만 부서는 헌법이 요구하는 필수적 요건이기 때문에 부서가 없이 대통령의 국법행위가 이루어진 경우에 헌법위반으로서 탄핵사유가 될 수 있다.

[주요쟁점]

1. 국무회의 심의절차를 거치지 않은 대통령의 결정은 법적 구속력을 가지는지 여부
2. 국무총리나 관계 국무위원의 부서가 없는 대통령의 국법상 행위는 법적 효력이 있는지 여부
3. 국무회의 심의절차나 국무총리 등의 부서가 없이 행한 대통령의 결정이나 국법상 행위는 탄핵사유가 될 수 있는지 여부
4. 대통령 권한대행자는 대통령과 동일한 권한행사가 가능한지 여부

2. 불소추특권

행정부수반, 국가원수, 국무회의의장과 같은 특별한 헌법적 지위를 부여받은 대통령은 '불소추특권'을 인정받는다(헌법 제84조). 이러한 특권에 따라 내란죄나 외환죄를 저지른 경우가 아니라면 재직 중, 즉 취임 시부터 퇴임 시까지의 임기 동안은 **형사상 소추**가 되지 않는다. 여기서 소추는 검사에 의한 공소제기(기소)를 의미하기 때문에 현직 대통령에 대한 '수사'는 가능한지, 특히 체포, 구속 등의 강제수사도 가능한지가 쟁점이 된다.

임기 동안 수사까지도 불가능하게 되면 증거인멸의 위험이 있기 때문에 재직 중에도 수사는 가능하지만 대통령직의 원활한 수행을 보장하기 위하여 체포나 구속은 허용되지 않고 증거의 수집을 위한 대통령의 집무실이나 관저에 대한 압수나 수색은 가능하다고 보는 것이 합리적이다. 또한 대통령에게 불체포특권이 인정되는 임기 동안은 **공소시효가 정지**된다고 보는 것이 타당하다. 그렇지 않으면 대통령은 기소될 수 없는 임기 동안에도 공소시효가 진행되어 심지어 공소시효가 종료되는 이익까지 얻음으로써 대통령과 비교하여 일반 국민이 차별을 받는 결과가 초래되기 때문이다.

[주요쟁점]

1. 대통령의 불소추특권에도 불구하고 대통령에 대한 수사가 가능한지 여부
2. 대통령의 불소추특권에 따라 대통령에 대한 강제수사는 불가능한지 여부
3. 대통령이 불소추특권을 향유하는 재직 기간 동안에 공소시효가 정지되는지 여부

II. 국민투표부의권과 국가긴급권

대통령이 가지는 국가원수의 지위는 원칙적으로 외국에 대해서 가지는 '대외적' 지위(대외적 국가원수)를 의미하는데 국내적으로도 대통령이 국가원수의 지위를 가지고 다른 국가기관보다 우월한 대내적 지위(**대내적 국가원수**)를 갖는지가 쟁점이 된다. 대통령은 국가의 독립과 영토를 보전하고, 국가의 계속성과 헌법을 수호할 책무를 가진다(헌법 제66조 제2항). 또

한 조국의 평화적 통일을 위하여 성실하게 노력해야 할 의무도 부담한다(헌법 제66조 제3항). 그리고 대통령은 '국민투표부의권'과 '국가긴급권'을 가지고 법률의 효력을 가지는 법규범을 제정함으로써 원칙적으로 국회에 부여된 입법권을 무력화할 수도 있다. 하지만 대통령에게 명시적으로 부과된 국가와 헌법의 수호에 관한 의무는 모든 국가기관의 의무로 볼 수도 있으며 대통령에게 부여된 국민투표부의권과 국가긴급권은 극히 예외적인 상황에서만 엄격한 요건 하에서 행사할 수 있는 권한이라는 점에서 대통령이 예외적인 비상상황이라면 몰라도 통상적인 상황에서조차 대내적 국가원수라고 보는 것은 타당하지 않다고 보인다.

1. 국민투표부의권

대통령은 필요하다고 인정하면 외교, 국방, 통일 기타 **국가안위에 관한 중요정책**을 국민투표에 부칠 수 있다(헌법 제72조). ① 외교, 국방, 통일 등 국가안위에 관한 중요정책에 해당하고, ② 국민투표에 부칠 필요성이 있다고 판단되면 대통령은 국민투표에 부칠 수 있는 것이다. 국민투표의 필요성에 대한 판단은 전적으로 대통령의 몫(재량)이기 때문에 결국 국가안위에 관한 중요정책에 해당하는지 여부만이 헌법적 판단의 대상이 된다. 이와 관련하여 대통령 자신의 **신임을 묻는 국민투표**, 특히 특정한 정책과 연계된 신임투표가 국민투표의 대상이 될 수 있는지가 쟁점이 되는데 헌법재판소는 이를 모두 인정하지 않는다. 이에 따르면 대통령이 어떤 형태로든 자신의 신임을 묻기 위하여 국민투표부의권을 행사하면 헌법을 위반하여 탄핵사유가 된다.[2] 국민투표에 부친 중요정책의 법적 효력에 대하여

2 헌재 2004. 5. 14. 2004헌나1, 판례집 16-1, 609, 649쪽: "헌법 제72조의 국민투표의 대상인 '중요정책'에는 대통령에 대한 '국민의 신임'이 포함되지 않는다. (…) 대통령은 헌법상 국민에게 자신에 대한 신임을 국민투표의 형식으로 물을 수 없을 뿐만 아니라, 특정 정택을 국민투표에 붙이면서 이에 자신의 신임을 결부시키는 대통령의 행위도 위헌적인 행위로서

헌법은 명시하고 있지 않다. 국민투표절차를 구체화하고 있는 〈국민투표법〉에 따르면 국민투표는 찬성과 반대 중 하나를 선택하여 기표하는 방식으로 실시되고(같은 법 제53조 제1항 및 제60조), 투표수를 집계한 결과를 통보받은 대통령은 즉시 국민투표의 결과가 확정되었음을 '공포'하여야 하며(같은 법 제91조) 이로써 국민투표의 결과는 법적 효력을 갖는다. 국민투표의 효력에 이의가 있으면 '대법원'에 제소할 수 있다(같은 법 제92조).

2. 국가긴급권

내우, 외환, 천재, 지변 또는 중대한 재정, 경제상 위기가 발생하여 국가의 안전보장 또는 공공의 안녕질서를 유지하기 위해서 긴급한 조치가 필요한데 국회의 집회를 기다릴 여유가 없는 경우에는 최소한의 재정, 경제상 처분을 하거나 **법률의 효력**을 가지는 명령을 발할 수 있는 권한이 대통령에게 부여된다(헌법 제76조 제1항). 또한 국가의 안위와 관련되는 중대한 교전상태가 발생하여 국가를 보위하기 위해서 긴급한 조치가 필요한데 국회의 집회가 불가능한 경우에는 **법률의 효력**을 가지는 명령을 발할 수 있는 권한이 대통령에게 부여된다(헌법 제76조 제2항). 전자를 ① '**긴급재정·경제처분권**' 및 ② '**긴급재정·경제명령권**'으로, 후자를 ③ '**긴급명령권**'으로 부른다. 긴급재정·경제명령이나 긴급명령은 법률의 효력을 가지기 때문에 비록 **국가긴급상황**에서만 행사할 수 있도록 한정되어 있다고 하더라도 국회의 입법권을 무력화시킬 수 있는 강력한 권한이 대통령에게 부여되어 있는 것이다. 대통령의 긴급입법권 행사는 고도의 정치적 행위에 해당하기는 하지만 법률의 효력을 가지는 긴급입법에 대해서는 사후적으로 위헌성 여부에 대한 헌법적 심사가 가능하다.

헌법적으로 허용되지 않는다."

한편 전시, 사변 또는 이에 준하는 국가비상사태가 발생한 경우에 **병력을 동원하여** 군사상 필요를 충족시키거나 공공의 안녕질서를 유지할 필요가 있으면 **계엄**을 선포할 수 있는 권한이 대통령에게 부여된다(헌법 제77조 제1항). 이처럼 대통령이 군통수권자(최고사령관)로서 군대의 병력을 동원하여 통치하는 계엄은 그 전제가 되는 사회적 혼란의 정도에 따라 ① 비상계엄과 ② 경비계엄으로 구분된다(같은 조 제2항). 특히 비상계엄이 선포되면 영장제도, 흔히 표현의 자유로 불리는 언론·출판·집회·결사의 자유, 정부나 법원의 권한에 관하여 '특별한 조치'를 취할 수 있다(같은 조 제3항). 표현의 자유에 대한 특별한 조치는 헌법이 원칙적으로 금지하고 있는 검열이나 허가가 될 것이다. 통상적인 상황에서 대통령은 사회질서를 유지하는 치안의 업무를 경찰을 통해서 수행하지만 병력을 동원해서만 사회적 혼란을 극복할 수 있는 경우에는 군대를 통해서 사회질서를 유지하게 된다. 계엄을 선포한 대통령은 지체 없이 국회에 통고하여야 하고, 국회가 재적의원 과반수의 찬성으로 **계엄의 해제**를 요구하면 대통령은 계엄을 해제하여야 한다(같은 조 제4항 및 제5항). 흔히 '계엄령'이라는 표현이 사용되곤 하는데 이것은 1949년에 제정된 〈계엄법〉이 일본의 〈계엄령〉(일본 국왕의 칙령으로 제정되어 법률의 효력을 갖지 않음)을 모방하면서부터 나온 것으로 추정된다. 또한 계엄의 '선포'가 아니라 계엄의 '포고' 또는 '포고령'이라는 표현도 종종 사용된다. 이것은 해방 후 미군에 의하여 넓은 의미의 계엄으로 볼 수 있는 군정이 실시되는 과정에서 포고(proclamation)[3]라는 용어가 등장하여 관행적으로 계엄 선포와 동일한 의미로 사용되어 온 결과로 보인다. 현행 헌법은 계엄에 대해서는 '선포'라는 표현을 사용하면서 전쟁의 선포를 의미하는 선전에 대해서만 '포고'라는

3 1945년 광복 이후 미군이 한반도의 북위 38도선 이남에 진주하여 군정통치를 시작하고 진행하는 과정에서 당시 태평양미국육군총사령부의 사령관이었던 맥아더(D. Macarthur)는 3개의 포고(proclamation)를 발령한다. 그 이후 재조선(주한)미국육군사령부의 사령관으로 부임한 하지(J. R. Hodge)도 남한주민의 권리와 총선거에 관한 포고 등 여러 개의 포고를 발령한다.

표현을 사용한다. 아무튼 헌법의 절차적, 실체적 요건을 충족하지 않은 계엄선포권 행사는 탄핵사유가 되고, 헌법적 권리를 침해하는 포고령(특별조치)은 위헌적 법규명령에 해당하게 된다.[4]

[주요쟁점]

1. 대통령은 국내적으로도 국가원수인지 여부
2. 대통령은 국민투표부의권을 행사하여 자신에 대한 신임투표를 실시할 수 있는지 여부
3. 긴급입법에 대한 헌법적 심사가 가능한지 여부

III. 행정부 수반으로서의 권한

행정부의 수반으로서 대통령은 **공무원을 임명하거나 면직**할 수 있는 권한을 가진다(헌법 제78조). 다만 국무총리, 감사원장과 감사위원 등 임명에서 반드시 국회의 동의가 필요한 경우도 있다. 이 경우에 국회의 동의가 없는 대통령의 공직자 임명은 법적으로 효력이 없고 헌법을 위반하여 탄핵사유가 될 수 있다. 또한 대통령은 행정부의 조직에 속하는 **군대의 통수권자**가 된다(헌법 제74조 제1항). 현행 〈국군조직법〉에 따르면 대통령은 국군의 통수권자이고(제6조), 국방부장관은 대통령의 명을 받아 군사에 관한 사항을 관장하며 합동참모의장과 각군(육군, 해군, 공군) 참모총장을 지휘·

4 헌재 2025. 4. 4. 2025헌나8.

감독한다(같은 법 제8조). 이처럼 국군을 지휘하고 통솔하는 최고사령관을 뜻하는 국군통수권자인 대통령은 행정부의 수반으로서 행정부에 속하는 국방부의 장관을 통하여 합동참모의장 및 각군의 사령관을 지휘하고 감독함으로써 결국 국군 전체를 지휘하고 감독하는 통수권자가 된다. 한편 대통령은 **국회에 출석하여 발언하거나 서한으로 의견을 표시**할 수 있는데(헌법 제81조) 이와 같은 권한도 행정부의 수반으로 국회에 대해서는 가지는 권한으로 이해될 수 있다.

Ⅳ. 국가원수로서의 권한

대통령은 **외국에 대해서** 대한민국의 국가원수로서 국가를 대표한다. 이에 따라 대통령은 외국과의 조약을 체결, 비준하고, 외교사절을 신임, 접수 또는 파견하며 외국과 벌이는 전쟁과 관련하여 선전포고와 강화를 할 수 있는 **외교적 권한**을 가진다(헌법 제73조). 대통령에게 부여된 국가원수의 지위는 외국에 대한 대외적 국가원수로 한정될 필요가 있다. 대내적 국가원수의 지위는 국민투표부의권이나 국가긴급권과 같은 예외적 상황에서만 행사될 수 있는 권한만으로 인정될 수는 없기 때문이다. 한편 대통령에게는 '**사면권**'이 인정되는데(헌법 제79조 제1항) 이러한 대통령의 사면권이 남용되고 있는 것이 현실이어서 헌법개정을 통하여 사면권을 폐지해야 한다는 주장도 제기된다. 넓은 의미의 사면권은 좁은 의미의 사면권과 함께 감형과 복권에 관한 권한도 포함하는데 역사적으로 국왕이 행사하던 은사권의 변형된 형태로 이해될 수 있다. 사면권은 법원의 확정판결이 가지는 법적 효력을 상실시킬 수 있는 막강한 권한이다. 특정한 범죄를 저지를 모든 사람을 사면하는 일반사면의 경우에는 해당 형벌조항의 효력을 일시적으로 정지시키는 것과 같은 효력을 발생시키기 때문에 반드시 국회의 동의가 필요하다(같은 조 제2항). 헌법기관의 구성원인 대법원장과 대법관, 헌법재판소장과 헌법재판관, 중앙선거관리위원장과 위원의 임명을 대통령이 하도록 한 것도 형식적이고 의례적이기는 하지만 대통령이 국가를 대표하는 국가원수의 지위를 부여받은 근거로 이해될 수도 있다.

V. 행정입법권

법규범을 정립(재정·개정)할 수 있는 입법권은 원칙적으로 국회의 권한에 속하고(헌법 제40조), 대통령은 단지 거부권(재의요구권)을 행사하여 국회의 입법권에 잠정적으로 또는 지속적으로 제동을 걸 수 있을 뿐이다(헌법 제53조 제2항). 하지만 예외적으로 행정부의 수반인 대통령도 입법권을 행사할 수 있는 경우가 있다. 대통령은 법률로부터 위임받은 사항과 법률을 집행하기 위한 필요한 사항에 관하여 '**대통령령**'을 발할 수 있다(헌법 제75조). 대통령령은 흔히 '시행령'이라는 이름이 붙는 법규범으로 모법인 법률과의 관계에서 ① 법률의 위임을 받은 '위임명령'과 ② 법률을 집행하는 '집행명령'으로 구분된다. 또한 효력에 따라 ① 법규적 성격과 대외적 구속력을 가지는 '법규명령'과 ② 행정부 내부를 규율하는 '행정규칙'(훈령/예규/고시)으로 구분되기도 한다. 국무총리나 행정각부의 장(장관)도 소관사무에 관하여 법률이나 대통령령의 위임을 받거나 직권으로 보통 '시행규칙'으로 불리는 '**총리령**' 또는 '**부령**'을 발할 수 있다(헌법 제95조). 대통령령이나 총리령 또는 부령이 법률의 위임을 받는 경우에 위임하는 법률은 반드시 '**구체적으로 범위를 정하여**' 위임하여야 하는데 이것을 '포괄위임입법금지원칙'이라고 부른다(상세한 내용은 제4장 참조). 대통령령이든 총리령이나 부령이든 법률의 위임이 있는 경우에만 제정될 수 있고, 집행명령에 해당하는 경우에도 모법인 법률을 전제로 하기 때문에 행정입법권은 모법 없이 독자적으로 인정되는 권한으로 볼 수는 없다. 당연히 법규명령이나 집행명령은 모법이면서 상위법인 법률을 위반할 수도 없다.

VI. 대통령 직속기관과 자문기관

1. 감사원

대통령 직속으로 감사원이 설치된다. 감사원은 ① 국가의 세입·세출의 **결산**, ② 국가 및 법률이 정한 단체의 **회계검사**, ③ 행정기관 및 공무원의 **직무에 관한 감찰**의 권한을 가진다(헌법 제97조). 감사원은 원장을 포함하여 5인 이상 11인 이하의 감사위원으로 구성되는데(헌법 제98조) 현재 감사원장을 포함하여 7인으로 구성되어 있다(감사원법 제3조). 현재는 감사원이 대통령 직속으로 되어 있지만 행정부에 대한 통제를 강화하기 위해서는 감사원을 국회의 소속으로 변경해야 한다는 주장도 제기된다.

[법령] 감사원의 회계검사와 직무감찰의 범위: 감사원법

제22조(필요적 검사사항) ① 감사원은 다음 각 호의 사항을 검사한다.

1. 국가의 회계
2. 지방자치단체의 회계

3. 한국은행의 회계와 국가 또는 지방자치단체가 자본금의 2분의 1 이상을 출자한 법인의 회계

4. 다른 법률에 따라 감사원의 회계검사를 받도록 규정된 단체 등의 회계

② 제1항과 제23조에 따른 회계검사에는 수입과 지출, 재산(물품·유가증권·권리 등을 포함한다)의 취득·보관·관리 및 처분 등의 검사를 포함한다.

제23조(선택적 검사사항) 감사원은 필요하다고 인정하거나 국무총리의 요구가 있는 경우에는 다음 각 호의 사항을 검사할 수 있다.

1. 국가기관 또는 지방자치단체 외의 자가 국가 또는 지방자치단체를 위하여 취급하는 국가 또는 지방자치단체의 현금·물품 또는 유가증권의 출납
2. 국가 또는 지방자치단체가 직접 또는 간접으로 보조금·장려금·조성금 및 출연금 등을 교부(交付)하거나 대부금 등 재정 원조를 제공한 자의 회계
3. 제2호에 규정된 자가 그 보조금·장려금·조성금 및 출연금 등을 다시 교부한 자의 회계
4. 국가 또는 지방자치단체가 자본금의 일부를 출자한 자의 회계
5. 제4호 또는 제22조 제1항 제3호에 규정된 자가 출자한 자의 회계
6. 국가 또는 지방자치단체가 채무를 보증한 자의 회계
7. 〈민법〉 또는 〈상법〉 외의 다른 법률에 따라 설립되고 그 임원의 전부 또는 일부나 대표자가 국가 또는 지방자치단체에 의하여 임명되거나 임명 승인되는 단체 등의 회계
8. 국가, 지방자치단체, 제2호부터 제6호까지 또는 제22조 제1항 제3호·제4호에 규정된 자와 계약을 체결한 자의 그 계약에 관련된 사항에 관한 회계
9. 〈국가재정법〉 제5조의 적용을 받는 기금을 관리하는 자의 회계
10. 제9호에 따른 자가 그 기금에서 다시 출연 및 보조한 단체 등의 회계

제24조(감찰 사항) ① 감사원은 다음 각 호의 사항을 감찰한다.

1. 제22조 제3호 및 제7호에 규정된 자의 사무와 그에 소속한 임원 및 감

사원의 검사대상이 되는 회계사무와 직접 또는 간접으로 관련이 있는 직원의 직무

4. 법령에 따라 국가 또는 지방자치단체가 위탁하거나 대행하게 한 사무와 그 밖의 법령에 따라 공무원의 신분을 가지거나 공무원에 준하는 자의 직무

② 제1항 제1호의 행정기관에는 군기관과 교육기관을 포함한다. 다만, 군기관에는 소장급 이하의 장교가 지휘하는 전투를 주된 임무로 하는 부대 및 중령급 이하의 장교가 지휘하는 부대는 제외한다.

③ 제1항의 공무원에는 국회·법원 및 헌법재판소에 소속한 공무원은 제외한다.

④ 생략

2. 대통령자문기관

대통령이 필요하여 요청하는 자문에 응하기 위하여 여러 자문기관이 설치되거나 설치될 수 있다. 대통령의 자문기관으로는 반드시 설치되어야 하는 '필수적 자문기관'으로는 **국가안전보장회의**가 있고(헌법 제91조 제1항), 설치될 수도 있는 '임의적 자문기관'으로는 ① 직전 대통령이 의장이 되는 **국가원로자문회의**(제90조 제1항), ② **민주평화통일자문회의**(헌법 제92조 제1항), ③ **국민경제자문회의**(헌법 제93조 제1항)가 있다. 법적 구속력을 가지는 의결과 달리 심의나 자문은 법적 구속력을 갖지 않는다. 특히 자문은 토의나 질의가 이루어지는 심의보다 더 법적 구속력이 약하다고 보는 것이 일반적이다.

[읽을거리]

김선택. 〈대통령'직'의 헌법적 의무〉. 《헌법학연구》(한국헌법학회) 제19권, 제1호(2013): 109-141쪽.

송기춘. 〈헌법상 사면권의 본질과 한계〉. 《공법연구》(한국공법학회) 제30집, 제5호(2002): 189-210쪽.

신우철. 〈대통령의 헌법상 권한은 과연 강력한가?〉. 《헌법학연구》(한국헌법학회) 제17권, 제1호(2011): 291-325쪽

음선필. 〈한국헌법과 국민투표—입법론적 검토〉. 《토지공법연구》(한국토지공법학회) 제33권(2006): 441-463쪽.

이동희. 〈대통령의 형사상 불소추특권과 수사의 범위〉. 《형사법연구》(한국형사법학회) 제29권, 제2호(2017): 187-219쪽.

이종수. 〈직무대행의 기원, 대행자의 지위 및 권한 범위에 관한 소고—대통령직을 중심으로〉. 《일감법학》(건국대학교 법학연구소) 제48권(2021): 743-768쪽.

장영수. 〈현행 헌법상의 정부형태와 대통령의 지위 및 권한에 관한 연구〉. 《공법학연구》(한국비교공법학회) 제9권, 제1호(2008): 173-193쪽.

조한상. 〈현행 헌법상 국가긴급권의 개선방향에 관한 고찰〉. 《헌법학연구》(한국헌법학회) 제13권, 제2호(2007): 477-510쪽.

최희수. 〈대통령의 형사상 불소추특권에 관한 일 고찰〉. 《안암법학》(안암법학회) 제31호(2017): 1-29쪽.

제20장

대법원과 헌법재판소

대한민국에는 두 종류의 '법원(legal court)'이 있다. 법령을 해석하고 적용하는 일반 법원도 있지만 헌법을 해석하고 적용하는 헌법 법원(constitutional court)도 있다. 일반 법원의 조직 안에서 '대법원(supreme court)'은 최고법원이고, 헌법 법원은 현행 헌법에 의하여 조금 낡은 명칭이지만 '헌법재판소'로 호명되고 있다. 애초에 해석하고 적용하는 법규범이 다르므로 언뜻 대법원과 헌법재판소는 서로 권한의 다툼을 벌일 일이 없어 보인다. 실제는 그렇지 않다. 헌법에 관한 사법권을 가진 헌법재판소가 대법원의 상급기관이 되는 일을 대법원은 끔찍하게 싫어한다. 대법원에 부여된 법령에 관한 사법권이 헌법재판소가 헌법을 해석하고 적용하는 과정에서 침해된다고 대법원이 볼 수 있는 여러 계기가 현실적으로 발생하고 있다. 헌법재판소가 헌법이라는 최고법을 해석하고 적용하는 권한을 가진다고 해도 헌법으로부터 입법권을 부여받은 의회가 제정한 법률의 위헌성을 심사할 때는 민주적 정당성을 가진 의회를 존중할 수밖에 없다. 그래서 합헌 아니면 위헌이라는 '모 아니면 도'라는 식의 '단순결정'이 아니라 일정한 조건을 다는 '변형결정'을 내리기도 한다. 또한 헌법이 헌법재판소에 부여한 헌법소원심판의 권한에 근거하여 기본권을 침해하는 입법의 한 유형인 '법규명령에 대한 위헌심사'도 할 수밖에 없는 경우도 있다. 그리고 법원의 재판도 언제든지 헌법적 권리인 기본권을 침해할 수 있으므로 '재판에 대한 헌법소원심판'의 권한을 헌법재판소에 부여할 여지도 있다. 법령해석으로 볼 수도 있는 변형결정, 헌법소원을 통한 법규명령에 대한 위헌심사, 재판에 대한 헌법소원은 대법원의 입장에서 볼 때 대법원을 헌법재판소의 통제를 받는 하급 사법기관의 위치로 강등시키거나 대법원의 권한을 헌법재판소가 침해하도록 방기하는 것으로 받아들일 여지가 충분히 있다.

I. 사법부의 이원화

1. 일반 법원과 헌법 법원

현행 헌법은 사법부를 이원화하여 두 종류의 법원을 설치하고 있다. 민사, 형사, 가사, 행정, 특허, 조세 등 일반재판을 담당하도록 **대법원**을 최고 법원으로 하는 '일반 법원'이 설치되어 있고(헌법 제101조 제2항), 헌법재판을 담당하는 일종의 '헌법 법원'에 해당하는 '**헌법재판소**'가 설치되어 있는 것이다(헌법 제111조 제1항). 따라서 헌법이 법관으로 구성되는 법원에 부여한 사법권(헌법 제101조 제1항)에서 헌법재판에 관한 사법권은 제외된다. 헌법재판소가 담당하는 헌법재판은 헌법이 명시적으로 열거하고 있는데 ① 위헌법률심판, ② 탄핵심판, ③ 정당해산심판, ④ 권한쟁의심판, ⑤ 헌법소원심판, 이 다섯 가지 유형으로 한정된다. 다만 탄핵심판의 경우에 탄핵대상이 헌법뿐만 아니라 법률에 대하여 위반했는지 여부를 동시에 심판하고, 국가기관이나 지방자치단체의 권한에 관한 다툼을 다루는 권한쟁의심판의 경우에(아래 [법령] 참조) 헌법뿐만 아니라 법률이 부여한 권한의 유무나 범위에 관하여 판단한다. 이처럼 사법부를 두 개의 독립된 조직으로 이원화하면 헌법재판을 활성화할 수 있는 장점이 있는 반면에 두 개의 사법부가 담당하는 업무와 권한이 서로 충돌할 수 있는 가능성이 생기는 단점도 있다. 미국의 경우에는 법원이 일반재판을 담당할 뿐만 아니라 최고법원인 대법원이 헌법재판까지도 담당하는 일원화된 사법부가 조직되어 있다. 한국에서도 대법원이 헌법재판을 담당하도록 했던 적도 있으나 헌법재판에 대한 대법원의 소극적 태도로 헌법재판이 활성화되지 못했던 경험이 있다. 이에 따라 현행 헌법은 유럽에서처럼 일반 법원으로부터 독립되어 헌법재판을 전담하는 전문적인 헌법 법원을 설치하였다.

[법령] 헌법재판소의 권한쟁의심판권: 헌법재판소법

제61조(청구 사유) ① 국가기관 상호간, 국가기관과 지방자치단체 간 및 지방자치단체 상호간에 **권한의 유무 또는 범위에 관하여 다툼**이 있을 때에는 해당 국가기관 또는 지방자치단체는 헌법재판소에 권한쟁의심판을 청구할 수 있다.

② 제1항의 심판청구는 피청구인의 처분 또는 부작위(不作爲)가 헌법 또는 법률에 의하여 부여받은 청구인의 **권한을 침해하였거나 침해할 현저한 위험**이 있는 경우에만 할 수 있다.

제62조(권한쟁의심판의 종류) ① 권한쟁의심판의 종류는 다음 각 호와 같다.

1. 국가기관 상호간의 권한쟁의심판 국회, 정부, 법원 및 중앙선거관리위원회 상호간의 권한쟁의심판

2. 국가기관과 지방자치단체 간의 권한쟁의심판

가. 정부와 특별시·광역시·특별자치시·도 또는 특별자치도 간의 권한쟁의심판

나. 정부와 시·군 또는 지방자치단체인 구(이하 "자치구"라 한다) 간의 권한쟁의심판

3. 지방자치단체 상호간의 권한쟁의심판

가. 특별시·광역시·특별자치시·도 또는 특별자치도 상호간의 권한쟁의 심판

나. 시·군 또는 자치구 상호간의 권한쟁의심판

다. 특별시·광역시·특별자치시·도 또는 특별자치도와 시·군 또는 자치구 간의 권한쟁의심판

② 권한쟁의가 〈지방교육자치에 관한 법률〉 제2조에 따른 교육·학예에 관한 지방자치단체의 사무에 관한 것인 경우에는 교육감이 제1항 제2호 및 제3호의 당사자가 된다.

제66조(결정의 내용) ① 헌법재판소는 심판의 대상이 된 국가기관 또는 지방자치단체의 **권한의 유무 또는 범위에 관하여 판단**한다.

② 제1항의 경우에 헌법재판소는 **권한침해의 원인이 된 피청구인의 처분을 취소하거나 그 무효를 확인**할 수 있고, 헌법재판소가 부작위에 대한 심판청구를 인용하는 결정을 한 때에는 피청구인은 결정 취지에 따른 처분을 하여야 한다.

2. 사법의 독립성

대법원을 최고법원으로 하는 일반 법원이든지 헌법 법원인 헌법재판소이든지 **법규범을 해석하고 적용하는 사법**에 관한 권한(사법권)을 갖는다. 이미 창조되거나 형성된 법규범을 해석하고 적용하는 사법은 본질상 개별적이고 구체적인 법적 분쟁이 발생하여 재판이 청구되었을 때에야 비로소 수동적으로 작동한다. 따라서 사법이 능동적으로 법규범을 새롭게 창조하거나 형성하는 작용을 담당하는 것은 입법권을 침해하여 권력분립원칙을 위반하는 것이다. 물론 헌법재판의 법적 성격에 관하여 사법이 아니라 입법이나 정치 또는 새로운 국가작용으로 이해해야 한다는 견해가

없지는 않으나 헌법을 해석하고 적용하는 **헌법재판도 본질적으로 사법**에 해당한다고 보는 것이 타당하다. 헌법이라는 다소 개념적으로나 가치적으로 또는 구조적으로 개방적인 법규범을 해석하고 적용한다고 해도 법규범을 해석하고 적용하는 사법의 본질이 달라지지는 않기 때문이다. 따라서 헌법재판소도 사법권을 가진 사법부이며 헌법은 사법부에 대해서 '독립성'을 보장하고 있는데 이러한 사법부의 독립성은 일반 법원뿐만 아니라 헌법재판소에 대해서도 보장되어야 한다.

사법의 공정성과 중립성을 보장하기 위하여 필수적으로 요구되는 **사법부의 독립성**은 ① **법원의 독립성**과 ② **법관의 독립성**을 핵심적인 내용으로 포함한다. 사법부(사법기관)는 입법부(입법기관)나 집행부(집행기관)와 인적, 물적 조직에서 분리되어 구성되어야 하고, 사법부의 구성원인 법관은 본래의 직무인 재판을 어떠한 외부적, 내부적 간섭도 없이 독립적으로 수행할 수 있어야 한다. 이에 따라 법원은 법률이 정한 자격을 가진 법관으로 구성되고(헌법 제101조 제1항 및 제3항), 헌법재판소는 법관의 자격을 가진 재판관으로 구성되며(제111조 제2항), 특히 법관의 독립성을 보장하기 위해서는 법관에게 ① **재판의 독립성**과 ② **신분의 독립성**이 확보되어야 한다. 헌법은 법관에게 "헌법과 법률에 의하여 그 양심에 따라 독립하여 심판"하도록 규정함으로써(헌법 제103조) 재판의 독립성을 보장한다. 법관은 오로지 헌법과 법률에만 구속되어 법관의 직업적 양심에 따라서만 재판을 하면 된다. 또한 법관에게는 임기와 정년을 보장하고, 법에 정해진 절차에 따라서만 징계 등 신분상의 불이익을 받을 수 있도록 하여 신분의 독립성도 보장하고 있다. 이처럼 법관에게 보장된 재판의 독립성과 신분의 독립성은 헌법재판관에게도 보장된다. 아무리 재판의 공정성과 객관성을 확보하기 위하여 노력한다고 해도 결국은 불완전한 인간이 수행하는 재판도 오류가 발생할 수 있는데 이와 같은 오류는 **심급제도**를 통해서 교정된다. 다만 3심까지도 가능한 일반재판과 달리 헌법재판은 단심으로 진행되므로 헌법재판에서 심급제도에 의한 오류의 교정은 애초에 불가능하다. 오로지 예외적으로만 재심의 가능성이 열려 있을 뿐이다. 헌법은 재판의 심리와 판결을 원칙적으로 공개하도록 요구하고 있는데(헌법 제109조) 이와 같은 **재판의 공개성**도 사법의 공정성과 중립성을 확보하기 위한 실질적인 방법의 하나로 이해된다.

3. 사법의 민주성

사법의 독립성과 함께 **사법의 민주성**도 강조되면서 일반시민이 재판에 참여하는 ① 배심제나 ② 참심제에 대한 논의가 활발하게 진행되는 가운데 '**국민참여재판**'이라는 이름의 배심제가 한국의 법체계에도 도입되었다. 다만 일반시민으로 구성되는 배심원단의 평결은 법관에 대한 법적 구속력을 갖지는 않는다. 현행 헌법에 따라 보장된 '재판을 받을 권리'는 **법관에 의한 재판을 받을 권리**를 의미하여(헌법 제27조 제1항) 직업법관이 아닌 일반시민이 재판에 참여하면 재판을 받을 권리가 침해될 수 있다는 비판이 제기되기 때문이다. 사법의 민주성과 관련하여 고위법관의 선출제가 주장되기도 하지만 현재는 대법원장과 대법관이 국회의 동의를 얻어 대통령에 의하여 임명되도록 함으로써(헌법 제104조 제1항 및 제2항) 간접적으로나마 민주적 정당성을 확보하는 데 그치고 있다. 이와 달리 헌법재판소 재판관은 소장을 제외하고 국회의 동의 없이 대통령이 임명하는데 이것은 민주적 정당성의 확보라는 점에서 문제가 있다는 비판이 제기될 수 있다. 물론 9명의 헌법재판소 재판관 가운데 대통령이 3명을 지명하고, 국회에서 3명을 선출하며 대법원장이 3명을 지명하기 때문에(헌법 제111조 제2항) 대통령이 지명하는 3명과 국회에서 선출되는 3명의 경우에는 민주적 정당성이 간접적으로 확보되었다고 볼 수도 있다.

Ⅱ. 규범통제

1. 규범통제의 이원화

법률이나 법규명령(대통령령/총리령/부령) 등 법규범의 헌법 위반 여부를 심사하는 '규범통제제도'와 관련하여 현행 헌법은 ① '**법률**'을 대상으로 하는 위헌심사의 권한은 '헌법재판소'에, ② 명령이나 규칙과 같은 '**법규명령**'을 대상으로 하는 위헌심사의 최종적 권한은 '대법원'에 부여한다(헌법 제107조 제1항 및 제2항). 다만 규범통제제도는 ① 반드시 구체적인 재판을 전제로 하는 '구체적' 규범통제제도와 ② 구체적인 재판의 전제 없이도 법규범의 위헌심사를 할 수 있는 '추상적' 규범통제제도로 구분되는데 이 가운데 **오로지 구체적 규범통제제도만**이 현행 헌법에 의하여 인정되고 있다. 이에 따라 법률이 헌법에 위배되는지 여부 또는 명령이나 규칙이 헌법에 위배되는지 여부가 구체적인 "재판의 전제가 된 경우에"만 해당 법률이나 명령·규칙의 위헌 여부에 대하여 해당 권한을 가진 기관이 심사할 수 있을 뿐이다.

2. 구체적 규범통제와 재판의 전제성

법률이나 법규명령이 구체적인 재판에서 적용됨으로써 그 위헌 여부가 재판의 전제가 된 경우에만 위헌심사가 가능한 구체적 규범통제만이 현행 헌법에 의하여 인정된다. 따라서 위헌법률이나 위헌법령(법규명령)에 대한 심판의 적법성을 판단하기 위한 가장 중요한 요건은 '**재판의 전제성**'이다. 이러한 재판의 전제성이라는 적법요건을 구분하면 우선 ① 구체적 재판이 계속 중이어야 하고(재판의 계속), ② 위헌 여부가 문제된 법률이나 법규명령이 구체적 재판에 적용되고 있어야 하며(재판에 적용되는 법령), ③

문제된 법률이나 법규명령의 위헌 여부에 따라 구체적 재판의 결과가 달라져야 한다(재판의 결과에 대한 영향).

3. 법규명령에 대한 위헌심사권의 전속성

헌법은 시행령이나 시행규칙과 같은 법규명령에 대한 위헌심사의 권한을 최종적으로 '대법원'에 부여하고 있다(헌법 제107조 제2항). 다만 헌법의 명시적 규정은 오로지 **법규명령에 대한 구체적 규범통제**의 권한만을 최종적으로 대법원에 인정하고 있는데 이를 확장하여 '법규명령을 대상으로 하는 모든 규범통제의 권한'을 대법원에 부여하고 있는지 여부가 쟁점이 될 수 있다. 공권력에 의하여 자신의 기본권을 침해당한 자가 권리구제를 받을 수 있는 제도가 헌법소원인데 위헌적 법규명령으로 기본권을 침해당한 자가 헌법재판소가 담당하는 헌법소원심판을 청구할 수 있게 되면 시행령이나 시행규칙 등 법규명령에 대한 위헌심사의 권한 일부가 헌법재판소로 넘어가게 되는 결과가 초래된다. 법규명령에 대하여 구체적인 재판을 전제로 하지 않는 일종의 추상적 규범통제가 헌법소원심판의 형태로 헌법재판소에 의하여 진행되는 것이다. 법규명령에 대한 모든 규범통제의 권한을 대법원이 갖는다고 보면 법규명령에 대한 헌법재판소의 헌법소원심판권은 인정될 수 없다. 하지만 현행 헌법은 오로지 '법규명령에 대한 구체적 규범통제'의 권한만을 최종적으로 대법원에 인정하고 있으며 객관적 질서유지제도인 규범통제제도와 주관적 권리구제제도인 헌법소원제도는 본질상 구분되어야 한다는 점에서 법규명령에 대한 헌법소원도 가능하다고 보는 것이 합리적이다.

III. 변형결정

1. 변형결정의 개념과 필요성

법률에 대한 위헌심사의 결과로 합헌결정이나 위헌결정을 내릴 수 있으며 이러한 결정을 '단순결정'이라고 부른다. 법률에 대한 위헌결정으로 법률의 효력은 상실되는데 법률의 효력상실로 인한 법적 공백과 사회적 충격을 줄이기 위하여 법적 안정성의 이념을 강조하는 입장에서는 '결정이 있은 날로부터'(ex nunc) 효력을 상실시켜야 한다고 주장한다(**장래효**). 하지만 정의의 이념을 강조하여 위헌적 법률은 애초에 제정될 당시부터(처음부터) 당연히 무효라고 주장하는 입장에서는 법률이 과거에 '효력을 발생하기 시작한 시점부터'(ex tunc) 효력을 상실시켜야 한다고 주장한다(**소급효**). 〈헌법재판소법〉은 위헌결정을 받은 법률의 효력상실과 관련하여 원칙적으로 장래효를 선택하면서 예외적으로 형벌과 관련된 법률에 대해서만 소급효를 인정한다. 또한 헌법재판소는 결정례를 통하여 ① 위헌결정의 계기가 된 '당해사건'이나 ② 동일한 위헌제청이나 위헌제청신청이 이루어진 '동종사건', ③ 위헌결정을 받은 법률이 적용되고 있는 '유사사건'에 대해서도 소급효를 인정한다. 이처럼 입법이 아닌 판례를 통한 소급효도 예외적이기는 하지만 인정되고 있다.

[판례] 위헌결정의 소급효

우리나라 헌법은 헌법재판소에서 위헌으로 선고된 법률 또는 법률의 조항의 시적 효력범위에 관하여 직접적으로 아무런 규정을 두지 아니하고 하위법규에 맡겨 놓고 있는바, 그렇다면 헌법재판소에 의하여 위헌으로 선고된 법률 또는 법률의 조항이 제정 당시로 소급하여 효력을 상실하는가 아니면 장래에 향하여 효력을 상실하는가의 문제는 특단의 사정이 없는 한 헌법적합성의 문제라기보다는 입법자가 법적 안정성과 개인의 권리구제 등 제반이익을 비교형량하여 가면서 결정할 **입법정책의 문제**인 것으로 보인다. (…) 우리의 입법자는 법 제47조 제2항 본문의 규정을 통하여 형벌법규를 제외하고는 **법적 안정성을 더 높이 평가하는 방안**을 선택하였는바, 이에 의하여 구체적 타당성이나 평등의 원칙이 완벽하게 실현되지 않는다고 하더라도 헌법상 법치주의의 원칙의 파생인 법적 안정성 내지는 신뢰보호의 원칙에 의하여 정당화된다 할 것이고, 특단의 사정이 없는 한 이로써 헌법이 침해되는 것은 아니라 할 것이다. (…) 다만 여기에서 형벌법규 이외의 일반 법규에 관하여 위헌결정에 불소급의 원칙을 채택한 법 제47조 제2항 본문의 규정 자체에 대해 기본적으로 그 합헌성에 의문을 갖지 않지만 위에서 본바 효력이 다양할 수밖에 없는 위헌결정의 특수성 때문에 예외적으로 그 적용을 배제시켜 부분적인 소급효의 인정을 부인해서는 안 될 것이다. 우선 생각할 수 있는 것은, 구체적 규범통제의 실효성의 보장의 견지에서 법원의 제청·헌법소원의 청구 등을 통하여 헌법재판소에 법률의 **위헌결정을 위한 계기를 부여한 당해사건**, 위헌결정이 있기 전에 이와 동종의 위헌 여부에 관하여 헌법재판소에 위헌제청을 하였거나 법원에 위헌제청신청을 한 경우의 당해 사건, 그리고 따로 위헌제청신청을 아니하였지만 당해 법률 또는 법률의 조항이 재판의 전제가 되어 법원에 계속 중인 사건에 대하여는 소급효를 인정하여야 할 것이다. 또 다른 한 가지의 불소급의 원칙의 예외로 볼 것은, 당사자의 권리구제를 위한 구체적 타당성의 요청이 현저한 반면에 소급효를 인정하여도 법적 안정성을 침해할 우려가 없고 나아가 구법에 의하여 형성된 기득권자의 이익이 해쳐질 사안이 아닌 경우로서 **소급효의 부인이 오히려 정의와 형평 등 헌법적 이념에 심히 배치되는 때**라고 할 것으로, 이 때에 소급효의 인정은 법 제47조 제2항 본문의 근본취지에 반하지 않을 것으로 생각한다. (헌재 1993. 5. 13. 92헌가10, 판례집 5-1, 226, 249-251쪽; 2008. 9. 25. 2006헌바108, 판례집 20-2

상, 488, 491-492쪽)

단순결정과 비교하여 법률에 대한 합헌결정이나 위헌결정에 일정한 조건을 붙이는 다소 복잡한 결정을 '변형결정'이라고 부른다. 변형결정에는 ① 일정한 조건하에서 합헌으로 결정하는 '**한정합헌결정**', ② 일정한 조건 하에서 위헌으로 결정하는 '**한정위헌결정**', ③ 원칙적으로 위헌의 취지로 결정하면서도 위헌인 법률의 효력을 잠정적으로 유지시키는 결정을 하는 '**헌법불합치결정**'이 포함된다. 이 가운데 한정합헌결정이나 한정위헌결정은 헌법합치적 법률해석을 위한 방법으로 활용된다(제7장 참조). 이와 같은 변형결정이 필요한 근본적인 이유는 '**권력분립원칙**'에 있다. 법률의 위헌 여부에 대한 심사도 본질적으로 헌법을 해석하고 적용하는 '사법작용'이기 때문에 이를 통하여 법규범을 창조하거나 형성하는 '입법작용'을 수행할 수 없다는 것이 권력분립원칙의 요청이다. 법규범에 대한 위헌심사를 통하여 법규범의 위헌성을 확인하고 법적 효력을 상실시키는 것도 일종의 법률의 폐지로써 소극적 의미에서 법규범을 창조하거나 형성하는 입법작용에 해당할 수 있다. 따라서 규범통제를 담당하는 사법부는 권력분립원칙의 관점에서 스스로 자제하는 '사법소극주의'의 관점을 가질 수밖에 없다. 하지만 규범통제의 권한을 부여한 헌법의 의도를 무시할 수도 없기 때문에 일정한 조건하에서는 '사법적극주의'의 관점으로 나가야 할 필요성도 있다. 여기서 불가피하게 채택하게 되는 결정의 유형이 변형결정이다. 본질적으로 위헌취지의 결정인 한정합헌결정이나 한정위헌결정을 함으로써 일정한 조건을 부가한 위헌결정을 하는 것이다. 특히 규범통제의 대상이 '법률'인 경우에 그 제정주체인 의회는 **민주주의원리**에 따라 국민의 선거를 통해 선출되어 '민주적 정당성'을 가진 국민의 대표기관이기 때문에 의회가 제정한 법률은 국민의 의사로 의제되어 '잠정적으로 유효한 것으로 추정'(법률의 유효추정)된다. 이에 따라 위헌법률심판을 담당하는 헌법재판소는 국민의 대표기관인 의회를 존중하기 위하여 신중을 기할 수밖에 없어 불가피하게 변형결정을 선택하게 된다. 또한 중요한 법의 이념인 **법적 안정성**을 고려할 때도 위헌적인 법률의 효력을 상실시킴으로써 법적 공백으로 인한 혼란과 무질서를 발생시키는 것보다 조건을 달아 법률의 효력을 유지시킴으로써 법적 질서와 평화를 유지하는 것이 바람직할 수 있다.

2. 법률에 대한 변형결정과 법률해석의 권한

법률의 위헌 여부에 대한 심사의 결과로 헌법재판소가 변형결정을 선택하면서 발생하는 문제는 법원이 가지고 있는 법률해석의 권한(사법권)이 침해될 수 있다는 점이다. 법률의 합헌성이나 위헌성에 일정한 조건을 부여하는 변형결정은 법률에 대한 다양한 해석가능성을 전제로 하면서 일정한 해석가능성에 대하여 위헌 또는 합헌의 결정을 내림으로써 법원의 법률해석권을 제한하는 것이기 때문이다. 하지만 기본적으로 헌법에 의하여 법원에게 부여된 법률해석의 권한도 바로 그 헌법의 테두리 안에서만 허용된다. 따라서 오히려 법원이 법률에 대한 위헌적 해석을 할 가능성을 배제하기 위해서라도 변형결정은 필요하다고 보는 것이 합리적이다. 오히려 헌법재판소는 법률의 한정위헌을 구하는 헌법소원청구가 적법하다고 본다. 다만 "한정위헌청구의 형식을 취하고 있으면서도 실제로는 당해 사건 재판의 기초가 되는 사실관계의 인정이나 평가 또는 개별적·구체적 사건에서의 법률조항의 단순한 포섭·적용에 관한 문제를 다투거나 의미있는 헌법문제를 주장하지 않으면서 법원의 법률해석이나 재판결과를 다투는 경우 등"은 허용되지 않는다고 본다.[1]

1 헌재 2012. 12. 27. 2011헌바117, 판례집 24-2하, 387, 399쪽 참조.

[판례] 한정위헌청구가 적법한 이유: 헌재 2012. 12. 27. 2011헌바117

첫째, (…) 규범통제절차에 있어서 **한정위헌결정은 법리상 당연하면서도 불가피**한 것이고, 따라서 그러한 취지에서 헌법재판소는 한정위헌결정을 계속해 오면서도 제청법원이나 헌법소원청구인은 원칙적으로 한정위헌청구를 할 수 없고, (…) 예외적인 경우에만 한정위헌청구를 할 수 있다고 하는 종래의 선례들은 사리상으로도 합당하지 않은 것이다.

둘째, 제청법원이나 헌법소원청구인이 당해 사건 재판의 근거가 되는 법률조항 그 자체나 그 전체의 위헌성을 주장하지 않고 당해 법률조항의 특정한 해석 가능성이나 적용 가능성에 대하여만 제한적·한정적으로 위헌을 주장한다면 헌법재판소로서는 제청법원 등이 주장하는 범위 내에서 위헌여부를 심판하는 것이 원칙이며, 그 이외의 부분까지 위헌 여부를 심판하게 된다면 그것은 헌법재판에서 요구되는 직권주의를 감안하더라도, 헌법재판소법 상의 **신청주의나 적법요건으로서의 재판의 전제성에 위반**될 수 있는 것이다. 그러므로 제청법원 등이 하는 한정위헌청구는 자칫 헌법재판소가 소홀히 할 수 있는 당해 법률조항에 대한 한정위헌결정 여부를 헌법재판소로 하여금 주의깊게 심사하도록 촉구하여 **위헌의 범위와 그에 따른 기속력의 범위를 제한적으로 정확하게 한정**할 수 있게 할 것이고, 그 결과 규범통제절차에 있어서 위헌여부심판권의 심사지평을 넓힐 수 있게 될 것이어서, 금지되어서는 안 될 뿐만 아니라 오히려 장려되어야 할 것이다.

셋째, 한정위헌청구는 **입법권에 대한 자제와 존중의 표현**이다. 즉 헌법재판소를 포함한 모든 국가기관과 국민은 헌법상의 권력분립원리에서 파생된 입법권에 의한 입법을 존중하여야 하는 것인바, 한정위헌청구에 따른 한정위헌결정은 당해 법률조항 중 위헌적인 해석이나 적용 부분만을 제거하고 그 이외의 (합헌인) 부분은 최대한 존속시킬 수 있는 것이어서 입법권에 대한 자제와 존중의 결과가 되는 것이고 따라서 헌법질서에도 더욱 부합하게 되는 것이다.

3. 변형결정의 법적 구속력

헌법재판소의 결정은 그 결정을 내린 헌법재판소와 해당 재판의 당사자뿐만 아니라 일반 국민을 포함하여 모든 국가기관을 구속하는 법적 효력을 가진다. 헌법재판소의 결정이 갖는 법적 효력 가운데 ① 결정을 내린 헌법재판소를 구속하는 **불가변력**(자기구속력)과 ② 재판의 당사자를 구속하는 **불가쟁력**(형식적 확정력), 그리고 ③ 동일한 사건이 문제되는 이후의 재판에서 헌법재판소와 당사자를 구속하는 **기판력**(실체적 확정력)을 합쳐서 '**확정력**'으로 부르면서 국가기관이나 지방자치단체를 구속하는 '**기속력**'이나 일반인을 구속하는 대세적이고 법규범적인 '**일반적 효력**'과 구분하기도 한다. 이처럼 헌법재판소의 결정은 모든 국가기관을 법적으로 구속하므로 법원도 헌법재판소의 결정에 구속되는데 법원은 헌법재판소의 변형결정이 법원의 법률해석권을 침해한다면서 법적 구속력을 인정하지 않고 있다. 반면에 헌법재판소는 위헌취지의 변형결정을 포함하여 헌법재판소의 위헌결정은 법원을 법적으로 구속한다고 본다. "법률에 대한 헌법재판소의 위헌결정에는 단순위헌결정은 물론 한정합헌, 한정위헌결정과 헌법불합치결정도 포함되고 이들은 모두 당연히 기속력을 가진다."[2]는 것이 헌법재판소의 일관된 입장이다. 만약 법원의 재판이 헌법재판소가 내린 변형결정을 포함한 위헌결정에 배치되면 헌법재판소는 예외적으로나마 원칙적으로 허용되지 않는 재판에 대한 헌법소원을 인정하여 해당 재판을 심사하여 취소할 수 있다. 심지어 재판에 대한 헌법소원으로 법원의 재판이 취소되면 그 재판의 대상이 된 행정처분도 헌법재판소에 의하여 취소될 수 있다.

위헌의 의심을 받는 법률이 헌법재판소에 의하여 종국적으로 위헌이라는 결정을 받으면 그 법률의 효력은 상실되기 때문에 위헌제청이 된

---

2 헌재 1997. 12. 24. 96헌마172등; 2013. 9. 26. 2012헌마806.

법률은 가급적 적용되지 않는 것이 바람직하다. 이에 따라 구체적인 재판에서 적용되는 법률에 대한 법원의 위헌제청이 있으면 헌법재판소의 위헌 여부에 관한 결정이 있을 때까지 그 **재판은 정지**된다(헌법재판소법 제42조 제1항). 탄핵심판의 경우에 국회가 탄핵소추를 의결하면 탄핵심판이 있을 때까지 소추대상의 **권한이 정지**되는 것과 유사하다(같은 법 제50조). 한편 정당해산심판의 경우에는 정부의 제소가 있으면 헌법재판소는 직권이나 청구인인 정부의 신청에 의하여 종국결정을 선고할 때까지 **정당의 활동을 정지**하는 결정을 할 수 있다(같은 법 제57조). 또한 권한쟁의심판의 경우에도 청구가 있으면 헌법재판소는 직권이나 청구인의 신청에 의하여 종국결정을 선고할 때까지 피청구인의 **처분이 가지는 효력을 정지**하는 결정을 할 수 있다(같은 법 제65조). 이와 같은 정당활동정지나 처분효력정지에 관한 결정을 '**가처분**'이라고 부른다. 가처분은 최종적인 결정까지 상당한 시간이 소요되고, 이로 인하여 결정의 실효성이 상실되는 효과를 막기 위하여 사전에 취해지는 임시적인 조치를 뜻한다. 이와 관련하여 헌법소원심판의 경우에는 가처분에 관한 명시적인 규정이 없기 때문에 가처분이 허용되는지의 여부가 쟁점이 된다. 가처분의 허용 여부는 명시적 규정의 유무와 상관없이 가처분을 허용함으로써 얻을 수 있는 이익과 가처분을 허용하지 않음으로써 얻을 수 있는 이익을 형량하여 판단될 수 있을 것이다. 헌법재판소는 비슷한 취지에서 "가처분을 인용한 뒤 종국결정에서 청구가 기각되었을 때 발생하게 될 불이익과 가처분을 기각한 뒤 청구가 인용되었을 때 발생하게 될 불이익을 비교형량 하여 후자의 불이익이 전자의 불이익보다 클 경우 가처분을 인용할 수 있다"고 본다.[3] 재판의 당사자가 위헌법률심판을 제청하여 주도록 신청하였다가 법원이 이를 기각한 경우에 청구할 수 있는 '위헌심사형 헌법소원'(헌법재판소법

---

3 헌재 2000. 12. 8. 2000헌사471; 2018. 4. 6. 2018헌사242등 참조.

제68조 제2항)의 경우에는 제청신청의 계기가 된 재판이 정지되지 않는다. 따라서 이 경우에 헌법소원이 인용되고 그 이전에 재판이 종료되면 당사자는 재심을 청구할 수 있다(같은 법 제75조 제7호).

Ⅳ. 재판소원

1. 헌법소원제도

공권력에 의하여 헌법이 보장한 기본권을 침해당한 사람은 자신의 권리를 구제받기 위하여 '헌법소원'을 청구할 수 있다. 공권력을 크게 입법, 집행, 사법으로 구분하면 입법작용의 결과인 법률이나 법규명령 등 '법규범'에 의하여 기본권을 침해당한 경우뿐만 아니라 집행작용인 '처분'과 사법작용인 '재판'(판결·결정·명령)에 의하여 기본권을 침해당한 경우에도 헌법소원을 청구할 수 있어야 한다. 하지만 원칙적으로 처분은 행정소송의 대상이 되기 때문에 '보충성의 원칙'에 따라 반드시 먼저 행정소송을 거쳐야만 헌법소원을 청구할 수 있다. 결국 헌법소원의 대상은 주로 법규범과 재판으로 한정되는데 현행법상 법원의 재판도 원칙적으로 헌법소원의 대상이 될 수 없다. 이처럼 법원의 재판을 원칙적으로 헌법소원의 대상에서 배제하고 있어서 당사자가 위헌법률심판의 제청을 신청했다가 법원으로부터 기각당한 경우에 이러한 법원의 결정을 더 이상 다툴 수가 없다. 이에 따라 법원에 위헌법률심판의 제청을 신청했다가 기각당한 당사자에게는 위헌의 의심이 있는 법률의 효력을 다툴 수 있는 헌법소원제도가 인정된다. 이러한 헌법소원제도는 ① 본래적 의미의 '권리구제형' 헌법소원제도(헌법재판소법 제68조 제1항)와 구분하여 ② '위헌심사형' 헌법소원제도(같은 법 같은 조 제2항)로 부르기도 한다.

2. 헌법소원청구의 적법성

자신의 기본권을 침해당한 사람만이 헌법소원을 청구할 수 있기 때문에 헌법소원을 청구하기 위해서는 '기본권의 주체'가 될 수 있어야 하고, 공권력으로 인한 '기본권침해의 가능성'이 존재해야만 한다. 또한 자신의 기본권을 직접적이고 현재적으로 침해당하고 있는 '법적 관련성(=①자기관련성+②직접성+③현재성)'을 가져야 한다. 더욱이 헌법소원을 통한 주관적 '권리보호이익'이 있어야 하고, 그렇지 않은 경우에 유사한 기본권침해가 반복될 우려가 있어서 반드시 헌법적 해명이 필요한 객관적 '심판의 이익'이 인정되어야 한다. 다른 구제절차가 있는 경우에 이를 모두 먼저 거쳐야 하는 '보충성원칙'도 준수하여야 한다. 기본권을 침해당한 날 또는 기본권을 침해당한 사실을 알게 된 날로부터 일정한 기간 내에서 헌법소원을 청구해야 하는 '청구기간'을 준수하는 것도 빠질 수 없다. 특히 법규범으로 인하여 기본권을 침해당한 경우에는 법규범이 제정되거나 개정된 날이 아니라 그 법규범이 기본권 주체에게 적용된 날이 기본권을 침해당한 날이 된다.

3. 헌법소원의 대상으로서 재판의 배제

현행 〈헌법재판소법〉은 법원의 재판을 헌법소원의 대상에서 배제하고 있다(같은 법 제68조 제1항). 따라서 법원의 재판을 헌법소원의 대상으로 삼으면 부적법한 청구로 각하된다. 여기서 법원의 재판을 헌법소원의 대상에서 배제한 법률규정의 위헌성 여부가 문제될 수 있다. 헌법재판소는 법원의 재판을 헌법소원의 대상으로 삼는 것이 이상적일 수는 있지만 법원의 재판을 헌법소원의 대상에서 배제한 법률조항이 위헌이라고 볼 수는 없다고 본다(아래 [판례] 참조). 하지만 기본권의 충돌이 법원에서 문제되는 '기본권의 대사인적 효력(제3자효)'과 관련하여 법관에게는 **기본권을 존중해야 할 헌법적 의무**(기본권존중의무)가 있다. 또한 기본권의 충돌로 기본권이 침해되지 않도록 입법을 마련해야 할 의회의 헌법적 의무(기본권보호의무)에 상응하는 헌법적 권리(보호권)가 인정될 수 있다. 그렇다면 이러한 권리를 원용하여 법관에게 **기본권을 존중해 주도록 요구할 수 있는 헌법적 권리**가 재판을 받는 당사자에게 인정될 수 있다(자세한 내용은 제10장 참조). 그렇다면 기본권이 충돌하는 재판에서 기본권을 존중하지 않은 채 재판을 진행하여 기본권을 침해한 법원의 재판도 헌법소원의 대상으로 삼을 수 있어야만 한다. 따라서 법원의 재판을 헌법소원의 대상에서 배제하여 법원의 재판으로 기본권을 침해당한 사람이 권리구제를 받을 수 없도록 하는 것은 헌법에 위배된다고 볼 여지도 있다. 헌법재판소는 예외적으로 "헌법재판소가 위헌으로 결정한 법령을 적용함으로써 국민의 기본권을 침해"하여 헌법재판소의 위헌결정에 배치되는 법원의 재판이 헌법소원의 대상이 된다고 본다.[4] 이에 따르면 법원의 재판이 예외적으로 헌법소원심판의 대상이 되어 그 재판 자체가 취소되면 국민의 기본권을 신속하고 효율적으로 구제하기 위하여 그 재판의 대상이 되었던 원행정처분의 위헌성을 주장하는 헌법소원심판의 청구도 가능하고, 헌법재판소는 그 처분을 취소할 수도 있다.[5]

[판례] 재판소원 배제의 위헌성 여부: 헌재 1997. 12. 24. 96헌마172

법원의 재판도 헌법소원심판의 대상으로 하는 것이 국민의 기본권보호의 실효성 측면에서 바람직한 것은 분명하다. 그러나 현재의 법적 상태가 보

4 헌재 2016. 4. 28. 2016헌마33; 2019. 2. 28. 2016헌마56 참조.

5 헌재 2001. 2. 22. 99헌마409 참조.

다 이상적인 것으로 개선되어야 할 여지가 있다는 것이 곧 위헌을 의미하지는 않는다. 법원의 재판을 헌법소원심판의 대상에 포함시켜야 한다는 견해는 기본권보호의 측면에서는 보다 이상적이지만, 이는 헌법재판소의 위헌결정을 통하여 이루어질 문제라기보다 **입법자가 해결해야 할 과제**이다. (…) 헌법재판소법 제68조 제1항이 위와 같이 원칙적으로 헌법에 위반되지 아니한다고 하더라도, **법원이 헌법재판소가 위헌으로 결정하여 그 효력을 전부 또는 일부 상실하거나 위헌으로 확인된 법률을 적용함으로써 국민의 기본권을 침해한 경우**에도 법원의 재판에 대한 헌법소원이 허용되지 않는 것으로 해석한다면, 위 법률조항은 그러한 한도 내에서 헌법에 위반된다고 보지 아니할 수 없다. (한정위헌결정)

[주요쟁점]

1. 헌법재판소는 법규명령(명령·규칙)에 대한 헌법소원심판을 할 수 있는지 여부
2. 헌법재판소는 변형결정(한정합헌·한정위헌결정)을 할 수 있는지 여부
3. 헌법재판소에 법원의 재판에 대한 헌법소원심판의 권한을 반드시 부여하여야 하는지 여부

[읽을거리]

김하열. 〈재판에 대한 헌법소원의 필요성과 범위—재판소원의 부분적 도입을 위한 시론〉. 《헌법학연구》(한국헌법학회) 제16권, 제4호(2010): 165-206쪽.

김현철. 〈한정위헌결정과 한정합헌·헌법불합치결정과의 관계〉. 《법학논총》(전남대학교 법학연구소) 제29집, 제2호(2009): 291-314쪽.

손인혁. 〈한정위헌청구의 허용 여부를 둘러싼 법률해석권한의 배분—헌재 2012. 12. 27. 2011헌바117 결정에 대한 평석〉. 《연세법학》(연세법학회) 제21호

(2013): 1-23쪽.

이준일. 〈대법원과 헌법재판소의 합리적 권한분배〉. 《고려법학》(고려대학교 법학연구원) 제48호(2007): 179-201쪽.

전상현. 〈헌법불합치결정의 의미와 근거 및 주문합의방식에 대한 재검토〉. 《헌법학연구》(한국헌법학회) 제20권, 제1호(2014): 435-465쪽.

차진아. 〈재판소원의 도입 필요성과 인정범위에 관한 연구〉. 《고려법학》(고려대학교 법학연구원) 제60호(2011): 409-452쪽.

최희수. 〈헌법재판소 한정합헌, 한정위헌 결정의 기속력〉. 《고려법학》(고려대학교 법학연구원) 제61호(2011): 173-203쪽.

허완중. 〈한국 헌법상 예외적으로 헌법소원 대상이 되는 법원의 재판〉. 《저스티스》(한국법학원) 통권 제189호(2022): 7-58쪽.

부록

대한민국헌법
(1987. 10. 29. 시행: 1988. 2. 25.)

전문(前文)

유구한 역사와 전통에 빛나는 우리 대한국민은 3·1운동으로 건립된 대한민국임시정부의 법통과 불의에 항거한 4·19민주이념을 계승하고, 조국의 민주개혁과 평화적 통일의 사명에 입각하여 정의·인도와 동포애로써 민족의 단결을 공고히 하고, 모든 사회적 폐습과 불의를 타파하며, 자율과 조화를 바탕으로 자유민주적 기본질서를 더욱 확고히 하여 정치·경제·사회·문화의 모든 영역에 있어서 각인의 기회를 균등히 하고, 능력을 최고도로 발휘하게 하며, 자유와 권리에 따르는 책임과 의무를 완수하게 하여, 안으로는 국민생활의 균등한 향상을 기하고 밖으로는 항구적인 세계평화와 인류공영에 이바지함으로써 우리들과 우리들의 자손의 안전과 자유와 행복을 영원히 확보할 것을 다짐하면서 1948년 7월 12일에 제정되고 8차에 걸쳐 개정된 헌법을 이제 국회의 의결을 거쳐 국민투표에 의하여 개정한다.

제1장 총강

제1조 ① 대한민국은 민주공화국이다.

② 대한민국의 주권은 국민에게 있고, 모든 권력은 국민으로부터 나온다.

제2조 ① 대한민국의 국민이 되는 요건은 법률로 정한다.

② 국가는 법률이 정하는 바에 의하여 재외국민을 보호할 의무를 진다.

제3조 대한민국의 영토는 한반도와 그 부속도서로 한다.

제4조 대한민국은 통일을 지향하며, 자유민주적 기본질서에 입각한 평화적 통일

정책을 수립하고 이를 추진한다.

제5조 ① 대한민국은 국제평화의 유지에 노력하고 침략적 전쟁을 부인한다.

② 국군은 국가의 안전보장과 국토방위의 신성한 의무를 수행함을 사명으로 하며, 그 정치적 중립성은 준수된다.

제6조 ① 헌법에 의하여 체결·공포된 조약과 일반적으로 승인된 국제법규는 국내법과 같은 효력을 가진다.

② 외국인은 국제법과 조약이 정하는 바에 의하여 그 지위가 보장된다.

제7조 ① 공무원은 국민 전체에 대한 봉사자이며, 국민에 대하여 책임을 진다.

② 공무원의 신분과 정치적 중립성은 법률이 정하는 바에 의하여 보장된다.

제8조 ① 정당의 설립은 자유이며, 복수정당제는 보장된다.

② 정당은 그 목적·조직과 활동이 민주적이어야 하며, 국민의 정치적 의사형성에 참여하는 데 필요한 조직을 가져야 한다.

③ 정당은 법률이 정하는 바에 의하여 국가의 보호를 받으며, 국가는 법률이 정하는 바에 의하여 정당운영에 필요한 자금을 보조할 수 있다.

④ 정당의 목적이나 활동이 민주적 기본질서에 위배될 때에는 정부는 헌법재판소에 그 해산을 제소할 수 있고, 정당은 헌법재판소의 심판에 의하여 해산된다.

제9조 국가는 전통문화의 계승·발전과 민족문화의 창달에 노력하여야 한다.

제2장 국민의 권리와 의무

제10조 모든 국민은 인간으로서의 존엄과 가치를 가지며, 행복을 추구할 권리를 가진다. 국가는 개인이 가지는 불가침의 기본적 인권을 확인하고 이를 보장할 의무를 진다.

제11조 ① 모든 국민은 법 앞에 평등하다. 누구든지 성별·종교 또는 사회적 신분에 의하여 정치적·경제적·사회적·문화적 생활의 모든 영역에 있어서 차별을 받지 아니한다.

② 사회적 특수계급의 제도는 인정되지 아니하며, 어떠한 형태로도 이를 창설할

수 없다.

③ 훈장 등의 영전은 이를 받은 자에게만 효력이 있고, 어떠한 특권도 이에 따르지 아니한다.

제12조 ① 모든 국민은 신체의 자유를 가진다. 누구든지 법률에 의하지 아니하고는 체포·구속·압수·수색 또는 심문을 받지 아니하며, 법률과 적법한 절차에 의하지 아니하고는 처벌·보안처분 또는 강제노역을 받지 아니한다.

② 모든 국민은 고문을 받지 아니하며, 형사상 자기에게 불리한 진술을 강요당하지 아니한다.

③ 체포·구속·압수 또는 수색을 할 때에는 적법한 절차에 따라 검사의 신청에 의하여 법관이 발부한 영장을 제시하여야 한다. 다만, 현행범인인 경우와 장기 3년 이상의 형에 해당하는 죄를 범하고 도피 또는 증거인멸의 염려가 있을 때에는 사후에 영장을 청구할 수 있다.

④ 누구든지 체포 또는 구속을 당한 때에는 즉시 변호인의 조력을 받을 권리를 가진다. 다만, 형사피고인이 스스로 변호인을 구할 수 없을 때에는 법률이 정하는 바에 의하여 국가가 변호인을 붙인다.

⑤ 누구든지 체포 또는 구속의 이유와 변호인의 조력을 받을 권리가 있음을 고지받지 아니하고는 체포 또는 구속을 당하지 아니한다. 체포 또는 구속을 당한 자의 가족 등 법률이 정하는 자에게는 그 이유와 일시·장소가 지체 없이 통지되어야 한다.

⑥ 누구든지 체포 또는 구속을 당한 때에는 적부의 심사를 법원에 청구할 권리를 가진다.

⑦ 피고인의 자백이 고문·폭행·협박·구속의 부당한 장기화 또는 기망 기타의 방법에 의하여 자의로 진술된 것이 아니라고 인정될 때 또는 정식재판에 있어서 피고인의 자백이 그에게 불리한 유일한 증거일 때에는 이를 유죄의 증거로 삼거나 이를 이유로 처벌할 수 없다.

제13조 ① 모든 국민은 행위시의 법률에 의하여 범죄를 구성하지 아니하는 행위

로 소추되지 아니하며, 동일한 범죄에 대하여 거듭 처벌받지 아니한다.

② 모든 국민은 소급입법에 의하여 참정권의 제한을 받거나 재산권을 박탈당하지 아니한다.

③ 모든 국민은 자기의 행위가 아닌 친족의 행위로 인하여 불이익한 처우를 받지 아니한다.

제14조 모든 국민은 거주·이전의 자유를 가진다.

제15조 모든 국민은 직업선택의 자유를 가진다.

제16조 모든 국민은 주거의 자유를 침해받지 아니한다. 주거에 대한 압수나 수색을 할 때에는 검사의 신청에 의하여 법관이 발부한 영장을 제시하여야 한다.

제17조 모든 국민은 사생활의 비밀과 자유를 침해받지 아니한다.

제18조 모든 국민은 통신의 비밀을 침해받지 아니한다.

제19조 모든 국민은 양심의 자유를 가진다.

제20조 ① 모든 국민은 종교의 자유를 가진다.

② 국교는 인정되지 아니하며, 종교와 정치는 분리된다.

제21조 ① 모든 국민은 언론·출판의 자유와 집회·결사의 자유를 가진다.

② 언론·출판에 대한 허가나 검열과 집회·결사에 대한 허가는 인정되지 아니한다.

③ 통신·방송의 시설기준과 신문의 기능을 보장하기 위하여 필요한 사항은 법률로 정한다.

④ 언론·출판은 타인의 명예나 권리 또는 공중도덕이나 사회윤리를 침해하여서는 아니 된다. 언론·출판이 타인의 명예나 권리를 침해한 때에는 피해자는 이에 대한 피해의 배상을 청구할 수 있다.

제22조 ① 모든 국민은 학문과 예술의 자유를 가진다.

② 저작자·발명가·과학기술자와 예술가의 권리는 법률로써 보호한다.

제23조 ① 모든 국민의 재산권은 보장된다. 그 내용과 한계는 법률로 정한다.

② 재산권의 행사는 공공복리에 적합하도록 하여야 한다.

③ 공공필요에 의한 재산권의 수용·사용 또는 제한 및 그에 대한 보상은 법률로

써 하되, 정당한 보상을 지급하여야 한다.

제24조 모든 국민은 법률이 정하는 바에 의하여 선거권을 가진다.

제25조 모든 국민은 법률이 정하는 바에 의하여 공무담임권을 가진다.

제26조 ① 모든 국민은 법률이 정하는 바에 의하여 국가기관에 문서로 청원할 권리를 가진다.

② 국가는 청원에 대하여 심사할 의무를 진다.

제27조 ① 모든 국민은 헌법과 법률이 정한 법관에 의하여 법률에 의한 재판을 받을 권리를 가진다.

② 군인 또는 군무원이 아닌 국민은 대한민국의 영역 안에서는 중대한 군사상 기밀·초병·초소·유독음식물공급·포로·군용물에 관한 죄 중 법률이 정한 경우와 비상계엄이 선포된 경우를 제외하고는 군사법원의 재판을 받지 아니한다.

③ 모든 국민은 신속한 재판을 받을 권리를 가진다. 형사피고인은 상당한 이유가 없는 한 지체 없이 공개재판을 받을 권리를 가진다.

④ 형사피고인은 유죄의 판결이 확정될 때까지는 무죄로 추정된다.

⑤ 형사피해자는 법률이 정하는 바에 의하여 당해 사건의 재판절차에서 진술할 수 있다.

제28조 형사피의자 또는 형사피고인으로서 구금되었던 자가 법률이 정하는 불기소처분을 받거나 무죄판결을 받은 때에는 법률이 정하는 바에 의하여 국가에 정당한 보상을 청구할 수 있다.

제29조 ① 공무원의 직무상 불법행위로 손해를 받은 국민은 법률이 정하는 바에 의하여 국가 또는 공공단체에 정당한 배상을 청구할 수 있다. 이 경우 공무원 자신의 책임은 면제되지 아니한다.

② 군인·군무원·경찰공무원 기타 법률이 정하는 자가 전투·훈련 등 직무집행과 관련하여 받은 손해에 대하여는 법률이 정하는 보상 외에 국가 또는 공공단체에 공무원의 직무상 불법행위로 인한 배상은 청구할 수 없다.

제30조 타인의 범죄행위로 인하여 생명·신체에 대한 피해를 받은 국민은 법률이

정하는 바에 의하여 국가로부터 구조를 받을 수 있다.

제31조 ① 모든 국민은 능력에 따라 균등하게 교육을 받을 권리를 가진다.

② 모든 국민은 그 보호하는 자녀에게 적어도 초등교육과 법률이 정하는 교육을 받게 할 의무를 진다.

③ 의무교육은 무상으로 한다.

④ 교육의 자주성·전문성·정치적 중립성 및 대학의 자율성은 법률이 정하는 바에 의하여 보장된다.

⑤ 국가는 평생교육을 진흥하여야 한다.

⑥ 학교교육 및 평생교육을 포함한 교육제도와 그 운영, 교육재정 및 교원의 지위에 관한 기본적인 사항은 법률로 정한다.

제32조 ① 모든 국민은 근로의 권리를 가진다. 국가는 사회적·경제적 방법으로 근로자의 고용의 증진과 적정임금의 보장에 노력하여야 하며, 법률이 정하는 바에 의하여 최저임금제를 시행하여야 한다.

② 모든 국민은 근로의 의무를 진다. 국가는 근로의 의무의 내용과 조건을 민주주의원칙에 따라 법률로 정한다.

③ 근로조건의 기준은 인간의 존엄성을 보장하도록 법률로 정한다.

④ 여자의 근로는 특별한 보호를 받으며, 고용·임금 및 근로조건에 있어서 부당한 차별을 받지 아니한다.

⑤ 연소자의 근로는 특별한 보호를 받는다.

⑥ 국가유공자·상이군경 및 전몰군경의 유가족은 법률이 정하는 바에 의하여 우선적으로 근로의 기회를 부여받는다.

제33조 ① 근로자는 근로조건의 향상을 위하여 자주적인 단결권·단체교섭권 및 단체행동권을 가진다.

② 공무원인 근로자는 법률이 정하는 자에 한하여 단결권·단체교섭권 및 단체행동권을 가진다.

③ 법률이 정하는 주요방위산업체에 종사하는 근로자의 단체행동권은 법률이 정

하는 바에 의하여 이를 제한하거나 인정하지 아니할 수 있다.

제34조 ① 모든 국민은 인간다운 생활을 할 권리를 가진다.

② 국가는 사회보장·사회복지의 증진에 노력할 의무를 진다.

③ 국가는 여자의 복지와 권익의 향상을 위하여 노력하여야 한다.

④ 국가는 노인과 청소년의 복지향상을 위한 정책을 실시할 의무를 진다.

⑤ 신체장애자 및 질병·노령 기타의 사유로 생활능력이 없는 국민은 법률이 정하는 바에 의하여 국가의 보호를 받는다.

⑥ 국가는 재해를 예방하고 그 위험으로부터 국민을 보호하기 위하여 노력하여야 한다.

제35조 ① 모든 국민은 건강하고 쾌적한 환경에서 생활할 권리를 가지며, 국가와 국민은 환경보전을 위하여 노력하여야 한다.

② 환경권의 내용과 행사에 관하여는 법률로 정한다.

③ 국가는 주택개발정책 등을 통하여 모든 국민이 쾌적한 주거생활을 할 수 있도록 노력하여야 한다.

제36조 ① 혼인과 가족생활은 개인의 존엄과 양성의 평등을 기초로 성립되고 유지되어야 하며, 국가는 이를 보장한다.

② 국가는 모성의 보호를 위하여 노력하여야 한다.

③ 모든 국민은 보건에 관하여 국가의 보호를 받는다.

제37조 ① 국민의 자유와 권리는 헌법에 열거되지 아니한 이유로 경시되지 아니한다.

② 국민의 모든 자유와 권리는 국가안전보장·질서유지 또는 공공복리를 위하여 필요한 경우에 한하여 법률로써 제한할 수 있으며, 제한하는 경우에도 자유와 권리의 본질적인 내용을 침해할 수 없다.

제38조 모든 국민은 법률이 정하는 바에 의하여 납세의 의무를 진다.

제39조 ① 모든 국민은 법률이 정하는 바에 의하여 국방의 의무를 진다.

② 누구든지 병역의무의 이행으로 인하여 불이익한 처우를 받지 아니한다.

제3장 국회

제40조 입법권은 국회에 속한다.

제41조 ① 국회는 국민의 보통·평등·직접·비밀선거에 의하여 선출된 국회의원으로 구성한다.

② 국회의원의 수는 법률로 정하되, 200인 이상으로 한다.

③ 국회의원의 선거구와 비례대표제 기타 선거에 관한 사항은 법률로 정한다.

제42조 국회의원의 임기는 4년으로 한다.

제43조 국회의원은 법률이 정하는 직을 겸할 수 없다.

제44조 ① 국회의원은 현행범인인 경우를 제외하고는 회기 중 국회의 동의 없이 체포 또는 구금되지 아니한다.

② 국회의원이 회기 전에 체포 또는 구금된 때에는 현행범인이 아닌 한 국회의 요구가 있으면 회기 중 석방된다.

제45조 국회의원은 국회에서 직무상 행한 발언과 표결에 관하여 국회 외에서 책임을 지지 아니한다.

제46조 ① 국회의원은 청렴의 의무가 있다.

② 국회의원은 국가이익을 우선하여 양심에 따라 직무를 행한다.

③ 국회의원은 그 지위를 남용하여 국가·공공단체 또는 기업체와의 계약이나 그 처분에 의하여 재산상의 권리·이익 또는 직위를 취득하거나 타인을 위하여 그 취득을 알선할 수 없다.

제47조 ① 국회의 정기회는 법률이 정하는 바에 의하여 매년 1회 집회되며, 국회의 임시회는 대통령 또는 국회재적의원 4분의 1 이상의 요구에 의하여 집회된다.

② 정기회의 회기는 100일을, 임시회의 회기는 30일을 초과할 수 없다.

③ 대통령이 임시회의 집회를 요구할 때에는 기간과 집회요구의 이유를 명시하여야 한다.

제48조 국회는 의장 1인과 부의장 2인을 선출한다.

제49조 국회는 헌법 또는 법률에 특별한 규정이 없는 한 재적의원 과반수의 출

석과 출석의원 과반수의 찬성으로 의결한다. 가부동수인 때에는 부결된 것으로 본다.

제50조 ① 국회의 회의는 공개한다. 다만, 출석의원 과반수의 찬성이 있거나 의장이 국가의 안전보장을 위하여 필요하다고 인정할 때에는 공개하지 아니할 수 있다.

② 공개하지 아니한 회의내용의 공표에 관하여는 법률이 정하는 바에 의한다.

제51조 국회에 제출된 법률안 기타의 의안은 회기 중에 의결되지 못한 이유로 폐기되지 아니한다. 다만, 국회의원의 임기가 만료된 때에는 그러하지 아니하다.

제52조 국회의원과 정부는 법률안을 제출할 수 있다.

제53조 ① 국회에서 의결된 법률안은 정부에 이송되어 15일 이내에 대통령이 공포한다.

② 법률안에 이의가 있을 때에는 대통령은 제1항의 기간 내에 이의서를 붙여 국회로 환부하고, 그 재의를 요구할 수 있다. 국회의 폐회 중에도 또한 같다.

③ 대통령은 법률안의 일부에 대하여 또는 법률안을 수정하여 재의를 요구할 수 없다.

④ 재의의 요구가 있을 때에는 국회는 재의에 붙이고, 재적의원 과반수의 출석과 출석의원 3분의 2 이상의 찬성으로 전과 같은 의결을 하면 그 법률안은 법률로서 확정된다.

⑤ 대통령이 제1항의 기간 내에 공포나 재의의 요구를 하지 아니한 때에도 그 법률안은 법률로서 확정된다.

⑥ 대통령은 제4항과 제5항의 규정에 의하여 확정된 법률을 지체 없이 공포하여야 한다. 제5항에 의하여 법률이 확정된 후 또는 제4항에 의한 확정법률이 정부에 이송된 후 5일 이내에 대통령이 공포하지 아니할 때에는 국회의장이 이를 공포한다.

⑦ 법률은 특별한 규정이 없는 한 공포한 날로부터 20일을 경과함으로써 효력을 발생한다.

제54조 ① 국회는 국가의 예산안을 심의·확정한다.

② 정부는 회계연도마다 예산안을 편성하여 회계연도 개시 90일 전까지 국회에 제출하고, 국회는 회계연도 개시 30일 전까지 이를 의결하여야 한다.

③ 새로운 회계연도가 개시될 때까지 예산안이 의결되지 못한 때에는 정부는 국회에서 예산안이 의결될 때까지 다음의 목적을 위한 경비는 전년도 예산에 준하여 집행할 수 있다.

1. 헌법이나 법률에 의하여 설치된 기관 또는 시설의 유지·운영
2. 법률상 지출의무의 이행
3. 이미 예산으로 승인된 사업의 계속

제55조 ① 한 회계연도를 넘어 계속하여 지출할 필요가 있을 때에는 정부는 연한을 정하여 계속비로서 국회의 의결을 얻어야 한다.

② 예비비는 총액으로 국회의 의결을 얻어야 한다. 예비비의 지출은 차기국회의 승인을 얻어야 한다.

제56조 정부는 예산에 변경을 가할 필요가 있을 때에는 추가경정예산안을 편성하여 국회에 제출할 수 있다.

제57조 국회는 정부의 동의 없이 정부가 제출한 지출예산 각항의 금액을 증가하거나 새 비목을 설치할 수 없다.

제58조 국채를 모집하거나 예산 외에 국가의 부담이 될 계약을 체결하려 할 때에는 정부는 미리 국회의 의결을 얻어야 한다.

제59조 조세의 종목과 세율은 법률로 정한다.

제60조 ① 국회는 상호원조 또는 안전보장에 관한 조약, 중요한 국제조직에 관한 조약, 우호통상항해조약, 주권의 제약에 관한 조약, 강화조약, 국가나 국민에게 중대한 재정적 부담을 지우는 조약 또는 입법사항에 관한 조약의 체결·비준에 대한 동의권을 가진다.

② 국회는 선전포고, 국군의 외국에의 파견 또는 외국군대의 대한민국 영역 안에서의 주류에 대한 동의권을 가진다.

제61조 ① 국회는 국정을 감사하거나 특정한 국정사안에 대하여 조사할 수 있으며, 이에 필요한 서류의 제출 또는 증인의 출석과 증언이나 의견의 진술을 요구할 수 있다.

② 국정감사 및 조사에 관한 절차 기타 필요한 사항은 법률로 정한다.

제62조 ① 국무총리·국무위원 또는 정부위원은 국회나 그 위원회에 출석하여 국정처리상황을 보고하거나 의견을 진술하고 질문에 응답할 수 있다.

② 국회나 그 위원회의 요구가 있을 때에는 국무총리·국무위원 또는 정부위원은 출석·답변하여야 하며, 국무총리 또는 국무위원이 출석요구를 받은 때에는 국무위원 또는 정부위원으로 하여금 출석·답변하게 할 수 있다.

제63조 ① 국회는 국무총리 또는 국무위원의 해임을 대통령에게 건의할 수 있다.

② 제1항의 해임건의는 국회재적의원 3분의 1 이상의 발의에 의하여 국회재적의원 과반수의 찬성이 있어야 한다.

제64조 ① 국회는 법률에 저촉되지 아니하는 범위 안에서 의사와 내부규율에 관한 규칙을 제정할 수 있다.

② 국회는 의원의 자격을 심사하며, 의원을 징계할 수 있다.

③ 의원을 제명하려면 국회재적의원 3분의 2 이상의 찬성이 있어야 한다.

④ 제2항과 제3항의 처분에 대하여는 법원에 제소할 수 없다.

제65조 ① 대통령·국무총리·국무위원·행정각부의 장·헌법재판소 재판관·법관·중앙선거관리위원회 위원·감사원장·감사위원 기타 법률이 정한 공무원이 그 직무집행에 있어서 헌법이나 법률을 위배한 때에는 국회는 탄핵의 소추를 의결할 수 있다.

② 제1항의 탄핵소추는 국회재적의원 3분의 1 이상의 발의가 있어야 하며, 그 의결은 국회재적의원 과반수의 찬성이 있어야 한다. 다만, 대통령에 대한 탄핵소추는 국회재적의원 과반수의 발의와 국회재적의원 3분의 2 이상의 찬성이 있어야 한다.

③ 탄핵소추의 의결을 받은 자는 탄핵심판이 있을 때까지 그 권한행사가 정지된다.

④ 탄핵결정은 공직으로부터 파면함에 그친다. 그러나, 이에 의하여 민사상이나

형사상의 책임이 면제되지는 아니한다.

제4장 정부

제1절 대통령

제66조 ① 대통령은 국가의 원수이며, 외국에 대하여 국가를 대표한다.

② 대통령은 국가의 독립·영토의 보전·국가의 계속성과 헌법을 수호할 책무를 진다.

③ 대통령은 조국의 평화적 통일을 위한 성실한 의무를 진다.

④ 행정권은 대통령을 수반으로 하는 정부에 속한다.

제67조 ① 대통령은 국민의 보통·평등·직접·비밀선거에 의하여 선출한다.

② 제1항의 선거에 있어서 최고득표자가 2인 이상인 때에는 국회의 재적의원 과반수가 출석한 공개회의에서 다수표를 얻은 자를 당선자로 한다.

③ 대통령후보자가 1인일 때에는 그 득표수가 선거권자 총수의 3분의 1 이상이 아니면 대통령으로 당선될 수 없다.

④ 대통령으로 선거될 수 있는 자는 국회의원의 피선거권이 있고 선거일 현재 40세에 달하여야 한다.

⑤ 대통령의 선거에 관한 사항은 법률로 정한다.

제68조 ① 대통령의 임기가 만료되는 때에는 임기만료 70일 내지 40일 전에 후임자를 선거한다.

② 대통령이 궐위된 때 또는 대통령 당선자가 사망하거나 판결 기타의 사유로 그 자격을 상실한 때에는 60일 이내에 후임자를 선거한다.

제69조 대통령은 취임에 즈음하여 다음의 선서를 한다.

> "나는 헌법을 준수하고 국가를 보위하며 조국의 평화적 통일과 국민의 자유와 복리의 증진 및 민족문화의 창달에 노력하여 대통령으로서의 직책을 성실히 수행할 것을 국민 앞에 엄숙히 선서합니다."

제70조 대통령의 임기는 5년으로 하며, 중임할 수 없다.

제71조 대통령이 궐위되거나 사고로 인하여 직무를 수행할 수 없을 때에는 국무총리, 법률이 정한 국무위원의 순서로 그 권한을 대행한다.

제72조 대통령은 필요하다고 인정할 때에는 외교·국방·통일 기타 국가안위에 관한 중요정책을 국민투표에 붙일 수 있다.

제73조 대통령은 조약을 체결·비준하고, 외교사절을 신임·접수 또는 파견하며, 선전포고와 강화를 한다.

제74조 ① 대통령은 헌법과 법률이 정하는 바에 의하여 국군을 통수한다.

② 국군의 조직과 편성은 법률로 정한다.

제75조 대통령은 법률에서 구체적으로 범위를 정하여 위임받은 사항과 법률을 집행하기 위하여 필요한 사항에 관하여 대통령령을 발할 수 있다.

제76조 ① 대통령은 내우·외환·천재·지변 또는 중대한 재정·경제상의 위기에 있어서 국가의 안전보장 또는 공공의 안녕질서를 유지하기 위하여 긴급한 조치가 필요하고 국회의 집회를 기다릴 여유가 없을 때에 한하여 최소한으로 필요한 재정·경제상의 처분을 하거나 이에 관하여 법률의 효력을 가지는 명령을 발할 수 있다.

② 대통령은 국가의 안위에 관계되는 중대한 교전상태에 있어서 국가를 보위하기 위하여 긴급한 조치가 필요하고 국회의 집회가 불가능한 때에 한하여 법률의 효력을 가지는 명령을 발할 수 있다.

③ 대통령은 제1항과 제2항의 처분 또는 명령을 한 때에는 지체 없이 국회에 보고하여 그 승인을 얻어야 한다.

④ 제3항의 승인을 얻지 못한 때에는 그 처분 또는 명령은 그때부터 효력을 상실한다. 이 경우 그 명령에 의하여 개정 또는 폐지되었던 법률은 그 명령이 승인을 얻지 못한 때부터 당연히 효력을 회복한다.

⑤ 대통령은 제3항과 제4항의 사유를 지체 없이 공포하여야 한다.

제77조 ① 대통령은 전시·사변 또는 이에 준하는 국가비상사태에 있어서 병력으로써 군사상의 필요에 응하거나 공공의 안녕질서를 유지할 필요가 있을 때에는

법률이 정하는 바에 의하여 계엄을 선포할 수 있다.

② 계엄은 비상계엄과 경비계엄으로 한다.

③ 비상계엄이 선포된 때에는 법률이 정하는 바에 의하여 영장제도, 언론·출판·집회·결사의 자유, 정부나 법원의 권한에 관하여 특별한 조치를 할 수 있다.

④ 계엄을 선포한 때에는 대통령은 지체 없이 국회에 통고하여야 한다.

⑤ 국회가 재적의원 과반수의 찬성으로 계엄의 해제를 요구한 때에는 대통령은 이를 해제하여야 한다.

제78조 대통령은 헌법과 법률이 정하는 바에 의하여 공무원을 임면한다.

제79조 ① 대통령은 법률이 정하는 바에 의하여 사면·감형 또는 복권을 명할 수 있다.

② 일반사면을 명하려면 국회의 동의를 얻어야 한다.

③ 사면·감형 및 복권에 관한 사항은 법률로 정한다.

제80조 대통령은 법률이 정하는 바에 의하여 훈장 기타의 영전을 수여한다.

제81조 대통령은 국회에 출석하여 발언하거나 서한으로 의견을 표시할 수 있다.

제82조 대통령의 국법상 행위는 문서로써 하며, 이 문서에는 국무총리와 관계 국무위원이 부서한다. 군사에 관한 것도 또한 같다.

제83조 대통령은 국무총리·국무위원·행정각부의 장 기타 법률이 정하는 공사의 직을 겸할 수 없다.

제84조 대통령은 내란 또는 외환의 죄를 범한 경우를 제외하고는 재직 중 형사상의 소추를 받지 아니한다.

제85조 전직대통령의 신분과 예우에 관하여는 법률로 정한다.

제2절 행정부

제1관 국무총리와 국무위원

제86조 ① 국무총리는 국회의 동의를 얻어 대통령이 임명한다.

② 국무총리는 대통령을 보좌하며, 행정에 관하여 대통령의 명을 받아 행정각부

를 통할한다.

③ 군인은 현역을 면한 후가 아니면 국무총리로 임명될 수 없다.

제87조 ① 국무위원은 국무총리의 제청으로 대통령이 임명한다.

② 국무위원은 국정에 관하여 대통령을 보좌하며, 국무회의의 구성원으로서 국정을 심의한다.

③ 국무총리는 국무위원의 해임을 대통령에게 건의할 수 있다.

④ 군인은 현역을 면한 후가 아니면 국무위원으로 임명될 수 없다.

제2관 국무회의

제88조 ① 국무회의는 정부의 권한에 속하는 중요한 정책을 심의한다.

② 국무회의는 대통령·국무총리와 15인 이상 30인 이하의 국무위원으로 구성한다.

③ 대통령은 국무회의의 의장이 되고, 국무총리는 부의장이 된다.

제89조 다음 사항은 국무회의의 심의를 거쳐야 한다.

1. 국정의 기본계획과 정부의 일반정책
2. 선전·강화 기타 중요한 대외정책
3. 헌법개정안·국민투표안·조약안·법률안 및 대통령령안
4. 예산안·결산·국유재산처분의 기본계획·국가의 부담이 될 계약 기타 재정에 관한 중요사항
5. 대통령의 긴급명령·긴급재정경제처분 및 명령 또는 계엄과 그 해제
6. 군사에 관한 중요사항
7. 국회의 임시회 집회의 요구
8. 영전수여
9. 사면·감형과 복권
10. 행정각부간의 권한의 획정
11. 정부 안의 권한의 위임 또는 배정에 관한 기본계획
12. 국정처리상황의 평가·분석

13. 행정각부의 중요한 정책의 수립과 조정

14. 정당해산의 제소

15. 정부에 제출 또는 회부된 정부의 정책에 관계되는 청원의 심사

16. 검찰총장·합동참모의장·각군참모총장·국립대학교총장·대사 기타 법률이 정한 공무원과 국영기업체관리자의 임명

17. 기타 대통령·국무총리 또는 국무위원이 제출한 사항

제90조 ① 국정의 중요한 사항에 관한 대통령의 자문에 응하기 위하여 국가원로로 구성되는 국가원로자문회의를 둘 수 있다.

② 국가원로자문회의의 의장은 직전대통령이 된다. 다만, 직전대통령이 없을 때에는 대통령이 지명한다.

③ 국가원로자문회의의 조직·직무범위 기타 필요한 사항은 법률로 정한다.

제91조 ① 국가안전보장에 관련되는 대외정책·군사정책과 국내정책의 수립에 관하여 국무회의의 심의에 앞서 대통령의 자문에 응하기 위하여 국가안전보장회의를 둔다.

② 국가안전보장회의는 대통령이 주재한다.

③ 국가안전보장회의의 조직·직무범위 기타 필요한 사항은 법률로 정한다.

제92조 ① 평화통일정책의 수립에 관한 대통령의 자문에 응하기 위하여 민주평화통일자문회의를 둘 수 있다.

② 민주평화통일자문회의의 조직·직무범위 기타 필요한 사항은 법률로 정한다.

제93조 ① 국민경제의 발전을 위한 중요정책의 수립에 관하여 대통령의 자문에 응하기 위하여 국민경제자문회의를 둘 수 있다.

② 국민경제자문회의의 조직·직무범위 기타 필요한 사항은 법률로 정한다.

제3관 행정각부

제94조 행정각부의 장은 국무위원 중에서 국무총리의 제청으로 대통령이 임명한다.

제95조 국무총리 또는 행정각부의 장은 소관사무에 관하여 법률이나 대통령령의 위임 또는 직권으로 총리령 또는 부령을 발할 수 있다.

제96조 행정각부의 설치·조직과 직무범위는 법률로 정한다.

제4관 감사원

제97조 국가의 세입·세출의 결산, 국가 및 법률이 정한 단체의 회계검사와 행정기관 및 공무원의 직무에 관한 감찰을 하기 위하여 대통령 소속하에 감사원을 둔다.

제98조 ① 감사원은 원장을 포함한 5인 이상 11인 이하의 감사위원으로 구성한다.

② 원장은 국회의 동의를 얻어 대통령이 임명하고, 그 임기는 4년으로 하며, 1차에 한하여 중임할 수 있다.

③ 감사위원은 원장의 제청으로 대통령이 임명하고, 그 임기는 4년으로 하며, 1차에 한하여 중임할 수 있다.

제99조 감사원은 세입·세출의 결산을 매년 검사하여 대통령과 차년도국회에 그 결과를 보고하여야 한다.

제100조 감사원의 조직·직무범위·감사위원의 자격·감사대상공무원의 범위 기타 필요한 사항은 법률로 정한다.

제5장 법원

제101조 ① 사법권은 법관으로 구성된 법원에 속한다.

② 법원은 최고법원인 대법원과 각급법원으로 조직된다.

③ 법관의 자격은 법률로 정한다.

제102조 ① 대법원에 부를 둘 수 있다.

② 대법원에 대법관을 둔다. 다만, 법률이 정하는 바에 의하여 대법관이 아닌 법관을 둘 수 있다.

③ 대법원과 각급법원의 조직은 법률로 정한다.

제103조 법관은 헌법과 법률에 의하여 그 양심에 따라 독립하여 심판한다.

제104조 ① 대법원장은 국회의 동의를 얻어 대통령이 임명한다.

② 대법관은 대법원장의 제청으로 국회의 동의를 얻어 대통령이 임명한다.

③ 대법원장과 대법관이 아닌 법관은 대법관회의의 동의를 얻어 대법원장이 임명한다.

제105조 ① 대법원장의 임기는 6년으로 하며, 중임할 수 없다.

② 대법관의 임기는 6년으로 하며, 법률이 정하는 바에 의하여 연임할 수 있다.

③ 대법원장과 대법관이 아닌 법관의 임기는 10년으로 하며, 법률이 정하는 바에 의하여 연임할 수 있다.

④ 법관의 정년은 법률로 정한다.

제106조 ① 법관은 탄핵 또는 금고 이상의 형의 선고에 의하지 아니하고는 파면되지 아니하며, 징계처분에 의하지 아니하고는 정직·감봉 기타 불리한 처분을 받지 아니한다.

② 법관이 중대한 심신상의 장해로 직무를 수행할 수 없을 때에는 법률이 정하는 바에 의하여 퇴직하게 할 수 있다.

제107조 ① 법률이 헌법에 위반되는 여부가 재판의 전제가 된 경우에는 법원은 헌법재판소에 제청하여 그 심판에 의하여 재판한다.

② 명령·규칙 또는 처분이 헌법이나 법률에 위반되는 여부가 재판의 전제가 된 경우에는 대법원은 이를 최종적으로 심사할 권한을 가진다.

③ 재판의 전심절차로서 행정심판을 할 수 있다. 행정심판의 절차는 법률로 정하되, 사법절차가 준용되어야 한다.

제108조 대법원은 법률에 저촉되지 아니하는 범위 안에서 소송에 관한 절차, 법원의 내부규율과 사무처리에 관한 규칙을 제정할 수 있다.

제109조 재판의 심리와 판결은 공개한다. 다만, 심리는 국가의 안전보장 또는 안녕질서를 방해하거나 선량한 풍속을 해할 염려가 있을 때에는 법원의 결정으로 공개하지 아니할 수 있다.

제110조 ① 군사재판을 관할하기 위하여 특별법원으로서 군사법원을 둘 수 있다.

② 군사법원의 상고심은 대법원에서 관할한다.

③ 군사법원의 조직·권한 및 재판관의 자격은 법률로 정한다.

④ 비상계엄하의 군사재판은 군인·군무원의 범죄나 군사에 관한 간첩죄의 경우와 초병·초소·유독음식물공급·포로에 관한 죄 중 법률이 정한 경우에 한하여 단심으로 할 수 있다. 다만, 사형을 선고한 경우에는 그러하지 아니하다.

제6장 헌법재판소

제111조 ① 헌법재판소는 다음 사항을 관장한다.

1. 법원의 제청에 의한 법률의 위헌여부 심판
2. 탄핵의 심판
3. 정당의 해산 심판
4. 국가기관 상호간, 국가기관과 지방자치단체간 및 지방자치단체 상호간의 권한쟁의에 관한 심판
5. 법률이 정하는 헌법소원에 관한 심판

② 헌법재판소는 법관의 자격을 가진 9인의 재판관으로 구성하며, 재판관은 대통령이 임명한다.

③ 제2항의 재판관중 3인은 국회에서 선출하는 자를, 3인은 대법원장이 지명하는 자를 임명한다.

④ 헌법재판소의 장은 국회의 동의를 얻어 재판관 중에서 대통령이 임명한다.

제112조 ① 헌법재판소 재판관의 임기는 6년으로 하며, 법률이 정하는 바에 의하여 연임할 수 있다.

② 헌법재판소 재판관은 정당에 가입하거나 정치에 관여할 수 없다.

③ 헌법재판소 재판관은 탄핵 또는 금고 이상의 형의 선고에 의하지 아니하고는 파면되지 아니한다.

제113조 ① 헌법재판소에서 법률의 위헌결정, 탄핵의 결정, 정당해산의 결정 또는 헌법소원에 관한 인용결정을 할 때에는 재판관 6인 이상의 찬성이 있어야

한다.

② 헌법재판소는 법률에 저촉되지 아니하는 범위 안에서 심판에 관한 절차, 내부규율과 사무처리에 관한 규칙을 제정할 수 있다.

③ 헌법재판소의 조직과 운영 기타 필요한 사항은 법률로 정한다.

제7장 선거관리

제114조 ① 선거와 국민투표의 공정한 관리 및 정당에 관한 사무를 처리하기 위하여 선거관리위원회를 둔다.

② 중앙선거관리위원회는 대통령이 임명하는 3인, 국회에서 선출하는 3인과 대법원장이 지명하는 3인의 위원으로 구성한다. 위원장은 위원 중에서 호선한다.

③ 위원의 임기는 6년으로 한다.

④ 위원은 정당에 가입하거나 정치에 관여할 수 없다.

⑤ 위원은 탄핵 또는 금고 이상의 형의 선고에 의하지 아니하고는 파면되지 아니한다.

⑥ 중앙선거관리위원회는 법령의 범위 안에서 선거관리·국민투표관리 또는 정당사무에 관한 규칙을 제정할 수 있으며, 법률에 저촉되지 아니하는 범위 안에서 내부규율에 관한 규칙을 제정할 수 있다.

⑦ 각급 선거관리위원회의 조직·직무범위 기타 필요한 사항은 법률로 정한다.

제115조 ① 각급 선거관리위원회는 선거인명부의 작성 등 선거사무와 국민투표사무에 관하여 관계 행정기관에 필요한 지시를 할 수 있다.

② 제1항의 지시를 받은 당해 행정기관은 이에 응하여야 한다.

제116조 ① 선거운동은 각급 선거관리위원회의 관리 하에 법률이 정하는 범위 안에서 하되, 균등한 기회가 보장되어야 한다.

② 선거에 관한 경비는 법률이 정하는 경우를 제외하고는 정당 또는 후보자에게 부담시킬 수 없다.

제8장 지방자치

제117조 ① 지방자치단체는 주민의 복리에 관한 사무를 처리하고 재산을 관리하며, 법령의 범위 안에서 자치에 관한 규정을 제정할 수 있다.

② 지방자치단체의 종류는 법률로 정한다.

제118조 ① 지방자치단체에 의회를 둔다.

② 지방의회의 조직·권한·의원선거와 지방자치단체의 장의 선임방법 기타 지방자치단체의 조직과 운영에 관한 사항은 법률로 정한다.

제9장 경제

제119조 ① 대한민국의 경제질서는 개인과 기업의 경제상의 자유와 창의를 존중함을 기본으로 한다.

② 국가는 균형 있는 국민경제의 성장 및 안정과 적정한 소득의 분배를 유지하고, 시장의 지배와 경제력의 남용을 방지하며, 경제주체간의 조화를 통한 경제의 민주화를 위하여 경제에 관한 규제와 조정을 할 수 있다.

제120조 ① 광물 기타 중요한 지하자원·수산자원·수력과 경제상 이용할 수 있는 자연력은 법률이 정하는 바에 의하여 일정한 기간 그 채취·개발 또는 이용을 특허할 수 있다.

② 국토와 자원은 국가의 보호를 받으며, 국가는 그 균형 있는 개발과 이용을 위하여 필요한 계획을 수립한다.

제121조 ① 국가는 농지에 관하여 경자유전의 원칙이 달성될 수 있도록 노력하여야 하며, 농지의 소작제도는 금지된다.

② 농업생산성의 제고와 농지의 합리적인 이용을 위하거나 불가피한 사정으로 발생하는 농지의 임대차와 위탁경영은 법률이 정하는 바에 의하여 인정된다.

제122조 국가는 국민 모두의 생산 및 생활의 기반이 되는 국토의 효율적이고 균형 있는 이용·개발과 보전을 위하여 법률이 정하는 바에 의하여 그에 관한 필요한 제한과 의무를 과할 수 있다.

제123조 ① 국가는 농업 및 어업을 보호·육성하기 위하여 농·어촌종합개발과 그 지원 등 필요한 계획을 수립·시행하여야 한다.

② 국가는 지역 간의 균형 있는 발전을 위하여 지역경제를 육성할 의무를 진다.

③ 국가는 중소기업을 보호·육성하여야 한다.

④ 국가는 농수산물의 수급균형과 유통구조의 개선에 노력하여 가격안정을 도모함으로써 농·어민의 이익을 보호한다.

⑤ 국가는 농·어민과 중소기업의 자조조직을 육성하여야 하며, 그 자율적 활동과 발전을 보장한다.

제124조 국가는 건전한 소비행위를 계도하고 생산품의 품질향상을 촉구하기 위한 소비자보호운동을 법률이 정하는 바에 의하여 보장한다.

제125조 국가는 대외무역을 육성하며, 이를 규제·조정할 수 있다.

제126조 국방상 또는 국민경제상 긴절한 필요로 인하여 법률이 정하는 경우를 제외하고는, 사영기업을 국유 또는 공유로 이전하거나 그 경영을 통제 또는 관리할 수 없다.

제127조 ① 국가는 과학기술의 혁신과 정보 및 인력의 개발을 통하여 국민경제의 발전에 노력하여야 한다.

② 국가는 국가표준제도를 확립한다.

③ 대통령은 제1항의 목적을 달성하기 위하여 필요한 자문기구를 둘 수 있다.

제10장 헌법개정

제128조 ① 헌법개정은 국회재적의원 과반수 또는 대통령의 발의로 제안된다.

② 대통령의 임기연장 또는 중임변경을 위한 헌법개정은 그 헌법개정 제안 당시의 대통령에 대하여는 효력이 없다.

제129조 제안된 헌법개정안은 대통령이 20일 이상의 기간 이를 공고하여야 한다.

제130조 ① 국회는 헌법개정안이 공고된 날로부터 60일 이내에 의결하여야 하며, 국회의 의결은 재적의원 3분의 2 이상의 찬성을 얻어야 한다.

② 헌법개정안은 국회가 의결한 후 30일 이내에 국민투표에 붙여 국회의원선거권자 과반수의 투표와 투표자 과반수의 찬성을 얻어야 한다.
③ 헌법개정안이 제2항의 찬성을 얻은 때에는 헌법개정은 확정되며, 대통령은 즉시 이를 공포하여야 한다

부칙 〈제10호, 1987. 10. 29.〉

제1조 이 헌법은 1988년 2월 25일부터 시행한다. 다만, 이 헌법을 시행하기 위하여 필요한 법률의 제정·개정과 이 헌법에 의한 대통령 및 국회의원의 선거 기타 이 헌법시행에 관한 준비는 이 헌법시행 전에 할 수 있다.

제2조 ① 이 헌법에 의한 최초의 대통령선거는 이 헌법시행일 40일 전까지 실시한다.
② 이 헌법에 의한 최초의 대통령의 임기는 이 헌법시행일로부터 개시한다.

제3조 ① 이 헌법에 의한 최초의 국회의원선거는 이 헌법공포일로부터 6월 이내에 실시하며, 이 헌법에 의하여 선출된 최초의 국회의원의 임기는 국회의원선거 후 이 헌법에 의한 국회의 최초의 집회일로부터 개시한다.
② 이 헌법공포 당시의 국회의원의 임기는 제1항에 의한 국회의 최초의 집회일 전일까지로 한다.

제4조 ① 이 헌법시행 당시의 공무원과 정부가 임명한 기업체의 임원은 이 헌법에 의하여 임명된 것으로 본다. 다만, 이 헌법에 의하여 선임방법이나 임명권자가 변경된 공무원과 대법원장 및 감사원장은 이 헌법에 의하여 후임자가 선임될 때까지 그 직무를 행하며, 이 경우 전임자인 공무원의 임기는 후임자가 선임되는 전일까지로 한다.
② 이 헌법시행 당시의 대법원장과 대법원판사가 아닌 법관은 제1항 단서의 규정에 불구하고 이 헌법에 의하여 임명된 것으로 본다.
③ 이 헌법 중 공무원의 임기 또는 중임제한에 관한 규정은 이 헌법에 의하여 그 공무원이 최초로 선출 또는 임명된 때로부터 적용한다.

제5조 이 헌법시행 당시의 법령과 조약은 이 헌법에 위배되지 아니하는 한 그 효력을 지속한다.

제6조 이 헌법시행 당시에 이 헌법에 의하여 새로 설치될 기관의 권한에 속하는 직무를 행하고 있는 기관은 이 헌법에 의하여 새로운 기관이 설치될 때까지 존속하며 그 직무를 행한다.

찾아보기

헌법으로 가는 소풍

헌법의 기본적 개념, 법리, 쟁점에 관한 입문

초판 발행 2023년 9월 5일
초판 5쇄 2026년 2월 27일

지은이 이준일
펴낸곳 고려대학교출판문화원
www.kupress.com
kupress@korea.ac.kr
(02841) 서울특별시 성북구 안암로 145
Tel 02-3290-4230, 4232
Fax 02-923-6311
찍은곳 경성문화사

ISBN 979-11-6956-043-6 93360

값 25,000원
※ 잘못 만들어진 책은 바꿔 드립니다.